빅 데이터가 만드는 **비즈니스 미래지도**

미래경제학 시리즈 ⑧

빅 데이터가 만드는
비즈니스 미래지도

미래 경제를 움직이는 거대한 데이터 혁명

• 송민정 지음 •

한스미디어

빅 데이터의 분석과 활용은 조직 내·외부에 흩어져 있는 방대한 데이터로부터 큰 그림을 이해하고 올바른 의사결정을 내리며, 동적 비용을 최적화함으로써 궁극적인 경쟁우위를 확보할 수 있도록 한다. 빅 데이터는 더 이상 기술만을 의미하지 않는다. 빅 데이터는 그 자체가 경제적 자산이 될 것이며, 기업과 국가의 지속가능성 확보를 위한 핵심역량이 될 것이다. 최근의 빅 데이터에 기인한 산업적·사회적 현상은 누군가가 억지로 만들어낸 마케팅의 결과가 아닌, 컴퓨팅 인프라, 인터넷, 스마트 기기와 소셜 네트워킹 서비스 등 정보 생태계의 총체적 진화에 따른 필연적 과정이라 생각된다.

이 책은 빅 데이터에 대해 놀라울 만큼 방대한 자료를 아우르고 있다. 배경과 현상뿐 아니라 기술과 응용, 경제적 효과를 꿰뚫는 저자의 균형 잡힌 통찰은 본 감수자뿐 아니라 독자들에게도 분명 큰 지적 즐거움을 줄 것이라 확신한다. 이 책은 기술적 배경이 없는 일반인들이 빅 데이터에 대한 의미와 중요성을 쉽게 이해하고, 행동으로 옮길 수 있도록 돕는 입문서로서 손색이 없다. 또한 이 분야를 연구하는 전문가들에게도 빅 데이터를 둘러싼 큰 그림의 이해와 전략적 의사결정을 할 수 있도록 도울 수 있을 것이다. 특히 이 책은 빅 데이터 시대에 대한 핑크 빛 미래뿐 아니라 논의와 논쟁이 필요한 이슈들도 함께 다루고 있다. 무분별한 개인정보 수집에 따른 사생활 침해 문제와 전문 인력 문제, 그리고 상호 운용 및 호환성 확보에 관련한 과제들을 고찰하고 있는 것이다. 이 책의 행간에 흐르는 중요한 맥락 중 하나는 기술적 이해만큼이나 명확한 활용 목표와 구체적 가치 창출에 대한 정의가 우선되어야 한다는 것이고, 빅 데이터를 외치는 모든 프로젝트가 성공하지는 못할 것이라는 점이다.

한국 IT 산업은 큰 도전에 직면해 있다. 지금까지는 빠른 추격자로서 다른 이들의 성공과 실패를 지켜보며 그 이득을 취해왔다면, 이제는 앞서 나가며 스스로 미래를 만들어가야 한다. 하드웨어 기반의 국제 경쟁력 한계를 극복하기 위해 열악한 소프트웨어 생태계의 개선뿐 아니라, 나아가 데이터 중심의 새로운 경제 생태계 창출을 위한 리더십이 절실히 필요한 시기이다. 빅 데이터 시대에 국내 선도 기업과 기관들이 새로운 가치를 창출하고 국제적 성공 사례를 만들어낼 수 있으리라, 이 책을 감수하며 큰 희망을 가져본다.

이경일 솔트룩스(Saltlux) 대표

빅 데이터가 만드는
미래 비즈니스의 신세계

인터넷은 지난 반세기 동안 사람과 사람 사이의 소통수단에서 기계와 기계 사이의 소통수단으로 발전했다. 그리고 이제는 사람과 기계 사이의 소통수단으로까지 진화 중이다. 기계와 사람이 게임 쇼에서 승부를 겨루는 것을 보면 이런 현실을 실감할 수 있다.

더 나아가 월드와이드웹(World Wide Web)을 통해 형성된 가상세계(virtual world)는 가상세계 내 소통을 넘어 이제 가상세계와 실제세계(real world) 간 소통으로 발전 중이다. 한 예로 전기자동차 운전자의 운전 이력은 자동차회사 전산망에 데이터로 기록된다. 그리고 이 가상세계의 정보는 가공되어 현실세계의 운전자에게 유용한 형태로 전달된다. 적절한 시점에 가까운 충전소를 알려주는 것이다.

어디 그뿐인가? 스마트폰에 저장된 전화번호는 개인과 개인 간 소통을 지원하는 범위를 넘어섰다. 개인의 네트워크를 서로 연결하며 무한히 확장되는 소셜 그래프 때문이다. 그래서 매일 수백만 개의 메시지 데이터가 재활용되는 소통의 순환이 일어나고 있다. 이제 우리는 물리적 접속 과잉을 넘어 소통 과잉의 시대를 살게 되었다.

IT의 일상화로 우리는 서로 메시지를 주고받으며 하루를 시작한다. 오전에는 전날 온 대량의 스팸메일을 지우고, 각종 뉴스와 정보를 스캔하고, 붙임파일로 딸려

온 보고서를 어딘가에 담는 데 몇 시간을 소비한다. 그러고도 모자라 초 단위로 세상에 어떤 일이 벌어지고 있는지에 대한 호기심을 발동시키며 검색과 SNS를 이용한다. 그러다 창의적인 뭔가를 하려고 생각할 때쯤이면 벌써 점심시간이다. 이런 과정은 직장인들의 흔한 일상사가 되어버렸다.

그러나 쌓여만 가는 메시지, 파일과 폴더들은 나의 창의적 갈증을 해소하지 못한다. 이것들은 업무에 활용할 만한 자료로 여겨지지만 이 중에서 나에게 반드시 필요한 해결책을 콕 집어 제시하는 데이터는 거의 없다. 마치 허공을 더듬는 느낌이다.

우리는 "어떻게 지내느냐?"는 안부 인사에 "이유 없이 바쁘기만 합니다"라고 대답하곤 한다. 이 말은 지금 우리의 삶을 여실히 보여준다. 정보의 홍수 속에 허우적거리는 우리는 정작 필요한 게 무엇인지, 무엇이 중요하고 이를 어떻게 활용해야 할지에 대해 차분하게 생각할 수 있는 시간을 갖지 못하고 있다. 나는 이런 현실을 목도하며 'IT의 노예' 상태를 극복하는 것이 시급하다고 보았다. 대안은 'IT 활용' 쪽으로 무게중심을 옮기는 것이다.

고민이 깊어질 때쯤 한 권의 책을 발견했다. 존 하겔 등(John Hagel III, John Seely Brown & lang Davison)이 쓴 《풀의 파워(The Power of Pull)》가 그것이다. 이 책은 정

보가 물처럼 흐르고 있으니, 이 물결 속에 어떻게 들어갈지를 배우라는 내용을 담고 있다. 정보의 노예가 되지 말고 효율적으로 활용해야 한다는 내 고민과 같은 문제의식을 가지고 있어 흥미를 갖게 되었다. 그리고 이 책은 인터넷 패러다임이 '푸시(push)'에서 '풀(pull)' 중심으로 급격히 이동 중임을 강조하며 그 양상으로 세 가지의 빅 시프트(big shift)를 제시한다. 정치적 파워(political power)는 정치단체(political institution)에서 일반시민(citizens)으로, 경제적 가치(economic value)는 기업의 경영진(firm)에서 재능 있는 직원(talented employees)으로, 시장의 지배력(market power)은 벤더(vendors)에서 소비자(consumers)로 이동한다는 것이다.

나는 이 책을 읽으며 '푸시'의 소멸과 '풀'의 강력한 힘을 실감할 수 있었다. 그렇다. '풀'이 형성되면 불확실성이 기회가 된다. 작은 움직임들이 하나둘씩 모여들어 상상도 하지 못할 영향력을 발휘한다. 이코노미(economy)에 초점을 맞추어 이 현상에 대해 자세히 살펴보자. 애플이 아이폰을 앞세워 일으킨 모바일 혁명은 캐리어 이코노미(Carrier Economy)를 붕괴시키고 앱 이코노미(App Economy)를 탄생시켰다. 앱 이코노미의 핵심은 잡스니즘(Jobsnism)이라 불리는 '디자인과 문화'이다. 무수히 쏟아지는 앱을 접하며 우리는 끊임없는 스토리를 느낀다. 분석보다는 직관이 앞서며

빅 데이터가 만드는 비즈니스 미래지도

인간적인 냄새를 느낄 수 있다. 앱만 깔면 모두 작곡자가 되니 말이다.

요컨대 우리는 데이터 폭발의 세상을 살게 되었다. 2020년이면 전 세계 디지털 정보량이 현재의 44배에 이르리라 예측되고 있다. 이런 세상에서 '나에게' 정말로 의미 있는 '가치(value)'를 얻어내는 것은 디지털 정보라는 광산에서 순금을 캐내는 일에 비유할 수 있을 것이다. 이것을 어떻게 할 수 있을까? 앞에 언급한 '풀의 시대'를 힌트로 삼으면 좋겠다. 권력이 시민과 소비자에게 이동했다면, 가치 역시 이들의 목소리에서 읽어야 하지 않겠는가. 또한 이것은 앱 이코노미가 빅 데이터(Big Data) 이코노미로 이동하는 현실에 대한 질문인 동시에 대답이다.

빅 데이터를 한마디로 표현하자면 '데이터 형식이 매우 다양하고 그 유통 속도가 너무 빨라 기존 방식으로 관리·분석하기 어려운 데이터'이다. 스마트 기기와 SNS의 확산으로 말미암아 이런 빅 데이터가 급증하고 있다. 그리고 이 빅 데이터는 새로운 가치를 창출하는 원천으로 꼽히고 있는데 기술적인 부분은 걱정거리가 되지 않는다. 컴퓨팅 능력과 데이터를 저장·분석하는 기술이 비약적으로 발전했기 때문이다. 이처럼 빅 데이터 이코노미는 경영, 안보, 사회에 다가온 새로운 기회이다. 기업은 모바일 기기를 활용하여 실시간 재고 분석과 서비스 모니터링을 함으로써 비용을 절감한다. 공공기관은 SNS가 뿜어내는 사용자 흔적 데이터와 공공 데이터를 접목해 공공의 안전을 지키고 환경 등 미래 위험요소에 대비한다. 개인인 소비자는 기기에 탑재된 각종 센서 덕분에 지능형 서비스를 제공받아 원하는 상품을 구입하는 데 소요되는 시간과 비용을 절감한다.

이에 미국 등 선진국 정부들은 빅 데이터가 앞으로 국가 경쟁력을 좌우할 새로운 원천이 될 것이라 보고 과감한 투자를 감행하기 시작했다. 미국은 고성능 컴퓨팅, 인터넷 등에서 얻은 IT에 대한 지속적 우위 확보를 위해 연 2억 달러를 기술 개발에 투입하는 〈빅 데이터 이니셔티브 계획〉을 2012년 초에 발표했다. 우리나라 정부도 2011년 말 국가정보화전략위원회를 중심으로 〈빅 데이터를 활용한 스마트 정부 구현(안)〉을 마련했고, 2012년 중반에는 방송통신위원회가 최고 수준의 IT 인프라와 빅 데이터를 접목해 글로벌 시장에서 경쟁할 수 있는 토대를 마련하기 위한 정책 방안을 내놓았다.

빅 데이터는 이 시대를 휩쓸 거대한 쓰나미처럼 여겨진다. 빅 데이터의 경제·사회적 가치, 필요조건, 기술, 사회적 영향에 대한 연구가 시작되었고 생산성과 시장 경쟁력과 결부된 빅 데이터 비즈니스에 대한 논의도 활발하다. 그러나 아직은 그 내용이 간명하게 정리되지 않은 것 같다. 그래서 나는 여기에서 형성되는 담론과 갑론을박의 논쟁을 차분하게 정리해볼 필요를 느꼈고 이 책을 쓰게 되었다. 이 책은 아래와 같이 총 여섯 개의 장으로 나뉜다.

먼저, 1장에서는 빅 데이터 현상이 왜 주목받기 시작했는지에 대해 규명하려 한다. 또 빅 데이터가 기존 데이터와는 어떤 차별적 특징을 보이는지, 그리고 그것을 어떤 개념으로 이해할 수 있으며 그 의미는 무엇인지에 대해 풀어보려고 한다.

2장에서는 빅 데이터의 본질은 무엇이며 전통적으로 기업들이 추구하고 있는 기존의 데이터 분석과는 어떻게 다른지에 대해 알아볼 것이다. 이와 함께 빅 데이터 분석의 목적은 무엇이어야 하고 그 영향력은 경제·사회적으로 어떤 것인지 등을 살펴본다.

3장에서는 산업 패러다임을 바꿀 만한 경제적 현상으로서의 빅 데이터 이코노미를 관찰하고 있다. 산업의 패러다임을 바꿀 어떤 기회가 빅 데이터에 있는 것인지, 공적·사적 영역 모두에서 빅 데이터 이코노미를 여는 비즈니스 기회는 무엇인지, 이 기회를 잡기 위해 어떤 유형의 비즈니스 혁신 활동들이 전개되어야 하는지에 대해 집중 탐색한다.

4장은 다소 딱딱한 기술을 이해하는 부분이다. 충분조건은 아닐지라도 필요조건으로 다가오는 관련 기술들의 라이프사이클에 대한 이해가 필요하다. 즉 데이터 자원이 생성된 이후 수집·저장·처리·분석·표현되는 데 필요한 기술과 기법들을 소개하고, 마지막으로 데이터 창출 사이클의 순환 고리를 안전하게 해줄 기본 인프라인 클라우드에 대해 가능한 쉽게 풀어서 이야기하고자 한다.

5장은 빅 데이터를 비즈니스 생태계 구조에서 관찰하고 있다. 그 주체는 크게 서비스 제공자와 데이터 제공자, 사용자로 나뉜다. 이 장에서는 서비스 제공 관점에서 데이터 소스인 센서, 소셜, 기업 데이터 기반의 응용 비즈니스에 대해 가능한 국내 사례 중심으로 살펴보고 일부 해외 사례도 추가한다. 그 외에 공공 데이터 활용과 관련된 이슈에 대해 덧붙인다.

마지막으로 6장에서는 미래 사회를 건강한 사회, 투명한 사회, 안전한 사회, 스마트한 사회, 창의적인 사회로 만드는 데 빅 데이터가 어떻게 활용될 수 있는지에 대해 대표적인 사례를 중심으로 이야기하고자 한다.

결론적으로 이 책은 빅 데이터 분석과 기술 개발에 사활을 걸고 뛰어들고 있는

빅 데이터가 만드는 비즈니스 미래지도

우리나라를 위시한 전 세계 기업들의 빅 데이터 활용 사례와 사적 및 공적 부문에서의 다양한 적용 사례, 의미, 향후 전망, 영향력 등을 총체적으로 논의하여 과연 빅 데이터를 통해 세상이 어떻게 변할 것인가에 대한 답을 찾아보고자 한다.

지은이 송민정

1

거대한
디지털 정보가 온다

빅 데이터가 만드는 비즈니스 미래지도

01

21세기 원유,
빅 데이터가 미래 경쟁력이다

스마트폰 등 손끝 하나로 정보를 생성하는 인터넷 환경이 보편화되면서 데이터의 폭발적인 증가가 이뤄지고 있다. 얼마 전까지만 하더라도 텔레비전 광고에서 '메가급(megabyte)'이란 용어가 자주 등장했다. 그러나 현재는 '기가급'이란 말조차 무색한 세상이다. '테라급' '페타급' '엑사급' '제타급'이 언급되고 있기 때문이다.[*]

2000년대 들어 IT 산업은 눈부신 발전을 거듭했다. 이제 우리는 인터넷과 SNS 환경을 벗어난 삶을 상상하기조차 힘들게 되었다. 사람들은 하루에도 수차례씩 인터넷으로 이메일을 보내고, 대화를 나누고, 물건을 사고, 뉴스를 본다. 누군가 인터넷에 접속하는 순간 갖가지 데이터가 쏟아지기 시작한다. 접속 시간, 접속 사이트, 살펴본 상품 페이지, 검색 정보, 클릭한 기사 등이 그것이다. 이를 인터넷 전체 사용자로 따지

---

[*] 1기가바이트(gigabyte)는 1024메가바이트, 1테라바이트(terabyte)는 1024기가바이트, 1페타바이트(petabyte)는 약 100만 기가바이트, 1엑사바이트(exabyte)는 약 10억 기가바이트, 1제타바이트(zettabyte)는 약 1조 기가바이트, 1요타바이트(yottabyte)는 1024제타바이트이다. 1엑사바이트(exabyte)는 미국 의회 도서관 인쇄물의 10만 배에 해당하는 정보량이다(Lynman, P., & Varian, H., 2003).

면 가늠할 수 없는 막대한 양의 데이터가 생성되는 것이다.

일부 선도적 기업들은 갈수록 치열해지는 IT 비즈니스 세계에서 살아남기 위해 이 엄청난 데이터를 비즈니스의 도구로 바라보기 시작했다. 단순한 대용량 데이터가 아니라 IT 기반 경제와 사회를 움직일 핵심 연료로 본 것이다. 그동안 IT 산업의 핵심 분야는 네트워크, 기기, 운영시스템(OS), 콘텐츠 등이었다. 그런데 급속도로 탈 네트워크화, 탈 기기화, 탈 OS화 등 IT 기술의 범용화가 이루어지면서 기업들에게는 또 다른 차원의 차별화 요소가 요구되었다. 그것이 바로 대용량 데이터이다. 그동안 방치해두었던 복잡하고 쓸모없어 보였던 대용량 데이터, 서버 용량만 차지해온 그 애물단지가 '미래 경쟁력을 좌우하는 21세기 원유*'가 되는 세상이 온 것이다.

IT 분야 시장조사기관 IDC에 의하면, 2011년 한 해 동안 전 세계에서 새롭게 생성되거나 복제된 정보량이 1.8제타바이트(약 1.8조 기가바이트)를 넘어섰다. 그리고 전 세계 디지털 정보량은 약 2년마다 2배로 증가하는 추세라고 한다. 수년 내에 데이터의 폭발적 증가가 이의 잠재력과 혼돈 양상을 공존하게 할 것이다. '빅 데이터'의 시대가 열리는 것이다.

이용자들이 생성한 데이터의 형식(정형, 비정형) 여부를 떠나 데이터 자체가 이처럼 증가하자 대용량 데이터의 저장과 가공, 분석이 큰 관심사가 되었다. 2012년 1월에 열린 세계경제포럼(일명 다보스포럼)에서도 이제 데이터가 "화폐 또는 금처럼 새로운 경제적 자산이 될 것"이라고 천명되었다.

저명한 미래학자 앨빈 토플러는 1970년에 자신의 저서 《미래 충격(Future Shock)》을 통해 '정보의 홍수(Information Overload)'라는 말을 최초로 사용했다. 그 후 35년이 지나 그는 《부의 미래(Revolutionary Wealth)》(2006)라는 책을 썼고, 여기서 부(富)를

---

* 가트너그룹(Gartner, 2011)에 의하면 데이터는 21세기 원유이며 데이터가 미래 경쟁력을 좌우한다. 기업들은 데이터 경제 시대를 새롭게 이해하고 정보 공유를 늘려 정보가 창고에 갇히는 것(information silo)을 극복해야 한다.

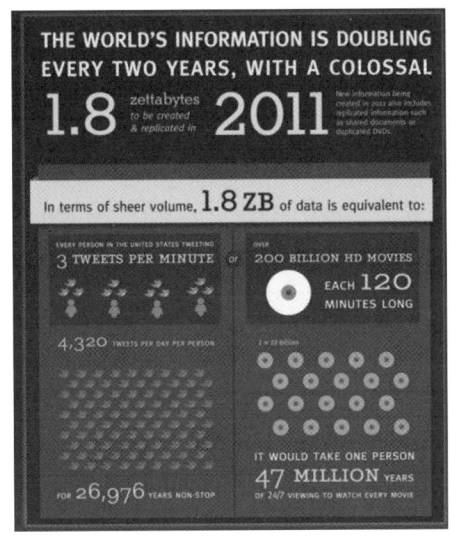

자료: http://inforgraphics.collentine.com/worlds-information-is-doubling-every-two-years-inforgraphic;
Saltlux, 2012 재인용.

창출하기 위한 핵심 요소로 '지식'을 거론했다. 그리고 그는 유통되는 거대한 정보에서 유용한 지식을 구별해내기 위한 과학적 방법의 사용을 강조했다.

요즘 들어 여러 연구기관과 IT 기업 연구소 등은 급속도로 늘어나는 방대한 데이터를 강조하여 '빅 데이터(Big Data)'라 부르는 데 조금도 주저하지 않는다. 이는 빅 데이터가 기존의 데이터 관리 및 분석 체계로는 감당하기 어려운 정도의 막대한 데이터임을 의미한다. 데이터는 수많은 사람과 센서들이 생산하고 있는 결과물이다. 매 순간 엄청난 양의 데이터들이 만들어지고 있다. 그리고 이러한 대용량 데이터를 활용하여 경쟁의 무기로 삼는 사례들이 여기저기서 발견되기 시작했다.

이제 웹사이트 방문, 온라인 검색 통계, 위치정보, 소셜 미디어 등 기업 내·외부에 축적된 빅 데이터를 관리하는 것이 기업 경쟁력의 핵심 요소로 부상했다.[1] 이제 빅 데이터는 대용량 데이터를 저장·수집·발굴·분석·비즈니스화 하는 일련의 과정을 지칭하는 용어로 인식되고 있다.

예를 들어 코카콜라는 시스모스(Sysmos)의 분석 서비스를 이용해 각국 트위터 이용자들이 올리는 관련 정보를 분석한다. 코카콜라 코리아 관계자는 "갑자기 비(非)우호적 정보가 급증한 국가나 지역 대상으로 홍보를 강화하는 등 실시간으로 대응하고 있다"고 밝혔다. 그리고 "트위터 분석은 영어뿐만 아니라 중국어, 일본어, 한국어, 아랍어 등 세계 각국 언어로 이뤄지고 그 내용이 각 나라의 코카콜라 자회사에 제공된다"고 덧붙였다.

2010년 5월 D9컨퍼런스에서 구글의 전 CEO 에릭 슈미트는 인터넷 업계에서 플랫폼 전략을 추진 중인 사업자로 구글, 애플, 아마존, 페이스북이라는 4개 기업을 거론했다. 이들의 공통점 중 하나는 이미 빅 데이터를 독자적으로 취득해 활용 중이라는 점이다. IBM이나 오라클 같은 전통적 소프트웨어 기업은 자사의 기술 그 자체를 회사의 경쟁력이자 판매하는 상품으로 본다. 하지만 이들 인터넷서비스 기업들은 보유한 기술 자체로 비즈니스를 하는 것이 아니라, 그 기술을 활용한 서비스로 비즈니스를 한다. 바로 이 점이 빅 데이터 시대를 역동적으로 이끌어갈 수 있는 전제가 된다.

왜 그럴까? 이유는 하나이다. 빅 데이터를 활용하는 인터넷서비스 기업들은 소프트웨어 기업들보다 기술 공개에 훨씬 자유롭기 때문이다. 이들은 빅 데이터를 다루고 운영한 경험이 있는 기업들이다. 따라서 부상 중인 빅 데이터는 전통적인 소프트웨어 벤더들에 의해 만들어지고 주도되기보다는, 일차적으로는 바로 이들 글로벌 인터넷서비스 기업들에 의해 창출되고 지배되는 시장이 될 것으로 예측된다.

에릭 슈미트가 언급한 구글, 애플, 아마존, 페이스북이라는 인터넷서비스 기업 4강은 이미 빅 데이터를 놓고 전쟁을 선포했다고 해도 과언이 아니다. 이는 기존의

1장 거대한 디지털 정보가 온다

비즈니스 인텔리전스(BI: Business Intelligence)를 포용하면서 비즈니스 분석(Business Analytics)으로 진화하고 있고, 소셜 분석(Social Analytics)과 밀접한 관계를 갖는다. 인터넷서비스 기업 4강의 최대 장점은 소비자에 대한 일반적 데이터를 보유하고 있다는 점이다. 웹과 스마트폰의 모바일 사이트 및 앱 방문 기록, 모바일 앱 간 이동과 검색 결과 등 미디어 서비스 이용 통계, 커머스 정보 그리고 소셜 네트워킹 정보들이 축적되면서 데이터의 관리와 분석은 이들 인터넷서비스 기업 4강의 핵심 경쟁력이 되고 있다. 대량의 데이터 분석이 가능해지면서 눈으로 볼 수 없었던 변화상을 뚜렷이 읽을 수 있게 되었기 때문이다.

이들 외에도 독자성이 높아 차별화가 가능한 데이터를 보유한 인터넷서비스 업체들도 다수 등장하고 있다. 예를 들면 위치정보 데이터의 독자성을 지닌 포스퀘어(Foursquare), 직업 관련 데이터의 독자성을 지닌 링크드인(LinkedIn), 기업 고객 대상의 업무용 소프트웨어 시장을 확보하고 있는 세일즈포스닷컴 등이 대표적이다. 그 외에 인터넷서비스 기업 4강이 제공하는 개방형 툴을 활용하여 독특한 데이터를 대량으로 분석하려고 노력하는 기업들도 등장하고 있다.

비즈니스 모델 혁신의 출발점은 '고객에 대한 이해'이다. 빅 데이터 분석을 통해 '고객도 모르는 고객의 미충족 니즈(unmet needs)'를 파악할 수 있는 가능성이 열리면서, 빅 데이터는 인터넷서비스 및 커머스 기업들의 비즈니스 모델 혁신 툴로 급속히 자리 잡게 된다. 추천이나 개인화 자체가 비즈니스 모델이 될 수 있다. 아마존의 총매출 중 30%가 추천에 의해 발생되는 것만 보아도 비구조화된 실시간 데이터 분석은 이들 기업의 비즈니스 모델과 충분히 연계될 수 있음이 드러난다.

통신 기업이나 기기제조 기업들은 전형적인 인터넷서비스 및 커머스 기업은 아니지만, 비정형 데이터 등 빅 데이터 특징을 가진 데이터를 대량 생성하는 기업들이다. 예컨대 대량의 통신 거래 데이터나 안드로이드(Android), 아이오에스(iOS) 등의 앱 데이터 등은 일반 사용자들이 뽑어내는 또 다른 대용량 데이터이다.

그동안 기업 내부의 정형 데이터 관리에만 집중했던 일반 기업들도 인터넷서비스 기업 등이 오픈소스로 제공하는 기업 외부 데이터 자원에 대한 활용의 필요성을 느끼기 시작했다. 즉 일반 기업들도 마케팅이나 의사결정 등 기업 경영전략 수립에 SNS 데이터, 센서 데이터 등 기업 외부 정보를 적극 활용하려 하고 있다. 그 외에 행보가 느리긴 하지만, 정부와 공공기관들도 공공 데이터 공개 계획을 내놓으면서 공공 데이터와 민간 데이터를 연계하거나 공유하려는 움직임을 보이기 시작했다. (데이터 소스 기반의 비즈니스 전개 상황에 대해서는 5장에서 다루고자 한다.)

흥미로운 것은 시스템 인테그레이션(system integration) 솔루션 사업자들도 이에 대한 대응력을 갖추기 시작했다는 점이다. 이들도 각종 데이터를 취득하여 축적한 후 이를 이용하고자 하는 일반 기업이나 정부기관들에게 솔루션을 제공하여 부가가치를 향상시키려는 노력을 보이기 시작했다. 오라클, IBM, MS 등의 글로벌 IT 솔루션 및 SI 기업들은 빅 데이터 분석 기술 경쟁력 확보를 위해 적극적으로 M&A 활동을 확대하기 시작했다.

IBM은 지난 5년간 140억 달러 이상을 투자하여 약 30개의 빅 데이터 관련 기술 업체를 인수했다. 이 중에는 고성능 데이터 저장 관리 기업인 네티자(Netezza: 17억 달러에 인수), 통계 프로그램 업체인 SPSS, 분석 솔루션 업체인 코그너스(Cognos) 등이 포함된다. 데이터베이스(DB) 업체인 오라클은 2007년에 이미 하이페리온(Hyperion)을 인수하면서 분석 기술을 확보하게 된다. 그 외에 스토리지 공급업체였던 EMC는 지난 수년간 보안, 백업, 아카이빙, 콘텐츠 관리 등 많은 데이터 관리업체들을 인수했으며, 이 중에는 2010년에 인수한 빅 데이터 분석을 위한 DB 업체인 그린플럼(Greenplum)과 빅 데이터 스토리지 솔루션 업체인 아이실론(Isilon)이 포함된다. SAP도 DB 전문업체로 변신을 선언, BI 소프트웨어와 플랫폼을 제공하는 비즈니스오브젝트(BusinessObject)를 인수한 바 있다. 국내에서는 통신 업체인 KT가 가장 먼저 대응했다. 2010년 대용량 분산저장과 처리기술 전문기업 '넥스알'을 인수하면서 기업용 클라우드 시장 선점을 위한 보폭을 넓혀가는 등의 선도적 모습을 보이기 시작했다.

02

세상의 변화와 트렌드를
빅 데이터로 읽다

개인들은 이미 스마트폰과 같은 모바일 단말기 하나로 SNS 등의 서비스를 통해 자신의 관심사와 정보를 마구 '흘리고' 다닌다. 기업들은 컴퓨팅 파워로 이 데이터를 잘 활용함으로써 경영에 도움을 받는 시대가 열릴 것이라 기대하고 있다. 물론 이는 단순 정보의 활용이 아니다. 2차, 3차 정제된 분석 과정을 통해 잘 가공하여 만든 지식의 활용인 것이다.

빅 데이터는 세상의 변화를 이해하는 데 충분하다. 넘치는 데이터에는 사람들의 흔적이 있고, 전문가들은 이러한 데이터에 흐름이 있다고 표현한다. 사람들의 손끝 하나로 만들어진 모든 정보들이 한 개인의 스토리가 된다. 정보는 사람의 흔적이기 때문에 넘치는 데이터의 흐름은 곧 스토리텔링(story telling)이 된다. 기술 전문가들은 이 스토리를 패턴(pattern)이라고 부르기도 한다. 데이터 그 자체에는 아무런 의미가 없지만 거기서 패턴과 스토리를 읽어낼 수만 있다면, 그 데이터는 앨빈 토플러가 말한 무용지식(obsoledge = obsolete + knowledge)에서 유용한 지식으로 바뀐다.

그렇다면 패턴을 찾아내어 사람들의 생각과 행동의 변화를 읽을 수 있게 된다면 무엇이 달라질까? 무수히 떠다니는 데이터의 일정한 흐름을 포착해 미래를 예견할 수 있다면 어떤 점이 유익하고 어떤 점이 해로울까? 이러한 질문에 답하기 위해 몇 가지 사례들을 통해 빅 데이터의 태동 현장을 관찰해보자.

빅 데이터를 활용하면 '가까운 미래 예측'이 가능하다. 최근 포드자동차(Ford Motor)는 운전자의 목적지를 예측하여 최적의 연료 배분을 제안하는 하이브리드 자동차용 주행 시스템을 개발했다. 여기에는 구글이 제공하는 공개된 클라우드 서비스 '구글 스토리지(Google Storage)'가 기반이 되었다. (클라우드 기술에 대해서는 4장을 참조하기 바란다.)

포드자동차가 직접 개발한 이 주행 시스템은 발생하는 각종 이벤트 기록들을 검색하고 그로부터 '정상적인 상태'나 '비정상적인 상태'를 나타내는 패턴을 찾아내어 새로운 이벤트가 발생했을 때 이상이 없는지 여부를 판단한다. 이것이 바로 가까운 미래의 예측이다. 이 주행 시스템이 개발된 주된 배경은 머지않은 미래에 가솔린 엔진의 이용을 제한하는 '그린존(green zone)'이 유럽을 시작으로 설치될 것이기 때문이다. 포드자동차가 제공하는 플러그인 하이브리드 차량 운전자는 이 그린존에 들어가기 전에 배터리가 정상인지 여부를 미리 살필 수 있다. 주행 시스템이 목적지를 예측하고 그린존 내 주행을 계산해 에너지를 배분해주면 운전자는 편안히 운전할 수 있다. 이를 위해 운전자의 이동 이력을 분석하고 그때그때의 시간과 장소에서 다음 목적지를 예측할 필요가 있는데, 바로 이 분석에 클라우드 서비스인 구글 스토리지가 이용되는 것이다.

이 시스템의 활용 패턴을 간단히 소개하겠다. 플러그인 하이브리드 자동차는 우선 GPS 센서 등을 이용해 산출한 운전자 주행 이력을 구글 스토리지에 자동으로 업로드한다. 그러면 구글 스토리지에서는 축적된 데이터에서 패턴을 찾아내고 이를

자료: media. ford. com

이용해 미래의 상태를 예측하는 기능을 발휘한다. 이 기능은 '구글 예측 API(Google Prediction Application Programming Interface)'라는 개방형 웹서비스를 통해 외부 프로그램에서 이용할 수 있다. 포드의 주행 시스템은 목적지와 연비 패턴을 예측할 때 이 오픈 API(Application Programming Interface: 개발자들이 응용 프로그램 제작 시 사용할 수 있게 운영 시스템이나 프로그래밍 언어가 제공하는 기능들을 제어할 수 있게 만든 인터페이스)를 이용해 현재 플러그인 하이브리드 자동차의 정보를 전송하고 클라우드상에서 계산한 예측 결과를 수신한다. 모든 처리가 클라우드상에서 실행되므로 내비게이션에 고성능 프로세서가 탑재될 필요가 전혀 없다.

빅 데이터 현상의 다른 태동 현장은 이변(異變)의 감지(感知)이다. 이는 한 사람의 개별 정보일지라도 수억 건씩 모이면 완전히 새로운 패턴이 감지될 수 있음을 여실히 보여준다. 관련 기업들은 이를 통해 소비자들의 취향이나 행태의 변화를 추적할 수 있다. 잘 알려진 사례로 구글의 웹사이트인 '구글 닷 오알지(google.org)'의 독감 유행 정보 예보(Flu trend)가 있다. 이는 수많은 클릭의 조합이다. 독감 증상이 있는 사람이 늘면 '감기' 관련 주제를 검색하는 빈도가 함께 증가하는 것에 착안해 구글의 검색엔진은 시간과 지역별로 독감 유행 정보를 제공한다. 구글의 예보는 보건 당국보다 한발 앞서서 독감 유행 징후를 감지하는 것으로 널리 알려져 있다. 특히 이는 사용자의 흔적을 재활용하여 유익한 정보를 제공한다는 의미를 갖는다.

빅 데이터로 '현 세태의 흐름'을 읽을 수도 있다. 우리나라에서 자주 인용되는 사례로 다음소프트(Daumsoft)의 빅 데이터 분석이 있는데 한국인의 음주 문화가 커피 문화로 이전하는 세태 흐름을 보여주었다. 북카페 현상 등 데이터 그 자체로는 잘 드러나지 않지만 사회적 현상과 데이터 속에서 스토리를 찾아냄으로써 문화적 트렌드를 포착한 것이다.

다음소프트는 빅 데이터를 분석하는 툴로 소셜 메트릭스(Social Metrics)를 개발했는데 그 활용 사례로 '2011년 서울시장 보궐선거 트윗 점유율 분석', '트위터를 통해 본 한국인들의 기분 분석' 등이 있다. 이들은 소셜 분석에 해당한다. (분석 기술과 자세한 관련 비즈니스에 대해서는 4, 5장을 참조하기 바란다.) 2011년 5월 1일~10월 29일 기간 동안 총 521,435,373개 트위터 문서 건수 중 '기분'을 포함한 2,504,018개의 문서 수가 분석되었다. 그 결과 '기분'에 대한 긍정률은 65.1%로 나타났다.[*]

소셜 메트릭스는 TV 방송 프로그램에도 활용되었다. 시청률 경쟁을 벌이고 있는 두 인기 방송 프로그램에 대한 사람들의 의견을 분석하는 방식이었다. 일종의 평판 분석을 시도했는데, 〈나는 가수다〉와 〈위대한 탄생〉이 비교되었다. 소셜 메트릭스

---

[*] 긍정률 = 긍정 표현 frequency / 긍정 표현 + 부정 표현 frequency

google.org Flu Trends

Google.org home
Flu Trends
Home
Experimental Flu Trends for Mexico
How does this work?
FAQ
Download raw data

Experimental Flu Trends for Mexico
English | Español

We've created experimental estimates of flu activity in Mexico using aggregated search data. Unlike Google Flu Trends for the U.S., this data has not been validated against confirmed cases of flu. After conferring with US and Mexican health officials, we've decided to share these initial results to provide additional information on the evolving epidemic. Read more >

Mexico flu activity: Low
● 2008-2009 ● Past years   Minimal Low Moderate High Intense

Jun Jul Aug Sep Oct Nov Dec Jan Feb Mar Apr May

Welcome to TimesPeople   Share and Discover the Best of NYTimes.com   1:33 PM ▼   Get Sta
What's this?   No, th

The New York Times   November 12, 2008

PERCENT OF HEALTH VISITS FOR FLU-LIKE SYMPTOMS *Mid-Atlantic region*

Using Google to Monitor the Flu

Google Flu Trends can estimate the spread of the disease by measuring the frequency of certain search terms. Its findings closely track actual C.D.C. data and can, at times, anticipate the government reports.

8 percent

ESTIMATED
Based on Google Flu Trends data tracking flu-related search terms

ACTUAL
As reported by U.S. Centers for Disease Control

6

4

C.D.C. does not keep data for June through September

2

0

OCT. 2003   2004   OCT. 2005   2006   OCT. 2007   OCT. 2008

Sources: Google; Centers for Disease Control   THE NEW YORK TIMES

자료: 〈뉴욕타임스〉, 2008. 11. 12.

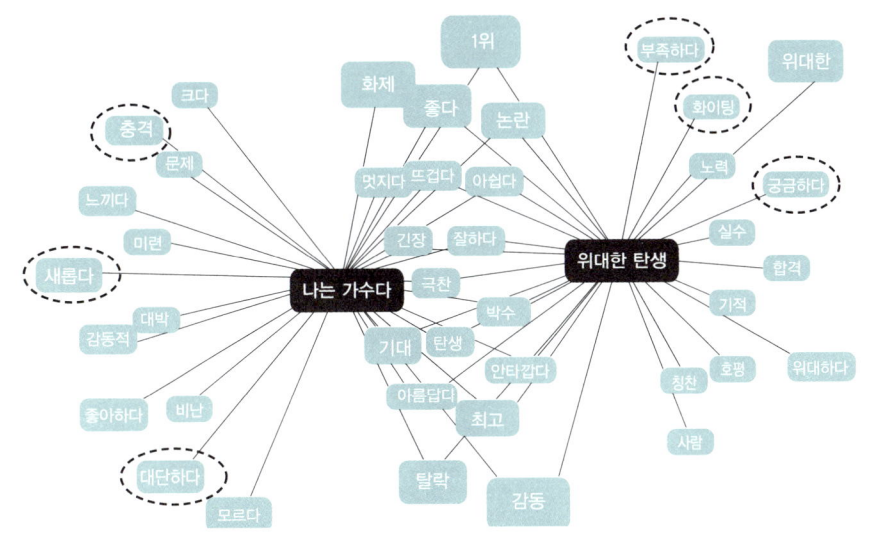

자료: 송길영, "Understanding Society through SOCIALmetrics", 2011.

분석 기술인 텍스트 마이닝(Text Mining) 결과, 두 개의 방송 프로그램에 대한 시청자의 의견이 차별점과 공통점으로 나누어 제시되었다. 〈나는 가수다〉는 새롭고 충격적일 만큼 대단하며 〈위대한 탄생〉은 약간 부족하지만 결과가 궁금하다는 의견 등의 표현이 나왔고 이를 통해 차별성이 감지되었다. 〈중앙일보〉 2010년 8월 19일 기사에 따르면 다음소프트는 텍스트 마이닝 기술을 이용해 이미 2008년부터 2년 3개월 동안 블로그 데이터를 분석해왔다고 한다. 당시 120만 개 블로그의 6500만 건의 포스트를 분석 대상으로 삼았다.

이상의 예들이 시사하는 바는 여러 가지이다. 먼저 일반 기업들은 웹사이트 방문 기록이나 온라인 검색 통계, 소셜 미디어 소통 기록 등을 긁어모아 미래 경영에 활용할 수 있다. 또, 스마트폰 보급 이후 위치정보와 결합된 '맞춤 정보'를 제공하는

자료: http://taiji310.blog.me/50139784393

신개념의 광고·마케팅 기법들이 비즈니스의 새로운 금맥으로 급부상 중인데, 여기에도 데이터 분석 활용이 가능하다. 예를 들어 국내 최초로 스마트폰 위치정보에 기반을 둔 소셜 커머스(Social Commerce)를 제공 중인 그루폰(Groupon)이 있다. 이 서비스를 통해 사람들은 식당을 예약하고 친구를 만날 수 있다. 사용자가 있는 곳 인근에서 '반값 할인' 행사를 하는 업체를 쉽게 찾을 수 있도록 돕는다. 그리고 위치에 기반을 둔 추가 정보도 추출해낼 수 있다. 이용자가 늘수록 지역별 선호 메뉴와 이용자 계층, 즐겨 찾는 업소에 대한 정보가 축적되고, 이를 분석해 새로운 정보가 만들어질 수 있기 때문이다. 그루폰은 이미 소셜 마케팅 차원의 소셜 데이팅(Social Dating) 서비스를 내놓았다.

사용자인 개인들이 인터넷에 남긴 수많은 데이터들은 기업뿐만 아니라 정부기관에도 유용하게 쓰일 수 있다. 만약 경찰에게 유용하다면, 빅 데이터는 '착한' 빅 브라더가 된다. 왜 착한지 실제 사건 하나를 소개하겠다. 2011년 4월 2일 부산에서는 50대 여성의 살인사건이 일어났다. 그로부터 2개월이 지나지 않은 5월 24일, 용의자가 구속되었는데, 대학교수인 그녀의 남편이었다. 당시 경찰은 주요 포털 업체에 공문을 보내 그 대학교수 명의로 가입된 아이디를 확인하고 검색 기록과 검색어 등을 분석했다. 그 결과 그가 '사체 없는 살인'이라는 키워드로 검색을 한 사실이 드러났다. 이 대학교수가 남긴 흔적은 이것만이 아니었다. 스마트폰 문자메시지 애플리케이션인 '카카오톡'을 통해서도 그의 내연녀에게 "맘 단단히 먹어라"는 내용을 보낸 것이 확인되었다. 이 사람은 디지털 공간 곳곳에 자신의 관심사와 개인정보를 마구 '흘리고' 다닌 것이다.

BIG DATA

03

스마트폰, SNS, 클라우드가 만드는
빅 데이터 시대

'빅 데이터'가 주목을 받게 된 데에는 몇 가지 배경이 있다. 다음 페이지의 그림을 통해 기술적 관점에서 데이터, 플랫폼, 인프라 세 가지 차원으로 나누어 빅 데이터 관련 기술이 등장하게 된 배경 및 동인을 살펴볼 수 있다.

동인은 크게 세 가지이다. 첫째는 데이터 규모가 증가하는데, 기존의 소규모 정형이 아닌 비정형, 다양한 유형의 데이터가 증가하고 있다는 점이다. 둘째는 플랫폼에서 소셜 미디어가 인기를 얻으면서 시간적 정보가 중요해지고 소셜 데이터를 중심으로 산재된 데이터 간의 융합이 필요해졌다는 점이다. 마지막으로 인프라 측면에서 새롭게 등장한 클라우드 자원이 빅 데이터 분석에 매우 유용하고 필수적인 인프라가 될 수 있다는 점이다. 각각에 대해 자세히 살펴보자. (To-Be인 새로운 기술에 대해서는 4장에서 집중적으로 논의하고 있다.)

첫째는 데이터 측면이다. 스마트폰 등 다양한 모바일 기기의 이용이 폭발하면서 그야말로 언제 어디서나 사람들의 손끝 하나로 모든 정보가 데이터가 되는 시대가

1장 거대한 디지털 정보가 온다

자료: ETRI 빅데이터기획팀, KEIT PD Issue Vol. 11-05(광인터넷 워크숍 발표문), 2011. 11 재구성.

열렸다. 특히 모바일 기기에 탑재된 센서나 카메라, 마이크 등이 데이터를 증가시키는 주요인이 되고 있다. 2011년 현재 약 3000만 개 이상의 M2M 센서가 설치되어 있는데, RFID(Radio Frequency Identification) 또는 NFC(Near Field Communication)를 통한 유틸리티 사업에서도 데이터 발생량이 증가할 것으로 보인다. 시스코(Cisco)에 의하면, 2011~16년 동안 월평균 전 세계 모바일 데이터 트래픽은 연평균 78%씩 증가할 것으로 예상되고 있으며, IT 컨설팅 업체 오범(OVUM)이 2012년 5월 발표한 자료에 따르면 우리나라 통신회사 KT의 데이터 트래픽은 2009년 아이폰 도입 이후 트래픽이 급증하는 변곡점을 지나 2014년 1000배나 증가할 전망이다.

특히 모바일 데이터 트래픽 폭발로 인해 데이터 유형은 더욱 복잡해진다. 인터넷

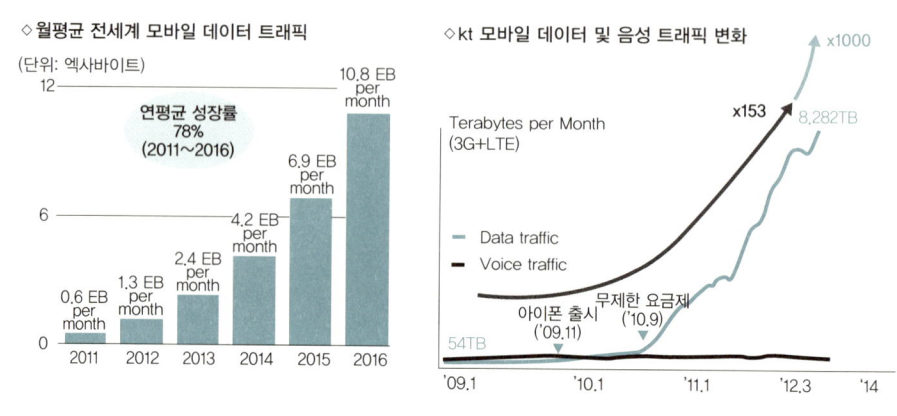

자료: Cisco, 2012; KT traffic data, European Regulatory update(OVUM), 2012. 5;
유태열, 대한민국 인터넷 30주년 기념 컨퍼런스 발표문, 2012. 6 재인용.

시대 초기인 1990년대 '정보의 홍수' 때와 비교하면 현재의 모바일 데이터 폭발은 무엇보다도 개인이 사용하는 모바일 인터넷 단말에서 두드러진다. 여기에는 개인이 처해 있는 상황과 감정 표현까지도 포함하는 복잡 미묘한 인간의 모든 정보를 포함한다. 위치정보시스템(GPS: Global Positioning System)을 비롯한 각종 센서를 탑재한 스마트 기기들을 몸에 지닌 개인은 위치정보 등 실시간 정보를 마구 생성해낸다. 이미 스마트폰에 내장되어 있는 GPS나 카메라, NFC 등 각종 센서들이 인간이 어디를 가고, 무엇을 사는지 등 개개인의 삶의 일지인 라이프로그(Life Log) 정보를 자동으로 생성하고 수집하게 만든다.

이러한 일상 정보를 분석해서 유용하게 활용할 수만 있다면, 폭증하는 데이터는 점점 경제적 자산으로 변모하게 된다. 빅 데이터라고 말할 수 있는 수준으로 데이터가 폭발적으로 증가하는 직접적인 산업으로 통신, 인터넷서비스, 의료, 금융 분야

자료: 아이-콘시에르 사이트(http://imode-press.jp/imode/top/new_service/concierge/index.html)

를 들 수 있다. 통신 분야의 사례 하나를 살펴보자. 일본의 NTT도코모는 스마트폰 도입과 함께 2008년 11월 5일에 휴대전화를 개인비서처럼 활용할 수 있는 새로운 서비스 아이-콘시에르(i-Concier)를 출시했다. 이는 스케줄 프로그램에 목적지 정보를 입력하는 것만으로 그 장소까지의 경로 정보를 자동으로 보여주고, 목적지 인근 주차장의 실시간 주차 상황을 알려주는 등의 맞춤 서비스를 제공한다. 이는 개인비서처럼 사용자의 생활공간 또는 취미생활에 맞는 정보를 제공하는 것인데, 대기 화면에 캐릭터가 상주하면서 새로운 정보를 알려주는 방식이다. 개인 맞춤 정보와 일정 관리, 할인권을 자동으로 다운로드해준다. 주된 내용은 철도 운행, 교통, 일기예보, 태풍·지진 정보와 이벤트 및 생활 정보 등이다.[*]

둘째는 플랫폼 측면이다. 가장 활발히 전개되고 있는 소셜 미디어 플랫폼 사용의 일상화가 빅 데이터 성장의 주된 배경이다.

삼성경제연구소 채승병 연구원이 2011년 발표한 〈정보홍수 속에서 금맥 찾기〉라는 보고서에 따르면 소셜 미디어를 통해 커뮤니케이션과 정보의 유통 구조가 새

---

[*] 우리나라에서는 SKT가 이미 2005년 4월 이와 유사한 1mm 서비스를 오픈한 적이 있다. 그러나 제대로 알려지기도 전에 사업 자체가 조용히 역사 속에서 사라졌다. 그 당시는 빅 데이터 시대가 아직 도래하지 못했기 때문이다.

롭게 재편되고 이들을 통해 실시간으로 상호작용하는 데이터들이 증가하면서 이들 데이터를 비즈니스 측면에서 활용하려는 관심이 증대하고 있다. 인텔(2011)에 의하면, 전 세계 11억 명이 소셜 네트워크를 이용 중이고, 2억 5000명이 매일 페이스북에 사진을 업로드하고 있다. 그 외에도 페이스북에서만 이용자 1인당 매월 평균 90개 이상의 콘텐츠를 업로드하고 있으며, 유튜브에서는 1분마다 24시간 분량의 비디오가 업로드되는 등 SNS를 통한 데이터 폭증은 이미 일상사가 되었다.

이처럼 개인화된 정보로 가득 찬 소셜 미디어에서 얻을 수 있는 소셜 데이터를 분석함으로써 새로운 비즈니스 기회를 여는 벤처기업들이 다수 출현하기 시작했다. 이는 기업 데이터와 소셜 데이터의 융합이다. 우리나라에서는 1년 전부터 이런 움직임이 가시화되고 있다. 웹, SNS, 포털 검색 데이터 등을 분석하여 기업 평판을 확인하고 마케팅 서비스 등에 적용하는 사례가 증가하고 있는 것이다. 트위터의 인기가 높은 일본에서도 트위터에서의 반응을 성과 지표로 활용하여 1일 단위로 광고 슬로건이나 매장 안내문을 변경하는 사례가 점차 증가하고 있다. 실제로 2010년 10월 일본의 통신회사 NEC빅로브(NEC Biglobe)가 조사한 결과에 의하면, 트위터를 업무에 활용한 기업 중 관련 데이터를 분석해 효과를 측정한 기업은 전체의 1% 미만이지만, 이들 중 40%가 결과에 만족하고 80%가 재이용을 희망하는 것으로 나타났다.[2]

소셜 데이터를 활용할 수 있는 다양한 분석 방식도 등장하고 있다. (다양한 비즈니스 사례에 대해서는 5장에서 다루고 있다.) 소셜 미디어를 브랜드 프로모션에 활용한 글로벌 기업들의 선도적 사례를 살펴보자. 외식 업체 버거킹은 "페이스북 친구 10명을 삭제하라"는 '와퍼 희생(sacrifice) 마케팅'을 2009년에 전개한 바 있다. 내용은 고객이 자신의 페이스북 친구들 중 10명을 삭제하면, 와퍼가 무료 제공됨과 동시에 삭제된 10명에게 "와퍼 때문에 당신이 친구 목록에서 삭제되었다"는 메시지가 나가는 방식

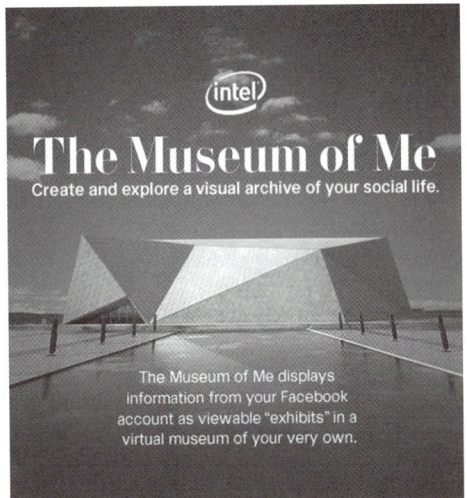

이다. 당시 20만 명이 이 캠페인을 이용했는데, 사회적 물의를 일으킨다는 여론 때문에 중단되었다. 또 다른 사례로 인텔이 2011년 자사 웹사이트에 오픈한 '나의 박물관'을 들 수 있다. 이것은 페이스북 사용자 정보를 이용해 즉석에서 친구들이나 자신의 사진으로 동영상을 만들어주는 서비스이다. 이 두 글로벌 기업의 소셜 데이터 활용 목적은 바로 브랜드 프로모션이다.

셋째는 인프라 측면이다. 개인 단말과 상황 인식 소프트웨어뿐만 아니라, 여기에 더하여 컴퓨팅 기술도 함께 발달하고 있기 때문이다. 이미 축적된 데이터에서 유용한 지식을 유추해내는 과정인 데이터 마이닝(data mining)은 사실상 새로운 개념이 아니다. 소개된 지 십수 년은 족히 되었다. 그런데 그동안에는 컴퓨팅 기술과 데이터 저장 공간상의 비용 제약 때문에 실제로 방대한 데이터를 저장하고 처리하는 일에 엄두를 내지 못했다.

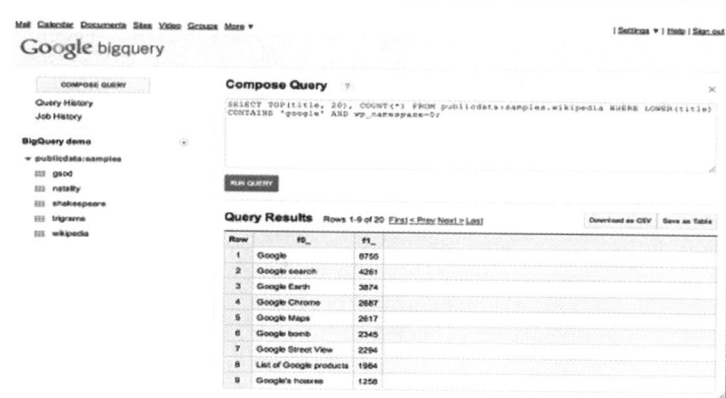

점차 고객 관련 정보와 센서 정보 등 데이터 수집이 증가하면서 더 많은 스토리지와 분석 기능이 함께 필요하게 된다. 이러한 필요에 의해 등장하기 시작한 것이 클라우드 컴퓨팅(cloud computing)이다. 분산 컴퓨팅 기술 방식을 따르는 클라우드 컴퓨팅과 스토리지 기술 덕분에 이제 대용량 데이터 분석이 가능해졌다. IDC(2011)에 의하면, 클라우드 서비스를 통해 개인과 조직의 데이터가 한 곳에 축적되면서 이것의 활용에 대한 요구가 증가하기 시작했다.

구글의 '구글 빅쿼리 서비스(Google BigQuery Service)'는 이러한 요구를 충족시키는 대표적 사례이다. 2011년 11월에 프리뷰 버전이 공개된 이 서비스는 기업이 별도의 인프라를 구축하지 않고도 클라우드상에서 데이터를 분석할 수 있도록 지원한다. 현재 구글은 소수 고객사를 대상으로 이 프리뷰 서비스를 제공 중이며, 이용자는 클라우드 서비스, '구글 스토리지(Google Storage)'에 분석하고자 하는 데이터를 업로드시키면 된다. 웹 브라우저를 통해 해당 데이터가 자동 분석되기 때문이다.[3]

클라우드상의 빅 데이터 분석의 예로 구글이 제공하는 음성 검색 서비스를 들

수 있다. 이는 입력된 음성을 클라우드 서버에 전달하여 음성인식 작업을 수행한 후에 그 결과를 이용자의 단말에 표시해주는 서비스이다. 이는 클라우드 컴퓨팅 기반이 있어야만 구현될 수 있는 서비스이다. 즉 음성을 정확하게 인식하기 위해 다양한 구어체 문장의 단어 배열 순서를 이해하는 '언어 모델' 구축이 필요하며, 그 기반으로 클라우드 컴퓨팅 환경은 필수이다. 100만여 개 단어와 수백만 개의 어휘 조합을 적용해 빠르게 정보를 처리하기 위해서는 초대형 컴퓨팅 파워와 속도가 절대적으로 필요하기 때문이다. 구글은 클라우드 컴퓨팅으로 이를 실현하고 있는 것이다. (이 기술들에 대해서는 4장에서 다루기로 한다.) 2010년 6월 16일부터 한국어로도 구글 음성 검색 서비스 이용이 가능해졌다. 즉, 검색어를 입력할 필요 없이 음성만으로 정보를 찾을 수 있다.

04

빅 데이터의 경제적 가치와
프라이버시

빅 데이터는 이미 세상을 변화시키기 시작했으며, 관심의 대상이 되고 있다. 그 이유는 무엇일까? 먼저 〈뉴욕타임스〉가 맥킨지의 빅 데이터 관련 보고서에 나타난 빅 데이터 시대의 의미를 언급(2011. 5. 13)한 내용을 보면, 경제적 맥락이 중요하게 드러난다. 이 기사에 따르면, 자동차 위치정보와 교통량 분석만 활용해도 인류는 출퇴근 교통혼잡 비용과 이산화탄소 발생을 줄여 전 지구적으로 연간 6000억 달러를 아낄 수 있다고 한다.

타일러 벨[4]에 의하면, 빅 데이터의 사회적 의미는 크게 세 가지 관점에서 조명된다. 첫째는 천연자원이라는 관점에서 빅 데이터가 새로운 경제적 가치의 원천으로 활용될 수 있다는 것이다. 이것은 가트너가 언급한 '새로운 원유'와 일맥상통한다. 둘째는 새로운 재난이라는 관점인데 정보의 범람으로 데이터 홍수 현상이 진행된다는 내용이다. 마지막으로는 산업적 도구 관점으로 빅 데이터 분석 역량이 미래 기업 경쟁력을 좌우하는 열쇠가 된다는 것이다.

구분	주요 내용
천연자원 (Natural Resources)	• 데이터에 내포된 가치와 가능성에 대해 주목 • 사회적으로 현안과 위험을 해결할 수 있는 잠재력에 기대 • 새로운 경제적 가치의 원천으로 활용 ※ 새로운 원유, 데이터 골드러시, 데이터 금맥 찾기(data mining)
새로운 재난 (Natural Disasters)	• 정보의 범람으로 기회를 파악하기가 모호해지고, 규정 준수가 어려움 • 늘어나는 데이터로 인해 현 상태를 유지하는 데 IT 예산이 사용되어 혁신을 위한 새로운 동력에 투자가 어려워짐 ※ 데이터 토네이도(data tornado), 데이터 홍수(data deluge)
산업적 도구 (Industrial Devices)	• 데이터의 효율적인 관리와 분석을 통해 기업의 경쟁우위 확보 • 데이터를 신속하게 처리해 실시간 의사결정에 지원 • 데이터 분석 역량이 기업 경쟁력을 좌우 ※ 데이터 산업혁명(Industrial Revolution)

자료: Tyler Bell, "Big Data: An opportunity in search of a metaphor", 2011. radar.oreilly.com/2011/02/big-data-metaphor.html; 한국정보화진흥원(NIA), 〈신 가치 창출 엔진, 빅 데이터의 새로운 가능성과 대응전략〉, 2011. 12. 30 재인용.

특히 빅 데이터의 경제적 의미에 대해 호기심을 가진 글로벌 리서치 그룹들은 지난 2년 동안 경제적 가치에 초점을 두어 빅 데이터를 활용한 시장 변동 예측이나 신산업 발굴 가능성 등 경제적 가치 창출 사례와 효과 등을 제시하였다. 다음 페이지의 〈표〉에서 보듯이, 〈이코노미스트〉는 빅 데이터를 비즈니스의 새로운 원료로, PwC는 새로운 비즈니스 가치 창출의 핵심 키로 보고 있다. 또한 맥킨지는 빅 데이터가 혁신, 경쟁력, 생산성의 핵심 요소임을 천명하였다.

여러 연구에서 자주 인용되는 맥킨지 보고서[5]의 빅 데이터의 경제적 가치에 대해서 잠깐 소개하겠다. 맥킨지가 2011년에 발표한 내용에 따르면, 각 클러스터별로 적게는 1000억 달러에서 많게는 7000억 달러의 경제적 효과가 창출될 전망이다. 이를 생산성 향상 정도에 따라 나누어보면 컴퓨터, 전자제품, 정보통신 분야에서 빅

글로벌 리서치 기관들의 빅 데이터의 가치 전망 내용(2010~2011)

기관명	주요 내용
Economist(2010)	• 데이터는 자본이나 노동력과 거의 동등한 레벨의 경제적 투입 자본, 비즈니스의 새로운 원자재 역할 • 비즈니스 트렌드 파악, 질병 예방, 범죄 해결 등 효과
MIT Sloan(2010)	• 데이터 분석을 잘 활용하는 조직일수록 차별적 경쟁력을 갖추고 높은 성과 창출 • 조직 분석 역량 3단계(열망-숙련-변혁 단계) 특징 제시
PwC(2010)	• 빅 데이터는 이전까지는 다루지 못하고, 시도하지 못했던 데이터의 활용을 가능하게 하며 잠재적 가치와 영향력이 높음 • 빅 데이터의 중요성에 대해 기업들이 주목하고 있으며, 새로운 비즈니스의 가치 창출의 핵심 키가 될 것
Gartner(2011)	• 데이터는 21세기 원유, 데이터가 미래 경쟁우위를 좌우 • 기업은 다가올 '데이터 경제 시대'를 이해하고 정보 고립(Information Silo)을 경계해야 성공 가능 • 빅 데이터는 향후 주목해야 할 이머징 기술(2~5년 후 성숙)
McKinsey(2011)	• 글로벌 비즈니스 지형을 뒤바꿀 기술 트렌드의 3가지 핵심은 '클라우드' '빅 데이터' '스마트 자산(smart assets)' • 빅 데이터는 혁신, 경쟁력, 생산성의 핵심 요소 • 의료, 공공행정 등 5대 분야에서 6000억 달러 이상 가치 창출

자료: 한국정보화진흥원(NIA), 〈신 가치 창출 엔진, 빅 데이터의 새로운 가능성과 대응전략〉, 2011. 12. 30, 14쪽.

데이터 활용 효과가 큰 것으로 분석되었다. 특히 맥킨지가 빅 데이터 활용 가치를 투사해본 의료 건강, 공공 행정, 위치정보, 소매업, 제조업 등 5개 부문은 전 세계 GDP(57.5조 달러)의 40%(22.3조 달러)를 점유할 것으로 기대된다.

한편 빅 데이터 시대가 도래하면서 기업이 가공한 '개인정보' 자원에 대한 소유권은 누가 갖는 것인지, 기업에 남아 있는 프라이버시와 관련한 개인정보에 대해 삭제할 권리가 개인에게 있는 것인지 등 다양한 부정적인 이슈들도 함께 불거져 나오기 시작했다. 이제 빅 데이터가 변화시키는 세상에서 시대 변화에 맞춰 프라이버시에

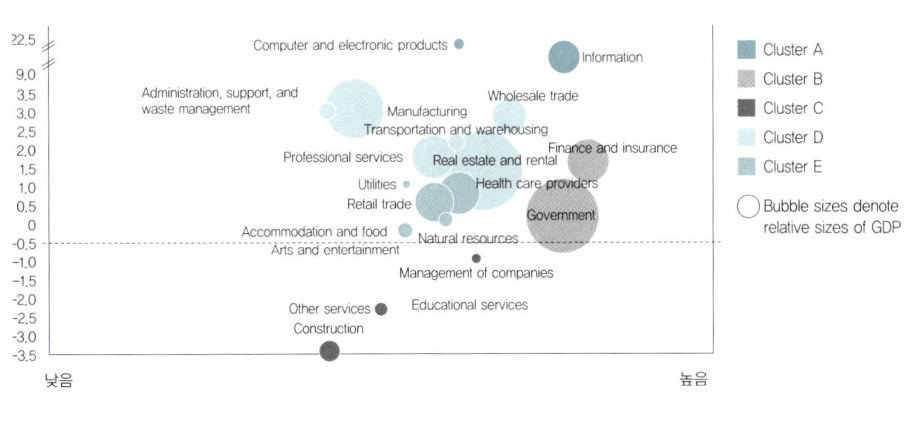

대한 개념을 '누구인지 식별되지 않을 권리'로 바꾸어야 한다는 주장도 함께 제기되기 시작했다. 또한 개인정보나 영업기밀을 다루는 문제도 함께 해결해나가야 할 이슈로 부상 중이다. 자가 운전자라면 이미 여러 보험회사에서 계약 만료시기에 맞추어 동시다발적으로 걸려오는 전화 세례를 경험했을 것이다. 이럴 때 한번쯤 기업들이 개인정보의 안전한 관리자 역할을 하는지에 대해 의심해보지 않았는가?

특히 스마트폰이 확산되면서 과거에는 불가능했던 엄청난 양의 개인정보가 양산되고 있고 컴퓨팅 기술의 발전으로 이들 데이터에 대한 분석도 용이해졌다. 이제 스마트폰은 이용자가 어디쯤에 있는지를 실시간으로 기록하고, 지하철과 버스 요금 정산기에 얼마를 지불하고 있는지 등 언제 어느 장소에 있는지에 관한 정보를 기록한다. 네이버나 다음, 구글에 검색어를 입력할 때도, 페이스북이나 트위터에 오늘 점심은 무엇을 먹었는지, 오늘 기분은 어떤지에 관한 짧은 글을 남기는 그 순간에도 사람들의 위치정보는 물론이고 취향이나 습관, 검색 패턴, 구매 기록까지 샅샅이 알아낼 수 있는 막대한 양의 데이터들이 차곡차곡 쌓이고 있다. 더구나 어디서든 수집이 가능한 센서, 주파수 등의 데이터는 생성 주체가 전혀 인지하지 못하는 상황에서 수집되고 활용되는 경향이 있다.

최근 빅 데이터는 페이스북과 같은 SNS와 밀접한 관련을 맺고 있다. 예전에 기업들은 고객들의 반응을 모으기 위해 웹사이트를 만들고 그 위에 정해진 절차(로그인 프로세스, 이벤트나 설문조사 등의 정보수집 활동 등)를 통해서 데이터를 수집했다. 하지만 소셜 미디어의 등장으로 최근 수집 활동은 전혀 다른 양상을 보인다. 페이스북이나 트위터는 오픈 API 형태로 기업에서 특정 앱이나 위젯(Widget), 또는 해당 기업의 웹사이트, 페이스북 페이지, 트위터 계정 등을 통해 고객의 동의만 거치면 다양한 고객정보를 수집할 수 있게 된 것이다. 예전과 비교해보면 고객의 번거로움을 줄이면서 손쉽게 고객정보에 접근할 수 있게 되었다. 더구나 정형화된 데이터 외에 비(非)정형화된 데이터 수집까지 가능하게 되었다.

소셜 데이터의 개인 데이터 소유권, 프라이버시 등과 관련해 부정적 파장을 가장 먼저 의식한 국가는 독일이다. 2010년 '독일소비자센터총연맹(VZBV: Verbrauchenzentrale, Bundesverband)'은 페이스북의 운용에 대한 문제를 제기하여 법정에 고소했다. 이 소송에서 페이스북이 패소했는데 판결 내용은 다음과 같다. 페이스북이 개인 데이터 사용권을 취득해 독일 및 유럽의 '데이터보호법(Data Protection Act)'을 위반했고, '친구검색' 기능이 이메일 주소록에 등록된 연락처를 이용하여 온라인상의 친구를 찾아가도록 구현되어 있어서 프라이버시를 침해하는 결과를 초래했다는 것이다. 그래서 독일 지방재판소는 2012년 3월 6일 페이스북의 서비스 규약 변경을 판결한 사례가 있다.

미국에서는 2012년 2월, 오바마 정부가 소비자의 프라이버시 보호를 위한 청사진으로 〈연결사회에서의 소비자 데이터 프라이버시(Consumer Data Privacy in a Networked World)〉를 발표했다. 그 후 같은 달에 연이어 백악관은 대통령 명의로 〈소

개인의 제어력	소비자는 사업자가 수집하는 자신의 개인 데이터를 제어할 수 있는 권리를 가짐
투명성	소비자는 사업자의 프라이버시 및 보안 준수에 관해 알기 쉬운 방법으로 정보를 얻을 권리를 가짐
배경정보의 존중	소비자는 소비자가 제공한 배경정보에 따라 사업자가 개인의 데이터를 수집, 이용, 개시하는 것을 기대할 권리를 가짐
보안	소비자는 개인의 데이터가 안전하게 취급될 권리를 가짐
접근성과 정확성	소비자는 민감하거나 부정확한 데이터가 불이익을 가할 소지가 있는 경우, 이에 접근해 수정할 수 있는 권리를 가짐
적절한 범위의 수집	소비자는 사업자가 수집 및 저장할 수 있는 개인의 데이터를 적절한 범위에 한정할 권리를 가짐
설명책임	소비자는 사업자에 의해 개인의 데이터가 본 '소비자 프라이버시 권리장전'에 따라 적절히 취급될 권리를 가짐

자료: 아틀라스, 2012. 4.

비자 프라이버시 권리장전(A Consumer Privacy Bill of Rights)〉 초안을 공개했다. 미국의 권리장전 내용은 위의 〈표〉와 같다. 그 후 2012년 3월 26일 미국 연방통상위원회(FTC: Federal Trade Commission)는 미국 의회에 소비자들을 위한 온라인 프라이버시 보호법 제정을 촉구하는 권고안인 〈급속히 변화하는 시대의 소비자 프라이버시 보호(Protecting Consumer Privacy in an Era of rapid change)〉를 발표했다.

이 FTC 권고안에 앞서 이미 미국 상원은 iOS 등의 모바일 앱이 사전 동의 없이 이용자의 개인정보에 접속할 수 있다며 FTC에 조사를 촉구한 바 있다. 결국 FTC는 2012년 3월에 소비자 데이터를 처리하는 기업에게 소비자의 프라이버시 보호를 위한 프레임워크를 제안하게 된 것이다.

FTC의 3대 권고 사항을 소개하면, 첫째는 프라이버시 보호 디자인(Privacy by Design)으로서, 기업은 모든 상품 개발 단계에서 소비자 프라이버시 보호 방안을

사파리의 개인정보 추적금지 버튼

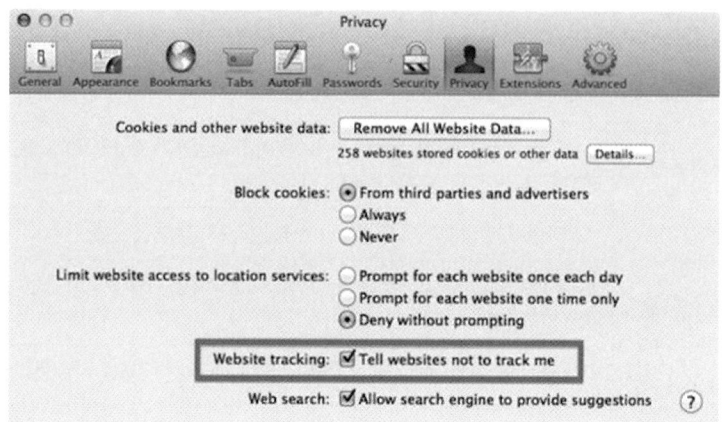

자료: 사파리 프라이버시 페이지

적용 받는다. 여기에는 데이터의 합리적 보호, 제한된 수집, 수집된 개인정보의 보관, 데이터의 정확성을 높이기 위한 합리적 절차 마련 등이 포함된다. 두 번째 권고 사항은 비즈니스와 소비자를 위한 단순화된 선택(Simplified choice for businesses and consumers)으로서, 기업은 소비자에게 어떤 정보를 누구와 공유할지 선택할 수 있는 옵션을 제공해야 한다. 여기에는 소비자들이 스스로 온라인 활동 추적을 제어할 수 있는 추적금지 기능이 포함된다. 마지막 권고 사항은 더 강화된 투명성(Greater transparency)이다. 기업은 소비자 정보의 수집 및 사용에 대한 세부 정보를 공개하고, 소비자에게 수집된 자신의 데이터에 접근할 수 있는 권한을 부여해야 한다는 내용이다. 이는 소비자가 자신도 모르게 이루어지는 개인정보 노출, 이용자 개인의 프라이버시를 보호하는 것과 관련된다. 대표적인 방안은 '추적금지(Do Not Track)' 버튼이다. FTC는 사파리 등 브라우저 벤더들로 하여금 이용자가 직접 개인정보 추적 여부를 제한하도록 '추적금지' 옵션을 제공하도록 명하고 있다.

미국에서는 '옵트아웃(Opt-out)' 방식, 즉 수신 거부를 하면 차단하는 방식을 취한다. 그러나 앞서 독일 사례에서 보았듯 유럽은 매우 보수적이다. 유럽연합(EU)은 2012년 1월에 '옵트인(Opt-in)' 원칙을 강조하는 〈데이터 보호 규칙〉 원안을 공개했다. 니케이커뮤니케이션즈의 2012년 4월 발표 자료에 따르면, 유럽연합은 기업들이 사전 신청을 위반할 때 전 세계 연매출 중 최대 0.5%를 징수하는 등 규제를 엄격화했다. 또한 일정 기간이 경과한 데이터는 각 사업자가 자발적으로 삭제해야 한다는 '망각될 권리'도 새롭게 규정했다. 이는 산업 진흥을 최우선시하는 미국과는 상당히 대조적인 태도로 개인의 권리를 최우선시함을 나타낸 것이다.

그러나 이제 미국에서도 프라이버시 보호 방안이 필요하다는 목소리가 나오기 시작했다. 최근 공개되지 않은 개인정보가 SNS나 앱 등에서 해킹되는 경우가 발생했기 때문이다. 예를 들어 2012년 3월 12일 텍사스 주에서 SNS 업체와 애플 등 18개 사를 대상으로 프라이버시 관련 집단소송이 제기되었다. 원고 측은 해당 업체들의 모바일 앱이 이용자들의 이름과 전화번호, 이메일 등 개인정보를 사전 동의 없이 도용·판매함으로써 프라이버시 침해를 초래할 수 있다고 주장했다.[6]

국내에서도 개인 정보 침해 상담 건수는 2010년 5만에서 2011년 11만 건으로 두 배나 증가하였다(인터넷진흥원, 2011). 개인 데이터를 가장 많이 보유 중인 국내 대표 포털, NHN도 회원정보 관리절차를 개편하고, 수집된 회원들의 주민등록번호를 폐기하는 등 개인정보보호방안을 강화한다고 2012년 1월 6일 밝혔다.

개인정보 보호는 관련 산업의 진흥을 도모하는 미국에서조차도 사회적 이슈화되고 있지만, 국내에서는 일부 부처와 기업에서만 이에 대한 논의가 진행되는 상황이다. 개인정보 보호를 위한 단순 가이드라인 제시 수준을 넘어 하드웨어, 소프트웨어, 솔루션 등 기술 인프라 사업과 개인 정보 유출 탐지를 지속 관리하는 사업, 그리고 관련 법, 제도, 정책을 개선하고 홍보하는 사업 등이 통합적으로 진행되어야 할 것이다.

05

빅 데이터,
크기가 다가 아니다

2011년 한 해 동안 전 세계에서 생성된 디지털 정보량은 1.8제타바이트(1.8ZB=1,8 00,000,000,000,000,000,000bytes)였다. 이는 두 시간짜리 HD급 영화 2000억 편과 맞먹는 수치인데 한국인 전부(2010년 기준 약 4875만 명)가 18만 년 동안 쉬지 않고 1분마다 트위터에 3개의 글을 게시해야 가능한 정보량이다. 그런데 이처럼 증가하고 쌓이는 것만으로 빅 데이터가 의미를 가질까? 그렇지 않다.

앞서 언급했듯이 데이터에서 어떤 패턴을 찾아낼 때 비로소 '빅 데이터'에 활용 가치가 부여되는 것이다. 아무리 복잡해 보이는 현상들도 일정한 패턴과 트렌드를 가지고 있다. 그렇기 때문에 수많은 데이터들이 만들어내는 무질서한 흐름 속에서 숨겨진 패턴을 발견하는 일이야말로 빅 데이터를 정말로 의미 있고 가치 있게 만드는 작업이다. (이에 대한 기술 및 분석 툴에 대해서는 4장에서 다루기로 한다.)

2011년부터 큰 화두가 되기 시작한 빅 데이터에 관해 여러 연구기관들이 관심을 보이고 있다. 특히 빅 데이터의 개념을 어떻게 정의할지에 대한 논의가 활발하다.

빅 데이터 연구에서 가장 많이 인용되는 자료가 앞서 말한 맥킨지의 보고서이다. 여기에 나타난 개념 정의를 먼저 살펴보자. 빅 데이터는 기존 방식으로 저장·관리· 분석하기 어려운 큰 규모의 데이터이다. 이 정의는 데이터의 규모를 주된 기준으로 삼고 있다.

2011년 인터넷데이터센터(IDC) 보고서의 정의에 의하면, 빅 데이터는 다양한 종류의 대규모 데이터이지만, 동시에 낮은 비용으로 가치를 추출하고, 초고속으로 수집·발굴·분석하도록 고안된 최신의 아키텍처이다. 이는 맥킨지의 개념 정의보다 좀더 확대 해석된 것으로 업무 수행과 효율성에 초점이 맞추어져 있다.

이처럼 빅 데이터의 개념 정의는 처음에는 데이터 규모와 기술적 측면에서 시작되었다. 그러나 점차 빅 데이터의 가치와 활용 효과 측면이 관찰되면서 그 개념도 확대되는 추세이다. 여러 기관이 정의한 다양한 개념들을 모아 재구성한 정용찬[7]의 정의에 의하면, 빅 데이터란 데이터의 양, 생성 주기(실시간 생산), 형식(수치 데이터뿐 아니라 문자와 같은 비정형 데이터 포괄) 등에서 과거 데이터에 비해 규모가 크고, 형태가 다양하여 기존의 방법으로는 수집·저장·검색·분석이 어려운 방대한 크기의 데이터를 말한다.

인터넷 이용의 확산, 스마트폰을 포함한 다양한 스마트 기기의 보급, 온라인 거래의 폭발적 증가, 대용량의 동영상 콘텐츠 유통, SNS 이용의 급진적 확대 등으로 생성되는 데이터 규모는 기하급수적으로 증가하고 있으며, 그 규모는 몇 테라바이트에서 수십 페타바이트에 이른다. 1952년 대규모 데이터라고 부를 수 있는 크기가 800만 디짓(digit)이었다는 사실과 비교해볼 때 지금의 페타바이트급 데이터는 가히 폭발적이라 하겠다. IDC는 글로벌 데이터 규모가 2012년 2.7제타바이트(zettabyte, 10^{21}byte)에서 2015년 7.9제타바이트로 증가할 것이라 예측하고 있다.

그런데 빅 데이터의 본질은 규모만으로 설명되지 않는다. 일반적으로 관찰되는 빅 데이터는 3대 특징(Dimensions) 혹은 구성요소를 가지고 있다. 가트너의 보고서[8]는 여기에 한 가지를 더 붙여 빅 데이터의 4가지 특징을 정의했다. 먼저 기존의 3대 특징은 데이터 규모(또는 크기, Volume: 테라급이냐, 페타급이냐), 다양성(Variety: 구조화되었느냐, 비구조화되었느냐), 생성 속도(Velocity: 실시간이냐, 스트리밍이냐)이다. 가트너에 의해 추가된 네 번째 특징은 복잡성(Complexity)이다. 결론적으로 특정 규모 이상이라고 해서 빅 데이터가 아니다. 원하는 다양한 가치를 얻을 수 있을 때 빅 데이터라고 보는 것이 맞다. 한편 2011년 미국에서 열린 데이터센터 컨퍼런스에서 실시된 전문가 설문조사 결과, 67명 응답자의 32%만이 실제로 데이터 규모와 다양성, 생성속도 등 3대 특징들을 고려한 인프라를 채택하고 있다고 응답했다고 한다. 종합하면, 빅 데이터를 구성하는 4가지 주요 특징들은 규모, 다양성, 생성 속도, 복잡성의 증가이며, 이 4가지 요소들이 충족될 때 비로소 빅 데이터로 적합하다. 가트너에 의해 재구성된 빅 데이터의 4대 구성요소를 살펴보자.

첫 번째 특징인 데이터 규모는 데이터 관리 및 분석에 대한 개념이다. IT의 일상화, 즉 컨슈머라이제이션으로 디지털 정보량이 해마다 폭증하여 제타바이트(zetabyte=1000조 megabyte) 시대로 진입했다. 그런데 데이터 규모는 특징상 데이터 크기나 물리적 크기만을 말하는 것이 아니다. 즉 웹로그 데이터나 지메일(gmail) 등의 메일 MIME(Multipurpose Internet Mail Extensions) 데이터는 수 페타바이트(petabyte=1000terabyte=10억 megabyte) 이상이지만, 트위터 네트워크 데이터는 수십 기가바이트 미만 수준이다. 전자의 데이터에서 가장 중요한 것은 안정적 저장인 반면, 후자의 네트워크 데이터에서 가장 큰 이슈는 실시간 분석 및 처리이다.

따라서 단순히 물리적 크기만이 아닌 데이터의 속성이 더 중요하며, 그것을 처리하고 분석하는 데 어려움이 있느냐 없느냐의 이슈가 더 중요하다. 다시 설명하면, 큰 규모(Big Volume)만을 빅 데이터로 칭하기보다는 큰 가치(Big Value)를 얻을 수 있

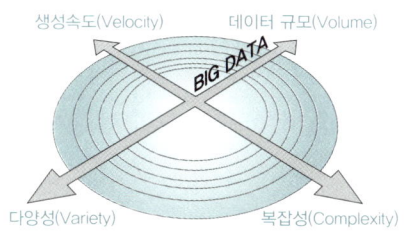

생성속도(Velocity) 데이터 규모(Volume)

BIG DATA

다양성(Variety) 복잡성(Complexity)

구분	주요 내용
규모(Volume)의 증가	• 기술적인 발전과 IT의 일상화가 진행되면서 해마다 디지털 정보량이 기하급수적으로 폭증 → 제타바이트(ZB) 시대로 진입
다양성(Variety)의 증가	• 로그기록, 소셜, 위치, 소비, 현실데이터 등 데이터 종류의 증가 • 텍스트 이외의 멀티미디어 등 비정형화된 데이터 유형의 다양화
생성 속도(Velocity)의 증가	• 사물 정보(센서, 모니터링), 스트리밍 정보 등 실시간성 정보 증가 • 실시간성으로 인한 데이터 생성, 이동(유통) 속도의 증가 • 대규모 데이터 처리 및 가치 있는 현재 정보(실시간) 활용을 위해 데이터 처리 및 분석 속도가 중요
복잡성(Complexity)의 증가	• 구조화되지 않은 데이터, 데이터 저장방식의 차이, 중복성 문제 등 • 데이터 종류의 확대, 외부 데이터의 활용으로 관리 대상의 증가 • 데이터 관리 및 처리의 복잡성이 심화되고 새로운 기법 요구

자료: 가트너, 한국정보화진흥원(NIA), 《신 가치 창출 엔진, 빅 데이터의 새로운 가능성과 대응전략》, 2011. 12. 30, 4쪽.

는 정도라는 상대적인 차원의 개념 해석이 필요하다. 이런 이유 때문에《빅 데이터 비즈니스》(천재정 옮김, 더숲, 2012. 31쪽)의 저자인 스즈키 료스케도 데이터 규모라는 말 대신에 '고해상'이라는 표현을 쓴다.[9] 이를 달리 말하면 전체적인 경향이 아니라 개별 요소에 관한 데이터라야 분석·처리가 가능하다는 뜻이다.

두 번째 특징인 다양성은 기존 정형 데이터 외에 분산된 데이터로부터의 분석과 관련이 있다. 전통적 기업의 데이터 분석은 기업 내부에서 발생하는 운영 데이터인 ERP, SCM, CRM 등 이미 시스템에 저장되어 있는 정형화된 데이터베이스 정도를 대상으로 삼는다. 이런 데이터는 잘 정제되어 있고 그 의미도 명확한 편이다. 그러나 최근에는 이런 데이터뿐만 아니라 기업 외부에서 발생하는 SNS, 블로그, 뉴스, 게시판 등의 데이터나 사용자가 업로드한 파일, 콜센터의 고객 상담 내용 등 비정형 데이터까지도 처리할 수 있는 능력이 필요하게 되었다. IDC는 기업의 데이터 중에 크기와 내용이 제각각이라 통일된 구조로 정리하기 쉽지 않은 비정형 데이터가 90%에 가깝다고 주장했다.[10] 웹로그, 소셜 데이터, USN 또는 RFID, 그리고 최근의 NFC 및 M2M(Machine to Machine) 등에 이르기까지 새로운 개념의 비정형 데이터들이 생성되고 있다. 또한 텍스트 및 현실 마이닝, 맵리듀스 (MapReduce) 등 새로운 분석 기법이 많이 등장하여 다양성이 증가되었다. (기술에 대해서는 4장을 참조하기 바란다.)

세 번째 특징인 생성 속도는 데이터를 처리하는 속도를 말하는 것이지만 이와 동시에 데이터 추출 및 분석에 관한 이슈이기도 하다. 이는 배치 분석만을 의미하는 것이 아니다. 필요에 따라 수많은 사용자 요청을 실시간으로 처리한 후 처리 결과를 반환해주는 기능도 포함하고 있다. 사물 정보, 스트리밍 정보 등 실시간성 정보가 증가하고 있고 이러한 실시간성으로 인해 데이터 생성 및 이동 속도가 증가하고 있다. 이러한 실시간 정보의 활용을 위해 데이터 처리 및 분석 속도가 더욱 중요해지고 있다. 데이터 생성 이후 유통·활용되는 속도는 분·초 단위이다. 일례로 빈 라덴 사살 소식은 트위터에서 1초당 5000회 리트윗되었다고 한다.

네 번째로는 데이터 작업(Workload) 자체의 복잡성이 이슈이다. 동시 작업, 다양한 유형의 작업, 병렬 작업 등 작업이 복잡해지면서 신속한 실행을 요구하는 민첩성(Agility)이 필요해진다. 즉 데이터 종류의 확대, 외부 데이터의 활용으로 관리 대상이 증가하고 데이터 관리 및 처리의 복잡성이 심화되면서 새로운 기법이 요구된다. 즉 가치 창출이 필요하다.

　MGI의 자료에 따르면, 미국 헬스 분야는 연간 3000억 달러, 유럽의 공공 분야는 연간 2500억 유로의 가치 창출이 빅 데이터 활용에서 기대된다고 한다.[11] 가치 창출의 근간에는 빅 데이터가 있다. 빅 데이터 시대에는 대규모 데이터에서 의미를 찾고 지식을 만들어내는 능력이 경쟁력이다. 사용자의 참여와 정보 공유, 그리고 개방된 기술 환경이 전개될수록 지식의 활용이 중요해지며, 그럴수록 데이터 분석 능력이 경쟁자들과 경쟁할 수 있는 가장 큰 차별화 요소가 될 것이다.

2

빅 데이터,
숨겨진 욕망의
DNA를 읽다

빅 데이터가 만드는 비즈니스 미래지도

01

빅 데이터의 본질,
빅 인사이트

빅 데이터 분석을 통해 고객과 시장에 대한 진정한 의미의 보다 심층적인 빅 인사이트(Big Insight)가 형성된다. 이것이 바로 빅 데이터의 본질이다. 이 본질을 알고 잘 활용하기 위해서는 데이터 자원과 기술과 함께 이를 요리할 수 있는 사람이 필요하다. 앞에서 언급했듯이 데이터 자원이 쏟아지고 있으며, 빅 데이터 관련 기술의 발달로 이러한 데이터들을 저장하고 접속·관리·분석하는 비용이 점차 낮아지면서 빅 데이터는 더욱 폭발적으로 증가할 것이라 전망된다.

이 거대(huge)하고, 빠르며(fast), 이질적이고(heterogeneous), 복잡한(complicated) 빅 데이터의 4대 특징들을 잘 이해하여 이전에는 몰랐거나 무시했던 패턴들을 발견하고 변화하는 비즈니스 환경에 대해 보다 예리한 빅 인사이트를 갖는 것이 정말로 필요하게 되었다. 빅 인사이트는 빅 데이터 그 자체로 그냥 가능한 게 아니다. 빅 인사이트는 의미 있는 데이터 추출(data selection)에서 비로소 실현된다.

기업은 예나 지금이나 급변하는 시장경제 속에서 항상 고객의 요구를 빠르게 파악하고 대응해야 한다. 또한 경쟁력을 유지하고 강화하기 위해 곳곳에 퍼져 있는 고객의 선호와 행동 패턴에 대한 정보를 수시로 읽어내는 능력을 필요로 한다. 더욱 치열해지는 경쟁 환경에서 기업은 경쟁사보다 더 깊이 고객을 이해하려 애쓰고 더욱 차별화된 서비스를 제공하려는 노력을 하게 된다. 게다가 고객들도 진보된 기술 환경을 토대로 삼아 더 민첩하게 움직이는 모습을 보인다. 특히 소셜 미디어 이용의 확산으로 고객들은 지인(知人) 네트워크를 활용해 커다란 위력을 보이고 있다.

특히 놀라운 것은 고객이 자신의 손끝으로 자신의 위치와 행동을 스스로 노출시키고 있다는 점이다. 이것은 프라이버시의 자발적 공개이다. 이들이 스마트폰으로 점차 큰 용량의 데이터를 교환하게 되면서 데이터센터에 쌓이는 데이터의 양 또한 더욱 방대해지고 있다. 이제 빅 데이터의 90%를 차지하는 비정형 데이터에는 고객의 행태와 감정, 시장 트렌드에 대한 다양한 정보가 담겨 있는 것이다. 고객들의 불만이나 요구에 민첩하게 대응하기 위해 이렇게 쌓이는 빅 데이터를 잘 활용할 수 있는 기업은 이미 미래 경쟁력의 원천을 확보한 셈이다.

기업이 이 거대한 데이터를 고도의 데이터 마이닝 기법으로 깊이 있게 분석하고 그 결과를 잘 활용한다면 전문가도 미처 발견하지 못한 사건 변화에 대응함은 물론 사람을 통하지 않고도 의사결정을 내릴 수 있게 된다. 빅 데이터를 가진 기업은 이를 활용해 고객 맞춤 서비스를 제공하고 고객 불만을 실시간으로 처리하는 등 고객 만족도를 획기적으로 향상시키게 된다. 따라서 빅 데이터 확보가 기업의 미래 경쟁력을 좌우하는 열쇠가 된다.

구글, 애플, 아마존, 페이스북 같은 인터넷서비스 기업들에게 빅 데이터의 활용은 기업 경쟁력의 원천이다. 이들은 천문학적인 양의 빅 데이터를 축적하고 있으며 관련된 인프라 기술을 확보했거나 구축 중이다. 1990년대 후반부터 선도적으로 빅 데이터에 도전한 구글은 데이터를 보다 저렴하게 처리하기 위해 분산 파일 시스템인 '구글 파일 시스템(GFS: Google File System)' 등을 독자적으로 개발해야 했다. 이제는 이를 모방한 오픈소스 소프트웨어인 하둡(Hadoop)의 성숙도가 높아지는 등 빅 데이터 기술이 발전했다.

이에 따라 과거에는 생각지도 못했던 막대한 데이터를 신속하게 처리·관리하고 분석할 수 있는 환경이 열렸다. 구글은 지난 2010년 6월 개최된 학회 'ACM Symposium on Cloud Computing(SoCC) 2010'에서 자체 개발한 분산 일괄처리(batch) 기반의 맵리듀스를 이용해 매월 94만 6460테라바이트의 데이터 양을 처리한다고 발표한 바 있다. (기술에 대해서는 4장에서 다루고자 한다.)

구글 등의 IT 기업들이 이러한 인프라 기술을 무상으로 공개하기 시작하면서 하드웨어와 소프트웨어의 상당수가 범용화되고 있는 추세이다. 빅 데이터 분석을 위한 인프라가 IT 영역이라면 '데이터'에서 인사이트를 도출하기 위해서는 통계학이나 사회학, 인문학 영역이 필요하다. 따라서 구글 등이 제공하는 범용화된 인프라 기술들을 잘 활용하면, IT 기업들뿐만 아니라 일반 기업들도 고객이 미처 생각지 못한 니즈를 먼저 감지하고 실시간으로 대응할 수 있다. 빅 데이터의 잠재력을 알기 시작한 기업이라면 이러한 오픈소스 기술과 분석 역량을 적극적으로 활용하려 들 것이다.

구글은 지난 10여 년간 검색과 위치정보, 앱 및 미디어 서비스를 통해 전 세계 이용자의 성향에 대한 방대한 빅 데이터를 구축했고 예측 모델링을 만들어 타 기업들에게 오픈 API를 제공한다. 그 일부를 살펴보면 문서 관리 차원에서는 자동 언어 식별과 문서 및 이메일 자동 분류, 스팸 탐지 기능이, 마케팅 활용 차원에서는 상품 추천 시스템, 업셀(Upsell) 기회 예측 기능이, 그리고 특정 이벤트 관리 차원에서는 메시지 최적 전송 예측, 의심 행동 탐지 기능 등이 있다.[12]

일반 기업들이 이러한 기술과 기법을 활용하여 '지식화된' 빅 데이터를 잘 분석하여 고객 니즈를 보다 정확히 파악할 수 있다면 기술 혁신이나 상품 개발의 실패 확률도 현저히 줄어들 것이다. 별도의 설문조사를 하지 않아도 될 것이다. 고객들의 SNS 등 자발적 사회·경제적 행위로부터 '저절로' 축적된 빅 데이터에서 의미 있는 데이터를 선택(meaningful data selection)할 수 있다면 다양한 고객의 니즈를 충족시킬 수 있을 것이다.

최근 경제 이슈에서부터 특정 상품 정보, 서비스 평가들이 다양한 소셜 미디어를 통해 표출되는 등 SNS에 자세히 기록되는 소비자 행태가 미래 트렌드를 주도하면서 설문조사 과정 없이도 손쉽게 SNS를 통한 소비자 의견 수집을 할 수 있게 되었다. 이에 따라 기업들은 정형 데이터 외에 SNS 데이터를 통합하여 의미 있는 데이터를 선택하고 활용하려는 빅 데이터 분석 시도가 기업 경쟁력 강화의 주요소임을 확인하기 시작했다.

이제 빅 데이터는 한 기업의 성공적 기술 및 비즈니스 혁신을 담보하는 자원이자 무기가 되었다. 특히 의미 있는 데이터의 선택으로 가치가 다시 선순환되는 가치 창출 구조를 보일 수 있다. 이는 웹 생태계의 특성 때문에 가능하다. 즉 참여와 공유와 개방이 핵심인 웹에서는 사용자에게 제공된 데이터가 그 소비 과정에서 '라이크' 버튼이나 댓글, 수정 같은 사용자에 의한 사용 흔적 생성의 또 다른 기반이 된다. 이러한 사용 흔적은 다시 데이터로 재인식되어 데이터 수집 단계로 돌아간다. 포지티브 피드백(positive feedback) 효과를 주는 것이다. 이러한 피드백 사이클은 데이터의 수집과 저장·분석으로 계속 돌게 하여 가치를 재창출하게 만든다.

의미 있는 데이터를 추출하여 가치 창출을 선순환시키는 대표적 사례가 '구글 번역(Google Translate)' 서비스이다. 구글 번역의 전 세계 월 이용자 수는 2012년 초에 2억 명에 육박했다. 구글은 약 100만 권의 도서에 해당하는 텍스트를 번역하고 있고, 번역 언어도 62개로 확대되었다. 구글은 이를 통해 확보한 사용 흔적 데이터를 재활용해 모바일 단말에서 촬영한 사진 속의 텍스트 번역, 유튜브의 비디오 자막, 그리고 스마트폰을 통한 통역 서비스 등에 활용한다. 이것은 의미 있는 가치의 추출이며 동시에 가치의 재창출이다.

또한 구글 번역 서비스는 수년 전부터 텍스트 입력란의 오른쪽 하단에 있는 마이크 아이콘을 클릭해 PC 마이크에 대고 말을 한 뒤 번역하고 싶은 언어를 선택하면 번역된 텍스트가 나타나고 '리슨(Listen)' 아이콘을 클릭하면 번역어를 음성으로 들을 수 있게 하는 기능도 추가했다. 안드로이드용 구글 번역기 업그레이드 버전에 이용자 음성을 녹음해 바로 외국어로 통역해주고 번역된 텍스트를 소리로 읽어주는 '컨버세이션 모드(Conversation mode)'도 추가되었다. 2010년부터는 한국어 버전도 나왔다.

흥미로운 사실은 구글 번역 서비스 자체에 수익 모델이 있는 것은 아니지만 이를 기반으로 하여 가치의 선순환 구조가 만들어지고 있다는 점이다. 다른 서비스 기능을 강화해 간접적으로는 광고 등 수익을 발생시키고 있는 것이 흥미롭다. 이용자들

---

* IBM도 같은 시기에 캐나다 의회의 수백만 건 문서를 활용하여 영어-불어 자동번역 시스템 개발을 시도했으나 실패했다. 한편 구글은 '수억 건' 자료를 활용해 50개 언어 간 자동번역 시스템 개발에 성공했다. 구글 번역은 명사, 동사 같은 구조와 음운을 이해시키는 기존 방법과 달리 전문가가 번역한 문건을 데이터베이스화해 비슷한 문장과 어구를 대응시키는 통계적 기법을 활용한다. 6개 국어로 번역된 유엔 회의록과 23개 국어로 번역된 유럽연합 회의록을 번역 엔진에 입력하고 서적 스캐니 프로젝트(Scany project)에서 수천만 권의 전문 번역 DB를 구축한 구글은 이를 스펠 체크(Spell-check)와 음성인식에도 적용하기 시작했다. 하루 3억여 건씩 발생하는 검색창의 오타 입력과 수정 정보를 활용해 개발한 것이다. 이를 숙지한 번역 시스템이 각 언어의 일반적 표현을 학습해 통계학적으로 가장 정확한 번역 표현을 검색하게 한다. 음성인식 능력 향상을 위해서는 반복되는 사용자 자율 교정 정보를 페이스북에서 만들고 이를 활용하여 개선한다. 구글 번역을 통해 활용된 문서는 수십억 장에 달하며, 지금도 문서가 증가하고 있고 이들이 축적되면서 번역의 정확도가 제고된다. 현재 전 세계 58개 언어를 교차 번역하는 서비스가 제공되고 있으며 영어, 불어, 독일어 등 라틴어 계열 언어의 번역은 전문 번역사 수준에 도달했다는 평가를 받고 있다.

은 '자발적으로' 원하는 외국어로 번역도 하고 잘못 번역된 것을 수정하는 등의 사용 흔적을 매우 적극적으로 남기고 있다는 점도 놀랍다. 이는 번역 자체의 질적 제고에 지대한 영향을 미친다.

구글은 이외에도 음성인식 기반 전화번호 안내 서비스인 '구글 411'을 제공 중이다. 이를 통해서도 음성인식의 정확도가 점차 향상되고 있다. 향후에 번역과 음성인식이 융합되면 실시간 외국어 통역 서비스가 가능해질 것이다. 음성을 고객 경험(UX)에 활용한 안드로이드 플랫폼 경쟁력 강화는 자연스러운 기업 성과가 된다.

이러한 구글의 움직임을 한마디로 요약하면, 이용자들이 자발적으로 생성하는 사용 흔적 데이터를 자동으로 확보함으로써 비즈니스 구조를 선순환시키고 있다는 것이다. 스마트 단말상에서 일어나는 다양한 SNS의 대중화가 콘텐츠와 개인 경험의 공유를 더욱 가능하게 하면서, 이제 구글은 소셜 미디어 플랫폼에서 페이스북과 경쟁을 벌이기 위해 구글 플러스(Google+)로의 변신도 시도 중이다. 또 어떤 가치가 선순환될지는 좀 더 지켜볼 일이다.

아직 일반 기업들이 구글처럼 데이터 가치의 추출과 재창출에 대해 깊이 고민하는 사례는 찾기 힘들다. 특히 가치의 선순환 구조를 가능케 하는 오픈 API의 의미와 역할에 대해 깊이 인식하지 못하고 있는 것 같다. 하지만 '구글 번역' 사례가 일반 기업들의 데이터 분석에도 적용되기 시작하면 수많은 독립된 데이터 상품들이 데이터 분석 단계에서 융합되어 선순환되는 가치 창출 구조를 보이게 될 것이라 확신한다. (이러한 데이터 간 융합을 전제로 한 비즈니스 가능성에 대해서는 5장에서 자세히 다루고 있다.)

02

빅 데이터,
미래를 예측하고 창조하는 기술

기업이 보유하고 있는 고객 데이터를 마케팅 활동에 활용하는 고객관계관리 (CRM: Customer Relationship Management)*는 1990년대부터 유행하기 시작했다. 그런데 데이터 이용 환경은 데이터의 양과 질, 다양성 측면에서 CRM이 유행하던 과거와는 상당히 다르다.

계속 축적되는 구매 데이터와 웹로그 데이터, 위치추적 시스템, 다양한 매쉬업 (Mash-up)을 통해 상황을 정확하게 인식하고 고객이 원하는 서비스를 적기에, 적절한 장소에서 제안할 수 있는 기술적 기반도 형성되었다. 또한 데이터 종류도 다양해져 단순히 구매이력뿐 아니라 위치정보와 SNS를 통해 고객의 생각과 의견까지도 분석할 수 있게 되었다.

---

* CRM은 기업이 보유하고 있는 데이터를 통합하는 데이터웨어하우스(datawarehouse)와 고객 데이터 마이닝(data Mining)을 통한 다양한 마케팅 활동(교차 판매(cross-selling), 상향 판매(up-selling), 고객 유지(retention), 이탈 방지 등)을 진행하는 것을 뜻하며, 기업의 CRM 활동은 자사 고객의 데이터뿐 아니라 제휴 회사의 데이터를 활용한 제휴 마케팅도 포함한다.

2장 빅 데이터, 숨겨진 욕망의 DNA를 읽다

미래 사회의 특성		빅 데이터의 역할
불확실성	→ 통찰력	·사회현상, 현실세계의 데이터를 기반으로 한 패턴 분석과 미래 전망 ·여러 가지 가능성에 대한 시나리오 시뮬레이션 ·다각적인 상황이 고려된 통찰력을 제시 ·다수의 시나리오로 상황 변화에 유연하게 대처
리스크	→ 대응력	·환경, 소셜, 모니터링 정보의 패턴 분석을 통한 위험 징후, 이상 신호 포착 ·이슈를 사전에 인지·분석하고, 빠른 의사결정과 실시간 대응 지원 ·기업과 국가 경영의 투명성 제고 및 낭비요소 절감
스마트	→ 경쟁력	·대규모 데이터 분석을 통한 상황 인지, 인공지능 서비스 등 가능 ·개인화, 지능화 서비스 제공 확대 ·소셜(니즈) 분석, 평가, 신용, 평판 분석을 통해 최적의 선택 지원 ·트렌드 변화 분석을 통한 제품 경쟁력 확보
융합	→ 창조력	·타 분야와의 결합을 통한 새로운 가치 창출(의료정보, 자동차정보, 건물정보, 환경정보 등) ·인과관계, 상관관계가 복잡한 컨버전스 분야의 데이터 분석으로 안전성 향상, 시행착오 최소화 ·방대한 데이터 활용을 통한 새로운 융합시장 창출

자료: 한국정보화진흥원(NIA), 〈성공적인 빅 데이터 활용을 위한 3대 요소: 자원, 기술, 인력〉, 2012. 4, 28쪽.

그런데 이러한 분석을 미래에 대한 단순 예측에만 사용하는 것은 협소한 활용이다. 이를 극복한 예로 구글을 들 수 있다. 2010년 10월 구글은 전 세계 온라인 쇼핑 데이터를 활용해 경기동향지수를 개발했다.[13] 이는 단순 예측이 아닌 현상의 최적화를 통한 미래의 창조를 보여준 사례이다. 구글은 전 세계에서 취합된 방대한 양의 온라인 쇼핑 데이터를 기반으로 '구글물가지수(Google Price Index)'를 산출했다.

이는 정부 통계치인 소비자물가지수(Consumer Price Index)와 함께 경제 매니지먼트 통계 데이터를 실시간으로 집계할 수 있게 한다는 장점이 있다.

이처럼 현재의 상황을 올바로 인식하고 최적화하여 또 다른 미래를 창조하는 것이 빅 데이터 분석의 목적이며 역할이 되어야 한다. 이는 다시 말해 미래를 단순히 예측하는 데만 만족하지 말고 미래에 대응하고 미래 경쟁력을 확보하며 미래 자체를 창조하는 것이 목적이 되어야 한다는 말이다. 한국정보화진흥원 보고서[14]에서도 미래 사회는 크게 불확실성과 리스크, 스마트, 융합이라는 특성을 가지며 이때 빅 데이터의 역할은 미래 통찰력을 가지고 위험 징후를 예측하는 것 외에 상황 인식 등을 통한 개인 맞춤화, 그리고 이종 분야 간 데이터 융합을 통한 새로운 융합 시장의 창출이라고 언급하고 있다. 그렇다. 미래 사회에 대비하는 빅 데이터의 역할은 사회 주체들에게 통찰력, 대응력, 경쟁력 그리고 창조력을 갖게 하는 것이다.

앞에서 살펴본 빅 데이터의 목적이자 역할인 통찰력, 대응력, 경쟁력, 창조력을 실현한 일반 기업 사례를 하나 소개하겠다. 그 주인공은 빅 데이터 분석을 통한 신속한 서비스 제공으로 기존 보험업의 관행을 깨고 미래를 창조한 대표적 기업 프로그레시브(Progressive)이다. 이 기업의 CEO는 '가장 신속한 서비스 제공'을 내세워 경쟁 보험사들보다 신속한 보험 업무 처리를 수행한다. 방법은 '사고 현장 처리에 대한 데이터 수집 방식 개선'을 통해 고객 즉시응대서비스(IRS: Immediate Response Service)를 제공하는 것이다.

프로그레시브가 제공하는 서비스 프로세스는 그리 복잡하지 않다. 사고 현장 사진이 GPS를 통해 고객센터로 전송되면 고객센터 내 1800개 이상의 차종 데이터베이스와 비교 분석된 후 수리비 내역이 현장 직원에게 바로 전송된다. 이를 통해 1시간 내에 사고 처리가 완료되고 처리 비용도 절반이나 감소하는 등 높은 수준의 리스크 대응력을 실현하는 것이다.

2장 빅 데이터, 숨겨진 욕망의 DNA를 읽다

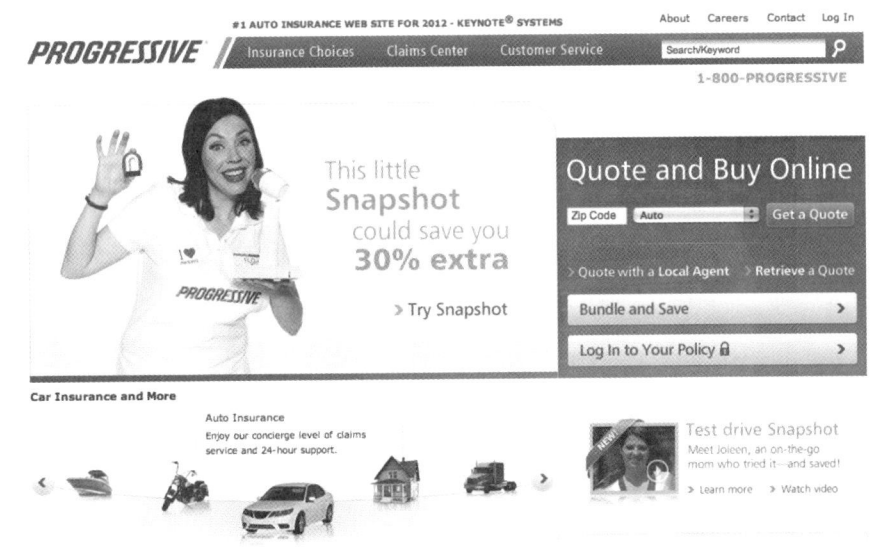

자료: http://www.progressive.com/

또한 프로그레시브가 자체 구축한, 고객의 실제 운전 성향을 자동 분석하는 '보험료 산정 시스템'은 차량 내 운행 기록 장치를 통해 실제 운전 행태를 보험회사에 전송한다. 이를 위해 M2M 장비가 차량에 내장되어 있는데 운전자를 세분화하여 위험 수준에 근거한 운전자 등급화를 통해 경쟁사보다 정확한 가입자별 스마트 맞춤 서비스가 가능하다.

프로그레시브는 특히 고위험군 자동차보험 분야에 초점을 두고 있다. 이 기업은 인구통계 자료나 면허 기록 혹은 다른 여타의 문제로 '일반 보험사들이 기피하는 이들'을 핵심 타깃으로 삼는 것이다. 다른 데이터와의 융합을 통한 새로운 가치의 창조이다. 대부분의 보험회사들은 그런 고위험군 운전자들을 몇 안 되는 카테고리 안에 넣어 평균 비용과 공통 보험료를 산정하기 때문에 효율성이 떨어진다. 그러나 프로그레시브는 경쟁사보다 무려 10배가 넘는 상세한 분류 기준을 도입했다. 예를 들어 모든 젊은 층을 한데 묶어 '문제의 소지가 많은 대상'으로 다루는 대신 개개인의 교육수준, 신용 기록, 직업 같은 다른 정보들을 고려하여 구체적인 특성이 반영된 보험료를 산출한다. 프로그레시브는 이러한 상세 분류를 통해 상대적으로 저위험군인 가입자에게는 오히려 경쟁사보다 낮은 보험료를 책정한다. 단순 예측 기반의 산정을 넘어서서 미래 고객 가치를 창출시킨 것이다. 물론 상대적으로 고위험군인 가입자에 대해서는 경쟁사보다 높은 보험료를 책정한다.

이렇게 세분화된 평가 기준을 적용하기 위해 프로그레시브가 쓰는 분석 비용은 경쟁사보다 훨씬 높다. 하지만 분명히 그럴 만한 가치가 있다. 보험사가 회피하는 대상 중에서도 비교적 고위험군 가입자는 보험료가 더 낮은 경쟁사에게로 이탈한 반면, 사고율이 더 낮은 저위험군 가입자들은 오히려 프로그레시브로 유입됐기 때문이다. 프로그레시브는 빅 데이터 기반 시스템 구축을 통해 보험업의 선도적 기업으로 부상하였다. 이처럼 단순 예측이나 모니터링이 아니라 고객의 니즈와 직결된 뭔가를 창조하는 것이 빅 데이터의 핵심이다.

03

빅 데이터가 만드는
웰빙 세상

앞서 프로그레시브 사례에서도 보았지만, 빅 데이터 분석의 목적과 역할이 분명하다면 고객인 개인은 그 가치를 '나도 모르게' 향유하게 된다. 다소 추상적으로 들릴 수 있지만 똑똑한 빅 데이터 분석으로 사람들이 웰빙(well-being)하는 세상이 펼쳐질 수 있다. 웰빙이란 한마디로 육체와 정신의 조화를 통해 행복하고 안락한 삶을 지향하는 삶의 유형이다. 사전적으로는 '복지·안녕·행복'을 뜻한다. 물질적 풍요에 치우친 첨단 사회에서 새롭게 출현한 삶의 방식이다. 그 유래는 명확하지 않다. 하지만 1960년대 미국에서 시작된 히피주의에서 연관성을 찾기도 하고, 환경친화적·생태학적·에너지 효율적 제품을 선호하는 로하스(LOHAS: Life of Health & Sustainability)족이 언급되기도 한다.

이러한 웰빙은 결국 물질적 가치나 명예보다는 건강한 심신을 유지하는 삶을 행복의 척도로 삼는 것을 의미한다. 그렇다면 빅 데이터 시대의 도래로 사람들이 웰빙한다는 의미는 무엇일까? 이와 연관된 사례로 가장 먼저 '구글 무인자동차(Google

Driverless Car)'를 소개하고 싶다.

구글은 이미 구글 프리딕션(Prediction) API를 제3자 기업들에게 제공하고 있으며 기업들은 이를 이용해 자사 서비스를 제공할 때 최적의 수요 예측이나 프로모션 최적화를 하고 새로운 사업 모델을 개발하고 있다. 앞에서 언급한 포드자동차도 구글 API의 수혜 기업들 중 하나이다. 그런데 구글이 자신의 API를 직접 활용하여 몸이 불편한 사람들에게 웰빙의 가능성을 열어준 사례가 '구글 무인자동차'이다.

'구글 무인자동차'는 일명 '구글 카(Google Car)'라 불리는데, 미국 네바다 주에서 자동차 운전면허를 취득했다. 네바다 주 교통부(DMV)는 2012년 5월 7일 세계에서 최초로 구글 카에 운전면허를 발급했다. 이 '스스로 운전하는 자동차'는 도요타 프리우스 하이브리드 모델을 개조한 것인데, 동영상 촬영 가능 카메라, 레이더 센서, 레이저 등을 장착해 주변 보행자와 차량을 감지하고 가상의 완충지역을 만들어 피해 갈 수 있도록 설계되었다. 운전 요령과 사고 피하는 법 등은 운행 경력이 많은 차량에서 수집한 데이터베이스를 활용했다.

구글 카에 발급된 운전면허증은 일반인 운전면허증처럼 사진을 붙인 신분증 형태가 아니다. 다음 〈그림〉에서 보듯이 빨간색의 자동차 운전면허 번호판에는 '미래의 차'라는 의미에서 수학 기호로 무한대 표시가 왼편에 붙어 있고 첫 번째라는 뜻에서 001이라는 숫자가 새겨져 있다. 또 '자발적으로(autonomous) 움직인다'는 뜻의 AU 기호가 가운데에 있다. 네바다 주는 구글 카에 운전면허를 발급하기 위해 법률까지 바꿨다. 즉 사람 외에 스스로 운전하는 자동차에도 운전면허를 발급할 수 있도록 한 새로운 법을 2012년 3월 1일부터 시행했다. 운전면허 번호판을 발급받은 구글 카의 탑승자는 운전면허 없이도 이 차를 몰 수 있으며, 특히 맹인이나 지체부자유자 등 몸이 불편한 사람도 운전석에 앉을 수 있다.

구글 카는 네바다 주 라스베이거스와 카슨시티의 시내도로와 고속도로 시험 주

구글의 무인자동차

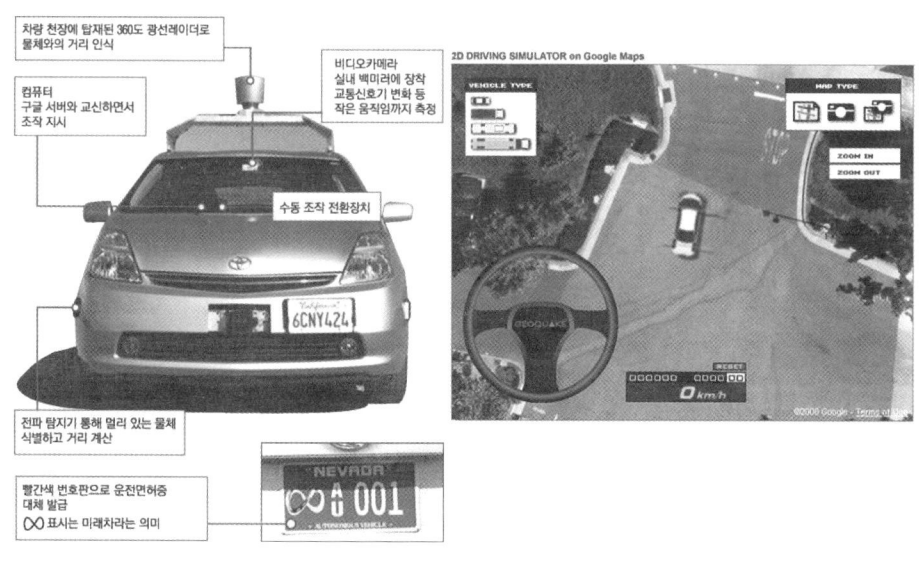

자료: 왼쪽-〈매일경제〉, "'운전자 없이 씽씽' 구글차 미(美)면허 따다", 2012. 5. 9.

행에서 안전하다는 평가를 받았다. 하지만 네바다 주는 아직 안전을 위해 2명 탑승을 의무화했다. 무인 주행에 문제가 생길 때 수동 조작하도록 한 것이다. 두 사람 중 한 사람은 컴퓨터 스크린을 통해 차가 예정된 길로 가는지를 모니터링하고 도로 상의 위험물과 교통신호 등을 감시해야 한다. 자동주행 중 문제가 발생할 조짐이 보이거나 직접 운전을 하고 싶다면 운전자가 브레이크나 핸들을 작동해 일반 자동차처럼 운전할 수도 있다. 이제 네바다 주에서는 도로를 달리는 '∞-001'이라는 빨간 번호판의 무인자동차를 만나 볼 수 있다. 무인자동차는 3~5년 안에 시판될 전망이다. (이의 비즈니스에 대해서는 5장에서 자세히 다루겠다.) 이는 미래의 자동차 콘셉트이면서 동시에 사람들의 웰빙을 가능하게 하는 빅 데이터 분석의 효과이기도 하다.

보통 사람들에게 '안녕', '행복' 개념과 결부된 웰빙에 기여하는 대표적인 분야는 역시 건강, 의료 분야이다.

현재까지의 의료 데이터 분석은 환자에 대한 데이터를 단순 통합·관리하는 단계를 크게 벗어나지 못했다. 심층적인 빅 데이터 분석을 통해 의료기관도 비용 절감, 업무 효율성 증대, 치료 효과 향상, 생산성 개선 등의 측면에서 큰 효과를 기대해 볼 수 있을 것 같다.

KT종합기술원은 빅 데이터 활용을 통해 성장할 수 있는 의료 분야로 원격 조정의 실시간 모니터링과 진료 지원 시스템을 들었다.[15] 이 모두는 사람들을 웰빙하게 하는 시스템들이다. 각각에 대해 간단히 살펴보자.

먼저 원격 실시간 모니터링을 보자. 2010년 기준으로 미국 내 만성질환을 갖고 있는 환자 수는 150만 명에 달하여 미국 전체 의료비의 80%를 차지했다고 한다. 이런 상황에서 개별 환자들의 심전도, 혈당, 보호자 피드백 등을 실시간으로 수집·전송하여 통합적 분석을 하는 과정인 원격 모니터링을 통해 입원일수와 응급실 방문 횟수 감소 효과 등을 가져올 수 있다.

예를 들어 지속적인 관찰을 통해 심장병 환자의 체내 수분 보유량을 유지시킴으로써 응급상황을 예방할 수 있으며, 센서를 통한 환자 움직임 관찰을 통해 혼자 사는 환자들이 평소와 다른 움직임을 보이거나 움직임을 보이지 않을 경우 등의 응급상황에 대비할 수 있게 된다.

원격 실시간 모니터링의 대표적인 사례로 미숙아 치료실에서 방치되던 복잡하고 방대한 양의 데이터에 숨겨져 있는 패턴과 가치를 발견한 경우가 있다. 캐나다 온타리오 대학병원에서 신생아의 치명적 징후(fatal sign), 즉 사망에 이를 수 있는 위험신호를 몸에 부착한 센서 등을 통하여 포착함으로써 위험을 방지한 경우이다. 한 여의사가 집요한 노력 끝에 신생아 몸에 부착된 센서로부터 오는 정보, 즉 생리학 데이터 스트림의 실시간 분석과 상관관계 분석을 시도했다. 혈압, 체온, 심전도, 혈중

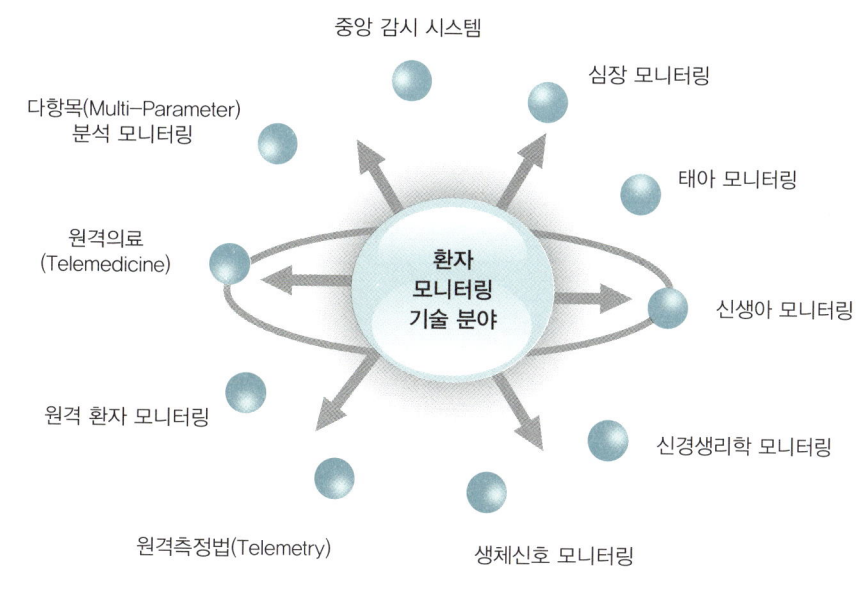

중앙 감시 시스템

심장 모니터링

다항목(Multi-Parameter) 분석 모니터링

태아 모니터링

원격의료 (Telemedicine)

환자 모니터링 기술 분야

신생아 모니터링

원격 환자 모니터링

신경생리학 모니터링

원격측정법(Telemetry)

생체신호 모니터링

자료: Frost&Sulliran, 2009. 12, 생명공학정책연구센터 재구성

산소 포화도 등의 데이터로부터 생명을 위협할 수 있는 잠재적 상황을 조기에 감지하게 만든 것이다. 의료장비보다 최대 24시간 더 빨리 위험신호를 감지함으로써 중환자실에 근무하는 숙련된 간호사가 조기에 개입하게 한다. 그 결과 환자의 사망률을 저하시키고 장기적인 증상 개선을 도모함은 물론 스트리밍 기술을 통해 의료진의 새로운 임상 가설을 검증하는 것도 가능하게 되었다. (이에 대해서는 6장에서 자세히 다룬다.)

의료 부문의 또 다른 가능성은 진료 지원 시스템의 구축이다. 현재의 시스템은 의사들이 정해주는 검사와 치료 절차에 대한 분석을 바탕으로 정해진 가이드라인에 따라 의약품의 부작용을 권고하는 수준이다. 하지만 빅 데이터 분석을 통한 진료 지원 시스템을 통해 의약품을 처방 받은 환자들의 치료 효능이 지속적으로 관찰·기록·분석되는 과정이 가능하게 된다. 환자 개개인의 의료기록에 기반을 둔 의학 관련 문헌 검색이 가능하며, 환자 특성에 맞는 치료 옵션이 추천될 수도 있다. 또한 의료 이미지(CT, X-ray, MRI)들의 픽셀 분석을 통해 육안으로 찾아내기 힘든 정도로 작은 크기의 특이 정보들을 찾아내 제공할 수도 있다.

먼저, 진료 지원 시스템 구축의 한 사례로 건강보험 회사인 웰포인트(Wellpoint)의 IBM 왓슨(Watson) 솔루션 도입이다. 이 기업은 환자 3420명의 증상, 면담 결과, 진단 연구 등 진료 내역에 대한 모든 정보를 저장해 진료를 지원한다. 8코어 프로세서의 IBM 서버로 모든 상황을 고려한 분석을 실시하고, 최적의 진단 가이드라인을 제시한다. 2억 페이지에 해당되는 자료를 검색, 분석해 3초 안에 결과를 보여준다. 웰포인트는 빠르게 변화하는 진단 및 치료 방법을 공유함으로써 환자 진료 만족도를 높였다. 그리고 무엇보다도 불필요한 진료를 줄여 의료보험 회사의 진료비 낭비도 방지했다. 이를 통해 고령층의 효과적인 진료 서비스도 가능해졌다. (이에 대해서는 6장에서 자세히 다루겠다.)

또한 의료기관으로는 미국 병원 '세톤 헬스케어 패밀리(Seton Healthcare family)'가 환자 데이터 분석을 위해 왓슨의 분석기술을 채택했다. 그 중에서도 의료용 콘텐츠 및 예측 분석 기술을 통해 방대한 양의 환자 데이터에서 임상 정보를 추출, 분석한 뒤 환자의 상태를 예측한다. 이 병원의 의사는 환자를 진료할 때 왓슨이 추출한 정확한 데이터를 토대로 진료하고 치료법을 제시할 수 있다.

왓슨의 도움으로 이 병원은 환자의 재입원과 병원 방문 횟수가 줄어들고 있으며 많은 양의 임상 및 수술 자료들간의 관계를 분석함으로써 진단과 치료 효과를 개선해나가고 있다.

한국 IBM에 따르면(2012. 5. 9) 왓슨은 암 진단과 치료에도 적극 활용될 예정이라

고 한다. 세계 최고의 암센터인 미국 '메모리얼 슬로안 케터링 암센터(MSKCC)'와 왓
슨 활용에 대한 업무 협약을 체결한 IBM은 왓슨의 '데이터 마이닝(Data MIning)' 기
술을 통해 암을 진단하고 의사들이 최선의 치료방법을 선택할 수 있도록 도울 예정
이다.

04

빅 데이터를 읽다,
데이터 사이언티스트

빅 데이터를 제대로 활용하기 위해서는 심층적인 분석 기술력과 함께 빅 인사이트를 동시에 겸비한 전문가가 필요하다. 사람들은 이를 데이터 사이언티스트(Data Scientist)라 부르기 시작했다. 이들 전문가가 동향과 트렌드를 분석하고 여기서 빅 인사이트를 이끌어내게 하는 조직 체제도 함께 필요하다.

주요 IT 기업들은 하드웨어, 소프트웨어, 애플리케이션 및 서비스 영역으로 세분화되어 있지만 각자의 장점을 바탕으로 빅 데이터 기술 역량을 강화·확대하는 추세이다. 특히 하드웨어와 소프트웨어, 애플리케이션 간 상호 연계가 핵심 전략으로 부상하고 있다. 단절된 정보의 제한적 활용을 개선하고 통합적 시각의 빅 데이터 활용을 위해서는 빅 데이터 관련 기술 업체들의 공동 참여가 그 어느 때보다 절실하다.

특히 데이터를 관리하고 분석할 수 있는 사람의 역량이 필요해지면서 데이터 사이언티스트의 역할이 요구되고 있다. 예컨대 거의 전 영역에 걸쳐 빅 데이터 기술

자료: EMC, 2012; 블로터닷넷, 2012 재인용.

을 제공하기 시작한 EMC에는 경제학, 통계학, 심리학 등을 전공한 박사급 인재들이 데이터 사이언티스트로 구성되어 '애널리틱스 랩'이 운영 중이다. IBM에도 사내에 200명 이상의 수학자들이 '분석학(Analytics)'을 연구하고 있고, 500개 이상의 관련 특허를 취득한 상태이다.

2011년 말에 EMC는 전 세계 데이터 사이언티스트와 비즈니스 인텔리전스(BI: Business Intelligence) 전문가 500명을 대상으로 이들의 대학 전공을 조사 분석하였다.[16] 분석 대상인 데이터 사이언티스트들 중에는 컴퓨터과학(24%), 엔지니어링(17%) 전공자가 가장 많았고 BI 전문가들 중에는 비즈니스 전공자가 37%로 절대적 우위를 차지했다.

패틸(D. J. Patil)은 자신의 책에서 훌륭한 데이터 사이언티스트의 자질을 언급했다. 그에 따르면, 데이터사이언티스트는 기술적 전문성 외에 호기심을 가졌으며 스토리텔링을 만들 수 있는 영리한 사람이다.[17]

데이터 사이언티스트 시각에서 본 가치 창출 영역 순위 변화(현재 vs. 2년 후)

현재	2년 후
과거의 추세 분석 및 예측	데이터 시각화
표준화된 보고	시뮬레이션 및 시나리오 개발
데이터 시각화	비즈니스 프로세스 내에 분석 적용
비즈니스 프로세스 내에 분석 적용	회기 분석, 이산 선택 모형, 수학적 최적화
시뮬레이션 및 시나리오 개발	과거의 추세 분석 및 예측
집합(clustering) 형성 및 세분화	집합(clustering) 형성 및 세분화
회기 분석, 이산 선택 모형, 수학적 최적화	표준화된 보고

자료: MIT Sloan Management Review, "Big Data, Analytics and the Path From Insights to Value", 2011; 〈동아비즈니스리뷰〉, "데이터 분석 역량은 초우량 기업의 필수조건", 2011 재인용.

이처럼 데이터 사이언티스트는 컴퓨터과학이나 엔지니어링 백그라운드 외에도 대규모 데이터를 분석한 결과를 생생하게 시각화하여 이해하기 쉽게 풀어서 이야기처럼 전달하는 인문학적인 역량을 가져야 하며, 정교한 분석 모델이나 시각화 툴을 활용함으로써 보다 더 큰 비즈니스 가치와 빅 인사이트를 제공할 수 있어야 한다.

2011년 MIT 슬로언 경영대학원에서는 전문가를 대상으로 조직에게 가치를 제공하는 최고의 분석 기법을 조사하여 데이터 사이언티스트의 중요 역량을 재확인시킨 바 있다. 이에 따르면 현재로서는 과거 추세를 분석하거나 미래를 예측하는 기능이 요구되는 수준에 머물러 있지만, 향후 2년 후에는 데이터를 시각화하는 등의 역량의 가치가 더욱 상승할 것으로 전망된다. 응답자들에게 조직에 가치를 제공하는 최고의 분석 기법 3개를 찾아내고 2년 내에 어떤 기법 3개가 가장 많은 가치를 창출할지를 예측해보게 하여 현재와 2년 후의 가치 창출 영역의 변화를 분석한 결과는 앞의 〈그림〉과 같다. 2년 후에는 데이터의 표현, 즉 시각화와 시나리오 개발 등이 상위 순위에 위치하게 됨을 볼 수 있다. (데이터 시각화 기술에 대해서는 4장에서 다룬다.)

　데이터 사이언티스트가 21세기 유망직업으로 부각되면서 이들은 IT 기업뿐만 아니라 대부분의 기업들과 조직에서 필수적으로 확보해야 할 핵심 인력으로 간주되기 시작했다. 문제는 외부 아웃소싱 인력을 활용하기보다는 내재화시키는 것이 더 바람직하다는 사실이다. 왜냐하면 앞으로는 데이터 분석이 경영전략과 더욱 밀접한 관련을 맺기 때문이다. 특히 조직의 민감한 데이터나 비공개 데이터를 분석하는 경우에 외부 인력을 활용하는 것은 적지 않은 위험성을 갖게 된다. 하지만 조직에서 단기간에 이러한 인재를 확보하기는 쉽지 않다. 따라서 내부 역량 강화와 함께 외부 협력도 함께 병행할 필요가 있다.

　데이터 사이언티스트 인력 수요는 지속적으로 증가할 것이다. 특히 통계-프로그래밍, 개발-운영 등 융합적 기능과 인문학적 소양을 포함한 통합적 시각을 가진 인력에 대한 수요가 증가할 것이다. 이로 인해 어쩌면 기업 내에 새로운 유형의 재능(talent) 격차가 초래될지도 모르겠다. 이는 그만큼 복잡한 데이터를 분석하고 서버와 네트워크 등 운영 시스템도 함께 다루어야 하는 기술적 복잡성에 기인한다. 데이터 사이언티스트에게는 빅 데이터의 '무엇'을 '어느 수준'까지 분석할 것인지에 대한 분명한 목적의식과 통합적 사고, 창조력, 직관력 등이 총체적으로 필요하다. 이러한 요건을 갖춘 데이터 사이언티스트가 미래의 최고 인재이며 이들이 빅 인사이트를 발굴하게 된다.

　데이터 사이언티스트 인력 조달을 통해 빅 데이터에 정통하게 된 경영전략은 결국 자사가 가진 데이터 자산을 경쟁우위로 만든다. EMC의 2011년 자체 조사(EMC Data Science Study 2011: 미국, 영국, 프랑스, 독일, 인도, 중국 기업의 데이터 전문가 및 비즈니

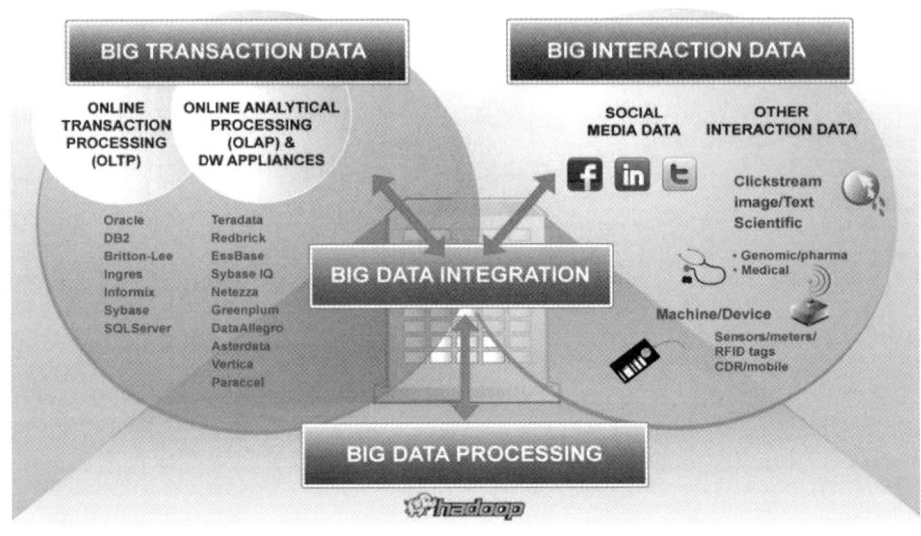

자료: EMC, 2011; Saltlux, 2012. 3 재인용.

스 인텔리전스 전문가 500여 명 대상)에 따르면, 빅 인사이트를 얻기 위해 빅 데이터를 효과적으로 활용하는 기업은 전체의 1/3 정도였다고 한다. 즉 인터뷰 대상자 중 데이터 기반으로 인사이트를 도출하는 능력에 대해 "매우 자신 있다"고 답한 응답자는 30% 수준에 불과했다. 한편 데이터의 과학화에 걸림돌이 되는 내용을 묻는 질문에서는 '기술과 교육의 부족'(32%), '예산 및 자원 조달의 문제'(32%), '부적절한 조직 체계'(14%), '기술 부족'(10%) 순으로 응답했다.

이상의 인터뷰 결과를 바탕으로 EMC가 내린 결론은 다음과 같다. 모바일 센서나 소셜 미디어, 모니터링 기기(monitoring device), 의료 영상진단 시스템, 스마트 그리드(smart grid) 등에 의해 생성되는 다양한 데이터 자원을 충분히 활용하기 위해 필요한 기술 수요를 공급이 따라가지 못하는 상황이 향후 5년간 지속될 것이다.

그리고 빅 인사이트는 빅 거래 데이터(Big transaction data), 빅 상호작용 데이터(Big interaction data), 빅 데이터 프로세싱(Big data processing) 간 상호 영향(cofluence)에 의해 빅 데이터 통합(Big data integration)이 이루어지면서 가능해진다. EMC가 도식화한 빅 데이터 통합 구도는 앞의 〈그림〉과 같다. 이 통합 구도가 빅 데이터의 본질인 빅 인사이트, 즉 데이터에서 의미 있는 가치를 추출하는 구도인 것이다. (기술, 거래 데이터, 상호작용 또는 소셜 데이터에 대해서는 4, 5장에서 자세히 다룰 것이다.)

05

빅 데이터는
비즈니스 인텔리전스 그 이상

최근 가트너의 자료에 따르면 2015년까지 〈포춘〉 선정 500대 기업의 85%가 경쟁우위 획득을 위해 빅 데이터를 개발하지 못할 것으로 예측된다.[18] 그 이유는 아직도 기업 내 비즈니스 인텔리전스의 확장(Extension) 차원에서만 빅 데이터 프로젝트들이 출현하고 성장하고 있기 때문이라는 것이다. 다시 말해 조직 전반에 걸친 BI 전략에 완전히 통합되는 차원이 아니라 단지 증분 가치(incremental value)를 주는 수준에 머물러 있다는 것이다. 가트너는 이러한 수준을 극히 전술적(tactic)이며 일회성(one-off)인 프로젝트 또는 전통적인 BI(Business Intelligence: BI) 전략의 연장선 정도라고 주장한다. 이런 차원에서 가트너는 완전히 통합된 빅 데이터 전략이 〈포춘〉 선정 500대 기업 대부분에서 아직 발견되지 않고 있다고 진단했다.

이러한 진단 결과로 미루어볼 때 빅 데이터 비즈니스 전략은 아직 유아기 단계에 머물러 있다. 하지만 이는 곧 기업이 점차 빅 데이터 분석 경쟁력이 비즈니스 성과를 높이는 수단이 되고 있음을 인정하기 시작한 것으로 해석될 수도 있다. 기업이

2장 빅 데이터, 숨겨진 욕망의 DNA를 읽다

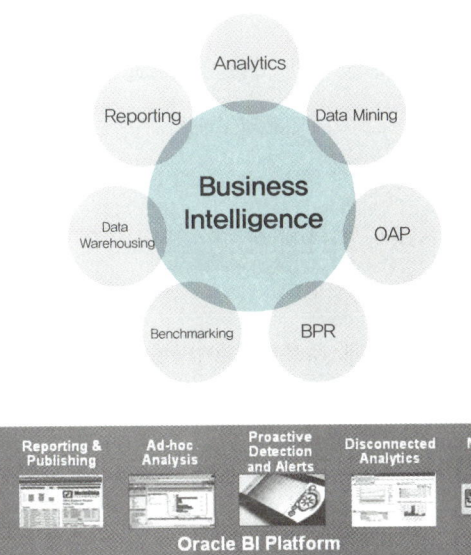

먼저 인식해야 할 점은 빅 데이터 비즈니스가 단순히 기존 BI의 확대 수준이 아니라는 것이다. 그렇다면 이는 새 술은 새 부대에 담아야 한다는 의미일까?

먼저, BI 개념부터 살펴보자. 가트너의 2007년 매직 쿼드런트(Magic Quadrant) 보고서에서 오라클이 BI 플랫폼의 선두 기업으로 선정된 바 있다. BI를 개념화하면 생산한 물건을 도매시장으로 옮기듯 발생한 데이터들이 데이터웨어하우스(DW: Data Warehouse)에 저장되며, 의사결정 지원을 목적으로 주제별로 통합된다. 즉 DW는 데이터 창고 같은 개념이다. 이는 중립적 저장 영역으로서 의사결정을 지원하기 위한 정제된 데이터들의 창고이다. 그 목적은 데이터에 기반을 둔 의사결정의 효율성 향상, 즉 ROI(Return on investment)의 향상이다. 데이터는 DW로 옮겨오기 전에 정제 및 검증 과정을 거치며, 따라서 이를 이용하는 기업은 양질의 데이터를 사용할 수 있게 된다.

이처럼 주로 기업의 의사결정에 유용한 데이터를 뽑아내는 BI가 빅 데이터 시대로 들어서면서 점차 비즈니스어낼리틱스(BA: Business Analytics)로 진화하는 추세이다. 앞의 〈그림〉에서도 BI의 대명사격인 오라클이 BI의 진화 개념으로 BA를 사용하고 있음을 볼 수 있다.[*] 그럼 BA는 무엇인가? 이는 기존의 BI 개념을 포함하되, 더 나아가 데이터의 생성부터 폐기까지 전사적인 범위에서 기업의 미래를 예측함을 뜻한다. 기술적으로 보는 BA는 BI 기술 외에도 ETL(Extraction, Transformation, Loading: 시스템에서 시스템으로 데이터를 이동시키는 기술로 추출·변환·전송해서 올려놓는 기술), 데이터 통합(DI: Data Integration), 분석, 예측, 최적화 기술들이 통합된 개념이다. (ETL 등의 기술에 대해서는 4장에서 다룬다.) 다음 〈그림〉에서 보듯이, 비즈니스 분석 영역에는 기존 BI 툴 영역 외에 통계분석, 시계열 예측, 예측 모델링, 최적화 등이 있다.

이러한 진화 트렌드를 입증하듯이 2010년 MIT 슬로언 경영대학원에서 108개 국가 30개 업종의 경영진 3000명을 대상으로 설문조사를 한 결과에 따르면 고(高) 성과 기업들은 저(低) 성과 기업들과 비교할 때 직관(Intuition)보다 분석(Analytics)에 근

---

[*] IDC에 따르면, 오라클은 마케팅 자동화, 판매 자동화, 고객 서비스 및 컨택센터의 4가지 애플리케이션 영역에서 2011년 CRM 애플리케이션 총 매출 191억 달러 중 11.0%의 점유율을 차지하며 관련 업계 1위를 달성했다.(디지털 데일리, 2012.8.9)

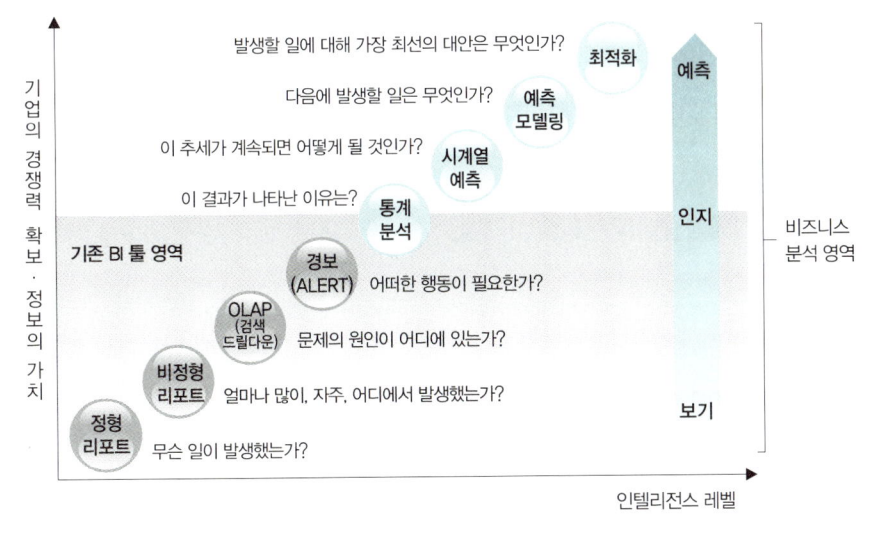

자료: 데이터넷, "급부상하는 '비즈니스 분석', 더 넓고 깊은 통찰력 필요", 2011. 2.

거하는 비율이 평균적으로 5배 이상 높다.[19]

정리하면, BI와 빅 데이터는 모두 데이터를 분석하여 기업 경영 활동과 사업에 활용한다는 점에서 공통된다. 하지만 빅 데이터는 BI 그 이상이다. 왜냐하면 정형데이터에만 의존하는 BI에 비해 빅 데이터는 데이터 특징이 다르므로 그 종류가 제한적이지 않으며 수집 가능한 거의 모든 데이터를 활용한다는 차별점을 가지기 때문이다. 또한 기업 입장에서 빅 데이터의 활용은 고객의 행동을 미리 예측하고 대처 방안을 마련하여 기업 경쟁력을 강화시키고, 생산성 향상과 비즈니스 혁신을 가능하게 한다.

〈이코노미스트〉가 2011년 전 세계 600여 개 기업을 대상으로 한 설문조사를 보면, 인터뷰 대상자의 10%만이 빅 데이터가 기존 비즈니스 모델을 완전히 바꿀 것이라고 예측했으며, 46%가 단순히 기업 의사결정의 중요한 요소로만 작용할 것이라고 응답했다. 또 응답자의 25%가 기업 내부 사용 가능 데이터는 충분하나 대부분 방치돼 있다고 답했고, 절반 이상은 '일부'만 활용하고 있다고 응답했다.[20] 이런 조사 결과에 의하면 빅 데이터는 아직 갈 길이 멀어 보인다. 즉 빅 데이터로 부가가치를 창출하기 위해서는 빅 데이터에 대한 더 많은 이해와 노력이 필요한 상황이다.

최근에는 기업의 관심이 내부 고객정보 분석 수준에서 외부의 SNS에서 나온 소셜 데이터 분석으로 확대 및 통합되는 경향을 보이기 시작했다. 또한 빅 데이터는 기업의 전사 관리나 비즈니스 영역을 넘어, 사회적 현상 분석에 활용되는 가능성도 보이기 시작하고 있다. (소셜 데이터와 기업 데이터 기반의 비즈니스와 사례, 관련기술에 대해서는 5, 6장에서 자세히 살펴보기로 한다.)

3

새로이 주어진 기회
'빅 데이터 이코노미'

빅 데이터가 만드는 비즈니스 미래지도

BIG DATA

01

산업의 패러다임을 바꿀
'빅 데이터 이코노미'

비즈니스에서 국가 간 경계가 붕괴되었다. 글로벌 경제(global economy)는 우리에게 매우 익숙한 단어이다. 그런데 2000년대 초반 IT 버블 붕괴를 경험한 후 2008년 리먼 사태로 세계는 다시 금융위기를 맞았다. 이는 그동안 글로벌 경제를 지배한 산업 패러다임의 구조적 모순이 드러나는 계기가 되었다.[21] 미국의 과잉 소비와 이에 기댄 신흥국의 수출 확대가 글로벌 불균형을 초래했고, 자율조정 기능에 근거한 지나친 금융규제 완화와 IT 기반 금융혁신이 이 분야의 과도한 팽창과 자산가치 버블을 야기했던 것이다.

경제위기로 인해 글로벌 교역은 급속히 위축되었다가 서서히 회복되는 형국이다. 실물경제는 아직도 금융위기 충격에서 완전히 벗어나지는 못하고 있다. 특히 '고용 없는 성장(jobless growth)' 가속화로 소비가 부진하고 금융 정상화가 더뎌 가계와 기업들이 자금 조달에 어려움을 경험 중이다. 민간소비, 기업투자 등 내수 부진을 벗어나지 못하고 있지만, 침체된 내수경기를 부양할 마땅한 수단을 찾지 못하고 있는

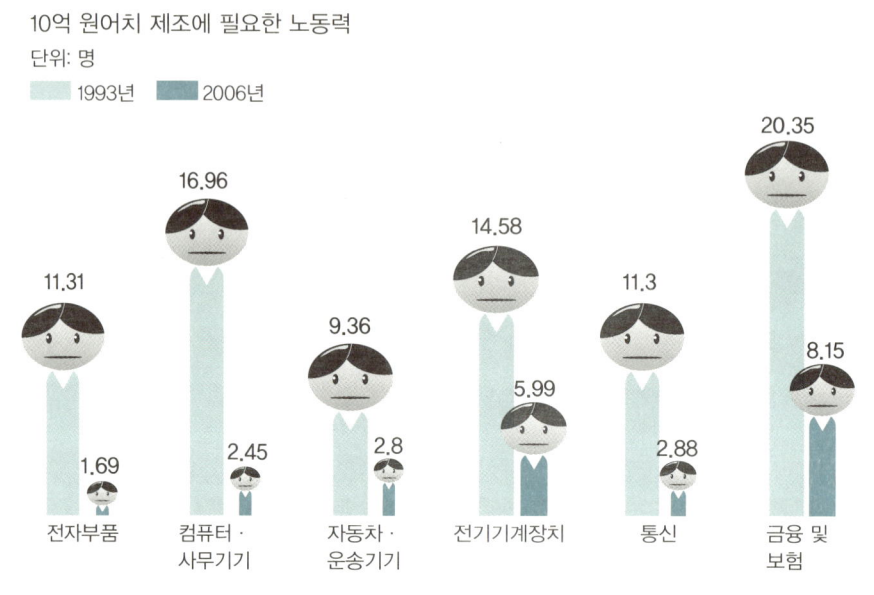

10억 원어치 제조에 필요한 노동력
단위: 명
■ 1993년 ■ 2006년

	20.35
16.96		
	14.58	
11.31		11.3	
	9.36		
		5.99		8.15
1.69	2.45	2.8		2.88	
전자부품	컴퓨터· 사무기기	자동차· 운송기기	전기기계장치	통신	금융 및 보험

자료: 산업연구원, 2006.

상황이다.

이러한 경제 여건은 새로운 산업 패러다임의 변화를 요구하고 있다. 1990년대에는 IT에 기반을 둔 정보혁명이 신 성장 동인이었다. 하지만 통신 및 전자기기 제조업 중심으로 서서히 기술 및 시장 성숙 현상이 감지되기 시작하면서 IT 산업과 금융, 주택, 자동차, 의료 등 전통 산업 간의 융합(convergence) 현상으로 비즈니스 모델은 보다 특화되고 시스템화를 지향하는 방향으로 흐르고 있다.

〈이코노미스트〉 최근 호('The third industrial revolution' 2012)는 IT 산업과 전통 산업 간 융합으로 인한 생산 방식의 혁신을 강조하면서, 이를 '3차 산업혁명'이라 명명하였다. 예컨대 네트워크만 연결되어 있으면 컴퓨터 디자인을 통해 무인의 3D 복제

유로몰드(EuroMold) 2011에 소개된 3D 복제 자동차

자료: http://www.dailymail.co.uk/sciencetech/article-2041106/Urbee-The-worlds-printed-car-rolling-3D-printing-presses-.html

기로 승용차, 전투기, 보청기 등의 원격 복제 생산이 가능하다. 이는 모두 인공지능 로봇, 분석 소프트웨어, 웹 기반 서비스 플랫폼의 발달이 동시에 가능해졌기 때문이다. 이러한 생산방식을 통해 맞춤형 제품 생산이 가능해지며, 무엇보다도 비용과 시간을 절약할 수 있다.

또한 기후변화, 에너지 고갈 등의 환경문제도 글로벌 이슈로 부상한다. '교토의정서(京都議定書, Kyoto Protocol)' 발효와 '발리 로드맵(Bally Road Map)' 채택 등 지구온난화 문제에 대해 국제사회가 공동으로 대처하는 데 합의하기 시작했으며, 전 세계적으로 하이브리드 자동차 등 그린 에너지에 대한 투자가 급증했다.

위키피디아에 의하면, '교토의정서'는 지구온난화의 규제 및 방지를 위한 국제 협약인 기후변화 협약의 수정안이다. 이 의정서를 인준한 국가들은 이산화탄소를 포함한 여섯 종류의 온실가스 배출량을 감축하며, 배출량을 줄이지 않는 국가들에

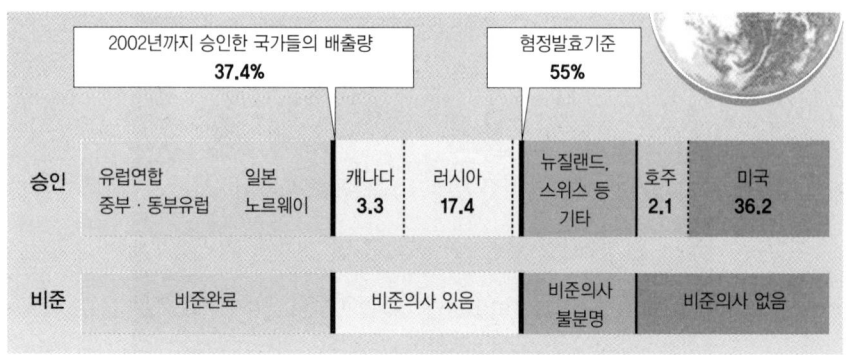

승인	2002년까지 승인한 국가들의 배출량 37.4%				협정발효기준 55%		
	유럽연합 중부·동부유럽	일본 노르웨이	캐나다 3.3	러시아 17.4	뉴질랜드, 스위스 등 기타	호주 2.1	미국 36.2
비준	비준완료		비준의사 있음		비준의사 불분명	비준의사 없음	

자료: 조선닷컴, 2004. 10. 1.

대해서는 비관세 장벽을 적용하게 된다. 이 의정서는 1997년 12월 11일 일본 교토 시 국립교토국제회관에서 개최된 지구온난화 방지 교토 회의(COP3) 제3차 당사국 총회에 채택되었으며, 2005년 2월 16일 발효되었다. 정식 명칭은 '기후변화에 관한 국제 연합 규약의 교토의정서(Kyoto Protocol to the United Nations Framework Convention on Climate Change)'이다.

'발리 로드맵'은 교토의정서를 대체할 새로운 기후변화 협약의 계획이며 구상도로서 2007년 12월 3일부터 15일까지 인도네시아 발리에서 열린 제13차 유엔 기후변화 협약 당사국 총회에서 채택되었다. 이에 따르면, 새 기후변화 협약은 2년간의 협상을 거쳐 2009년 덴마크 코펜하겐 총회에서 결정, 2013년에 발효된다. 온실가스의 감소는 선진국의 경우 수치화된 목표 없이 '상당히 감축(deep cuts)한다'는 목표로 설정되어 있으며, 개발도상국의 경우엔 측정 가능하고 검증 가능한 방법으로의 감축을 촉구한다. 또한 발리 로드맵은 열대우림의 개간을 줄이는 개도국에 인센티브를 제공하고 기후변화 대응에 노력하는 개발도상국에 선진국 기술을 이전한다는 내용

발리 로드랩의 주요 내용

항목	내용
새 협약 마련을 위한 절차 규정	2년간의 협상을 거처 2009년 덴마크 코펜하겐 총회에서 새 기후변화 협약 결정. 새 협약은 2013년 발효
온실가스 감축 목표	수치화된 목표 없이 '상당히 감축한다'는 목표 설정
기후변화 적응기금 마련	가뭄, 홍수, 해수면 상승 등 기후변화 피해 돕는 유엔기금 마련
열대우림 보호	열대우림 개간 줄이는 개도국에 인센티브를 제공
기술 이전	기후변화 대응 노력하는 개도국에 선진국 기술 이전

자료: 환경부

등을 담고 있다. 발리 로드맵으로 미국, 중국, 인도 등과 함께 한국도 2013년부터 온실가스 감축 대상국에 포함되었다.

이상에서 살펴본 산업 패러다임의 주요 변화 흐름에서 읽혀지는 큰 이슈는 대략 세 가지이다. 첫째는 전통 기술의 성숙 속도가 과거보다 더 빨라지는 가운데 IT를 접목한 기술혁신이 기업 및 국가 경쟁력의 변함없는 핵심 원천이라는 점, 둘째는 한정된 시장의 경쟁 격화로 투자 경쟁, 수요 정체, 공급 과잉 현상이 더욱 심화되는 가운데 예산 감축이나 설비 투자비용, 노동비용 절감, 서비스 통합 등의 구조조정 행위가 지속적으로 필요하다는 점, 마지막으로는 기후변화 위기론이 급부상하는 가운데 범국가적인 환경위기 관리와 그린 에너지 투자가 적극 진행되어야 한다는 점 등이다.

이상의 이슈들을 해결하는 처방약 중의 하나가 바로 디지털로 전송되는 각종 데이터를 활용하는 것이다. 지난 수년간 진행된 단말의 확산, 데이터 관리 기술의 발전, 데이터에 대한 인식이 제고되면서 다양한 데이터의 수집은 이제 일상사가 되었다. 게다가 저장기기 가격과 통신 요금의 하락이 이를 더욱 부추긴다.

구글의 전 CEO인 에릭 슈미트에 의하면, 2003년까지 인류가 쌓아 올린 데이터가 5엑사바이트 수준인데, 이제는 단 하루 만에 그 정도의 분량을 쏟아내는 시대가 되었다. 2011년 맥킨지 보고서에서도 2011년 매월 300억 개 콘텐츠가 페이스북에서 추가되고, 매일 14억 개 트윗이 전송되며, 매시간 35시간 비디오가 유튜브에서 업로드된다고 언급되었다. 또한 전 세계적으로 2013년까지 10조 개 규모의 텍스트 메시지가 발생될 것이며, 각 기업은 매년 8엑사바이트의 비즈니스 데이터를 생성할 것이라고 전망된다.

시장 정체와 경쟁 심화를 경험 중인 IT 및 전통 산업계 모두는 그 어느 때보다도 이 쌓이는 데이터에 관심을 보여야 할 시점이 된 것 같다. 이러한 관심을 대변하듯, 2012년 1월 스위스 다보스에서 열린 세계경제포럼에서는 '빅 데이터' 기술이 글로벌 산업 개발의 새로운 가능성을 여는 2012년 가장 중요한 기술로 지목되었다.[22]

'대전환: 새로운 모델의 형성'의 주제로 진행된 2012년 세계경제포럼은 일곱 개 섹션으로 진행되었으며 자본주의의 이기심에 대한 반성과 보완이라는 측면에 맞추어진 논의가 주로 진행되었다. 섹션은 '자본주의는 고장 났다' '세계경제, 다시 성장이다' '자본주의 이후의 세계: 글로벌 질서의 재편' '아시아의 미래, 위기를 넘어서는 신 비즈니스 트렌드' '초 연결사회와 신기술의 발전', 그리고 '포스트 자본주의시대의 에너지 시장'이 논해졌다. 이 중 여섯 번째인 '초 연결사회와 신기술의 발전' 섹션에서 소셜 미디어가 가져온 초 연결사회는 사생활 침해 극복이라는 과제와 빅 데이터의 사용, 새로운 규범(보안, 검열, 새로운 관계의 규율)이라는 문제를 던지고 있다는 논의가 전개되었다.[23]

세계경제포럼에 이어, 2012년 3월 29일에 미국 백악관의 '과학기술정책실(Office of Science and Technology Policy)' 주도로 국립과학재단(NSF), 국립보건원, 국방부, 고등방위연구계획국, 에너지부, 지질조사원 등 6개 정부 부처가 참여하는 2억 달러 규

빅 데이터 관련 R&D 신규 과제 리스트 및 예산(단위: 백만 원)

과제명	분야	연구 기간	12년 출연금	총 출연금
차세대 메모리 기반의 빅 데이터 분석·관리 소프트웨어 원천기술 개발	SW	5년	2,900	14,500
초소형·고신뢰(99.999%) OS와 고성능 멀티코어 OS를 동시 실행하는 듀얼 운영체제 원천기술 개발	SW	5년	2,800	14,000
빌딩 내 기기들을 웹을 통해 연동하여 사용자 맞춤형 최적 제어·모니터링 서비스를 제공하는 소프트웨어 개발	SW	4년	1,600	6,400

자료: 지식경제부, 2012. 1. 19.

모의 〈빅 데이터 연구개발 이니셔티브(Big Data R&D Initiative)〉가 발표되었다.[24] 오바마의 '빅 데이터 이니셔티브'는 '건강하고 행복한 웰빙국가(Well-being Nation)' 달성을 목표로 복지 정책 실행 최적화, 국가 안전의 향상, 에너지 전략 최적화, 기후변화와 재난대응, 과학기술 교육과 훈련, 전쟁력 향상 등을 세웠고 6개 부처에 할당되었다.[*] '빅 데이터 추진단(Big Data Senior Steering Group)'이 발족되는데, 이는 빅 데이터 수집·저장·분석·공유를 위한 기술 개발과 인력 양성 등을 핵심 과제로 하고 있다. 이어 5월 미국 정부는 다시 〈디지털 정부 전략(Digital Government Strategy: Building a 21st Century Platformto Better Serve the American People)〉을 발표하면서 정부의 공공 데이터 개방 의지를 강하게 드러내기에 이른다. (공공 데이터 개방 관련 정책에 대해서는 5장

---

[*] 국립과학재단(NSF)은 지구과학자가 지구에 관한 정보를 이용, 분석, 공유할 수 있는 시스템인 'Earth Cube Project' 지원을 위한 조성금을 마련할 계획이며, 1,000만 달러 규모의 컴퓨팅 프로젝트 추진을 계획 중이다. 에너지성은 2,500만 달러를 투자하여 'SDAV; Scalable Data Management Analysis and Visualization'이라는 신규 연구기관 설립을 추진한다. 국립위생연구소는 200테라바이트에 해당하는 1,000개의 게놈 프로젝트 데이터 정비, 클라우드 서비스를 통해 제공한다. 국방고등연구계획국(DARPA)는 매년 2,500만 달러씩 4년 동안 'XDATA Program'을 통해 비정형데이터를 포함한 데이터 해석 프로그램 툴을 개발할 예정이다. 국방성은 빅 데이터 관련 신규연구프로젝트에 6,000만 달러를 투자할 계획이다. 지질조사처는 지구시스템과학 관련 빅 데이터 분석이 가능한 'John Wesley Powell Center'를 제공한다.

에서 자세히 다룬다.)

　미국, 일본 등 주요국들의 관심이 쏠리면서 빅 데이터 이코노미가 산업의 패러다임을 바꿀 요소로 세계적인 주목을 받기 시작한다. 국내에서도 2012년 1월, 지식경제부 중심으로 '산업융합 원천기술 개발 사업' 중 소프트웨어 신규 과제에 빅 데이터 부문이 선정되었다. 신규 과제 및 리스트 목록은 위의 〈표〉와 같다.

　우리나라의 방송통신위원회도 2012년 핵심 과제에 빅 데이터를 포함시켰고, 2012년 6월에는 〈빅 데이터 서비스 활성화 방안〉을 발표했다. 여기서 지적된 문제점으로는 빅 데이터 관련 플랫폼 기반 및 요소 기술 분야에서 글로벌 기업과의 기술력 격차가 크다는 점, 대용량 데이터를 수집·관리·분석할 수 있는 전문 인력 저변이 취약하다는 점,[*] 공공 데이터 개방 추세나 국내의 활용할 만한 정보 공개가 미흡한 수준이라는 점, 기업의 항시적인 개인정보 수집과 분석 시도가 프라이버시 침해 가능성을 높이고 있다는 점 등이다. 주요 추진 과제는, 첫째 신규 서비스 발굴·확산을 위한 시범 서비스 추진(방송통신, 교육, 교통, 의료 등 공모), 둘째 빅 데이터 기술 및 플랫폼 경쟁력 강화(클라우드, 분산 컴퓨팅, 지능화 기술 등 핵심), 셋째 전문 인력 양성(R&D 및 시범 사업 대학과 연계 추진 및 빅 데이터 분석가 자격증 제도 도입 추진), 넷째 빅 데이터 지원센터 설치 운영 및 정보 공유 체계 마련, 그 외에 빅 데이터 산업 실태 조사, 개인정보 보호 및 빅 데이터 산업 진흥을 위한 법제도 개선 등이다.

　2011년 맥킨지의 보고서에 따르면, 미국 의료 산업에서 빅 데이터를 활용하면 매년 3300억 달러 가치가 창출되는데 이는 연간 스페인 전체 의료 지출액의 두 배 수준이다. 또한 유럽 공공 분야에서 빅 데이터를 활용하면 2500억 유료의 절감 효과가 있다. 이는 그리스 GDP와 같은 규모이다. IDC에 따르면, 빅 데이터 시장은

---

[*]　삼성경제연구소는 2012년 발표 자료에서 "빅 데이터 기술을 능숙하게 관리할 수 있는 국내 소프트웨어 인력은 100명 내외"라고 언급하였다.

2015년 169억 달러로 성장해 40%의 연평균성장률(CAGR)을 보일 전망이다.[25] 이는 세계 IT 시장의 약 7배에 달하는 엄청난 수치이다. 특히 빅 데이터 기술을 위한 어플라이언스(Appliance), 클라우드, 아웃소싱 거래가 성장할 것으로 전망된다. 기술 그 자체보다는 비즈니스 가치에 더 역점을 두고 있는 모습이다.

이런 전망치들만 보아도 빅 데이터 이코노미 시대가 열리는 것 같다. 그렇다면 어떤 준비가 필요할까? 노무라연구소 자사가 발행하는 〈IT 프런티어〉 2012년 3월호의 '빅 데이터 시대 도래'라는 자료를 통해 빅 데이터 시대를 맞이하는 필수 요소로 데이터 자원, 데이터 수집·저장·분석 기술, 인재·조직을 우선적으로 언급했다.

데이터 자원은 전자 지문, 유전자, 위치, CCTV 등 센서 데이터, 데이터 공개 정책에 따른 공공 데이터, 기업 활동에 의한 기업 정보와 소비자의 목소리(Voice of Customer), 소셜 데이터 등을 말한다. (데이터 소스별 비즈니스에 대해서는 5장에서 다룬다.)

데이터 수집·저장·분석 기술은 대량 데이터를 효율적으로 처리, 저장하는 하둡, NoSQL 등의 기술과 분석 기법, 시각화 기술, 플랫폼 등을 포괄한다. (이에 대해서는 4장에서 다룬다.)

마지막으로 인재·조직은 빅 데이터로부터 의미 있는 정보를 도출하기 위한 인재나 조직을 말하는데, 이미 2장에서 빅 데이터의 DNA인 빅 인사이트가 결국 사람에게서 나오며, 데이터 사이언티스트 역량이 절실히 필요하다는 이야기를 한 바 있다.

02

'빅 데이터 이코노미'가 만드는
비즈니스 기회

빅 데이터 이코노미 시대가 되면 빅 데이터는 비즈니스 혁신의 도구가 된다. 빅 데이터는 그 자체만으로도 데이터 저장 및 처리·분석 기술을 통해 이제까지 몰랐던 방대한 규모의 데이터를 분석할 수 있다는 데 그 의미가 있다. 그런데 기업이 정작 필요로 하는 것은 빅 데이터 형태로 저장된 후에 처리되고 분석된 후 나오는 '흐름의 이해', 즉 스토리텔링이다.

구글의 수석 경제학자인 할 베리언(Hal R. Varian)은 2009년에 "데이터를 얻는 능력, 즉 데이터를 이해하는 능력, 처리하는 능력, 가치를 뽑아내는 능력, 시각화하는 능력, 전달하는 능력이야말로 앞으로 10년간 엄청나게 중요한 능력이 될 것이다(The ability to take data－to be able to understand it, to process it, to extract value from it, to visualize it, to communicate it－that's going to be a hugely important skill in the next decades)"라고 말한 바 있다.

빅 데이터 이코노미 시대가 시작되면서, 기술 트렌드와 이슈를 넘어 빅 데이터

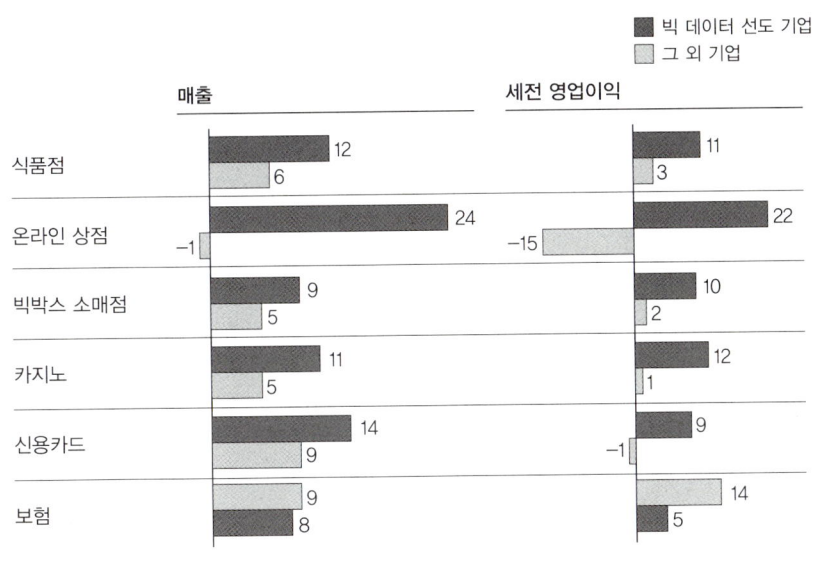

자료: Bloomberg and Datastream, Annual reports, McKinsey analysis, 2009.

가 경제사회의 해결 수단으로 부상한다. 이는 기업들에게 '빅 오퍼튜니티(Big opportunity)'이기도 하다. 기업 리더들은 사실들에 근거한, 보다 나은 의사결정을 내리게 해주는, 빅 데이터의 역할에 대해 이미 그 중요성을 인정하기 시작했다. MIT 슬로언 경영저널에 의하면[26] 데이터는 더 이상 단순한 트렌드 분석 보고서 작성을 위한 부차적 지원 차원이 아니라, 미래 기업 역량의 핵심이 된다. 즉 빅 데이터의 가치가 경제성장의 도구로 부각되며, 기술적 이슈에서 벗어나 경영, 경제, 안보 등 다양한 분야의 이슈로 확산될 것이다.

그렇다. 이제 빅 데이터는 기업이 고객에게 좀 더 가까이 다가가 남보다 빨리 차별화된 상품과 서비스를 제공하는 데 필요한 필수 자산이다. 웹 2.0 주창자인 팀 오라일리는 2005년에 이미 데이터의 가능성을 인정하는 발언을 했다. 그에 의하면, "미래 승자는 임계치 이상의 사용자를 확보하고 여기서 모인 데이터를 시스템 서비스로 전환시키는 기업이 될 것이다. 데이터는 소프트웨어 인프라가 대부분 범용재화되는 시스템에서 유일한 가치의 원천 요소이다."[27] 앞의 〈그림〉에서 보여지듯이, 2009년에 블룸버그와 맥킨지도 1999~2009년 기간 동안 빅 데이터 리더 기업들이 그렇지 못한 기업들보다 매출과 세전영업 이익 면에서 높은 성과를 보였음을 수치로 입증한 바 있다.

그렇다면 빅 데이터 이코노미를 여는 비즈니스 기회는 어디에서 찾을 수 있을까? 다양한 기업들에 의해 빅 데이터의 사업 기회는 어떻게 이해되고 있을까? 빅 데이터가 정말로 기회로 인식되었다면, 어떤 비즈니스 혁신 가능성들이 발견될 수 있을까에 대해 살펴보자. 빅 데이터의 비즈니스 기회는 공공 및 민간 영역 모두의 공통 관심사이다.

공공 영역부터 보면, 교통 트래픽 흐름이나 자동차의 위치, 에너지나 수자원 같은 자원 이용과 관련한 실시간 정보들이 다양한 영역의 공공 서비스 전달의 최적화와 효율화를 도모한다. 정부는 자연재해 정도와 영향을 예견해 국민을 보호하고, 자원 배치를 최적화시킬 수도 있고, 예방적 의료 복지 등을 강화해 국민 삶의 질을 개선시킬 수도 있다. 앞에서도 언급했듯이 2011년 맥킨지 보고서에 의하면, 미국 의료 부문은 빅 데이터 활용으로 연간 3300억 달러 비용 절감 효과가 기대된다. 이는 미국 의료 예산의 약 8%에 해당하는 규모이다. 그 외에 빅 데이터의 활용은 범죄 예방에도 도움이 되어 패턴을 더 잘 분석되게 함으로써 보다 신뢰할 만한 해결책들을 찾게 해준다. (관련 사례에 대해서는 6장을 참조바란다.)

흔치는 않지만, 민간 기업이 빅 데이터를 활용해 공공 및 산업 영역 모두에 기여하는 경우도 발견된다. 통신 기업 NTT도코모는 2008년 클라우드 기반의 모바일

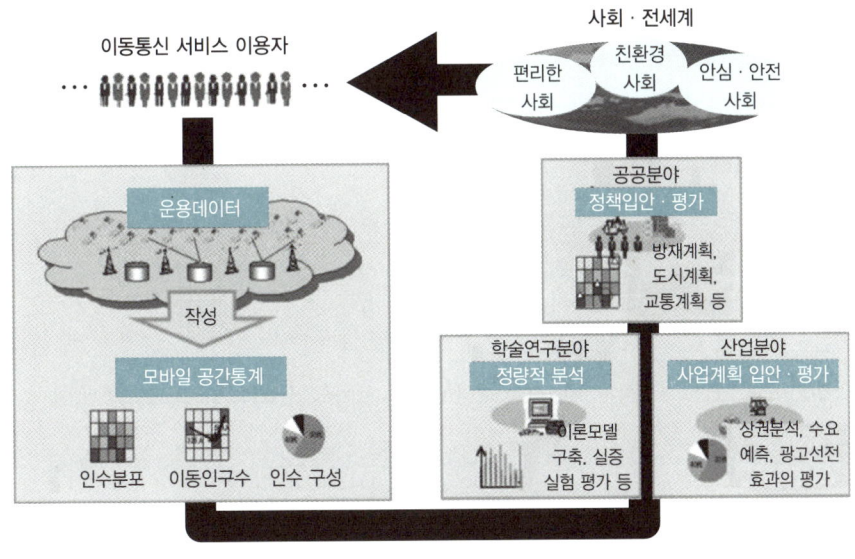

자료: WirelessWire/모바일사회연구소, 2010; 아틀라스, 2011 재인용.

공간 통계 기술과 위치정보 데이터를 결합한 '페타마이닝(Petamining)' 프로젝트를 시작하였고, 인구 동태를 추적하는 데이터베이스 시스템을 구축했다. 데이터 마이닝 기술인 '페타마이닝'은 모바일 데이터를 활용해 시간 단위로 인구 변화를 추적하는 기술이다. 모바일폰 이용자가 어디에 있든지 통신이 가능하도록 주기적으로 네트워크에 현 위치가 고지되므로, NTT도코모는 일본 인구 절반의 위치정보를 파악할 수 있게 되었다.

2009년 7월, '모바일 공간 통계' 실행 설비의 프로토타입이 구축될 당시의 활용 목적은 흥미롭게도 공공 서비스이다. 즉 데이터를 도시계획 입안, 교통 서비스 개선 등의 사회적 문제 해결에 활용하는 것이다. NTT도코모는 버스 및 택시 운행 스케줄, 배차 간격 최적화 등 개인 데이터의 산업적 활용에 대한 이해를 돕기 위해 사회 기여를 우선적으로 고려했던 것이다. '모바일 공간 통계' 유용성 검증 차원에서 2010년 11월에는 '재해 시 귀가 지원 서비스' 실증 실험이 실시되었다. 내용은 각 상황에 근거한 '귀가 곤란자 지원 계획' 작성, '방재 비축품 관리' 및 예방 훈련 실시, '지진 대책 센터' 지원 등이다.

방대한 통신 고객 행동 데이터가 적절히 활용되면, 이는 미래 사회에 중요한 의미를 갖는 경쟁우위로 탈바꿈하게 된다. 스즈키 료스케도 그의 저서《빅 데이터 비즈니스》(2012)에서 많은 기업들 중 통신 기업이 맞게 될 비즈니스 기회에 대해 특히 강조하고 있다. 통신 기업은 이미 방대한 고객 데이터를 가지고 있다. 통신의 중요성이 더욱 증가하지만, 아이러니하게도 요금 인하 압력 등의 불리한 정책 환경에서 통신 기업은 빅 데이터의 새로운 흐름을 잘 활용해 사회에도 기여하고 동시에 새로운 수익원을 모색해볼 수 있다.

통신 기업은 특히 휴대폰 및 차량용 내비게이션 장비에서 수집되는 방대한 실시간 위치정보를 수집할 수 있는 태생적 강점을 보유하고 있다. 위치정보의 경우에는 통신 사업 영역에 제한되지 않고 일반 비즈니스 영역인 소매업과 미디어 그리고 위에서 언급한 공공 분야에 이르기까지 다방면에서 활용 가능하다. KT종합기술원이 2012년 4월에 발표한 〈빅 데이터 분석〉은 '스마트 라우팅' 시스템의 가능성을 언급했다. 이것은 실시간 교통, 사고, 공사, 날씨, 혼잡 지역 등 데이터를 통합 분석해 예상 소요시간을 계산한 후, 현재 위치에서 운전자에게 최단 소요시간 경로 후보군을 실시간으로 추천해주는 시스템이다. 맥킨지의 2012년 빅 데이터 보고서도 스마트라우팅을 통해 절감될 수 있는 시간 및 연료의 금전적 가치가 2020년까지 약 550조 원(약 5000억 달러)에 달할 것이라고 추산했다.

통신 기업은 그 외에도 통신 서비스 이용 내역 및 계약 관련 데이터들을 분석해 개인별 최적화 서비스를 제공할 수 있다. 예컨대 자사의 통신 서비스 이용 고객들을 특성별로 세분화하여 계약 만료일이 다가올 때 그들의 통화 이력, 거래 정보 및 선호 정보들을 바탕으로 그 고객이 선호할 만한 영역에 대해 프로모션을 제공하여 맞춤형 프로모션을 진행하는 것이다. 또한 현재 각 제휴사 할인 이용 현황에 대해 데이터를 기반으로 하여 더욱 심층적인 데이터 분석을 하면 제휴사 할인 영역에 대한 조정도 가능하게 되는 등 무수히 많은 비즈니스 기회들이 존재한다.

빅 데이터 분석은 이처럼 고객에게 미처 몰랐던 행동이나 태도를 발견하는 기회를 주어 고객에 대한 이해를 더 넓히게 도와준다. 또한 개인 간 사회적 관계를 파악하는 데도 도움이 된다. 이를 가장 용이하게 해줄 곳으로 통신 영역 외 다른 영역들도 있다. 먼저, 헬스 케어 영역에서는 병을 처방하고 치료하는 데 있어서 개인적 전문성을 넘어 정교한 통계적 지식을 활용하는 것이 가능하다. 전기나 가스 등 유틸리티 영역에서는 개인화된 이용 패턴을 이해하고 더 나은 수요 관리를 할 수 있게 한다. 가상 상품(virtual goods)이 오가는 온라인 비즈니스 영역에서도 고객의 선호도와 사회적 상호작용을 이해하여 크로스셀링, 업셀링, 추천 엔진 등을 개발할 수 있게 해준다. 또한 재무 서비스 영역에서는 리스크를 평가하는 데 있어 보다 정교한 분석을 통해 개인의 요구에 맞는 최적화된 재무 상품을 제안할 수 있게 해준다. 이처럼 개인 맞춤 서비스는 거의 모든 산업 영역에서 가능할 것으로 보인다.

이들 중에서도 특히 위치정보 등의 개인정보와 관련한 서비스 영역에서는 고객의 선호와 비선호, 고객의 영향과 행위 등을 이해하고 인사이트를 얻어 판매 효율성을 제고시킬 수 있게 된다. 2011년 맥킨지 보고서는 위치기반 정보를 활용한 개인의 LBS(Location Based Service) 정보 가치가 2020년에 약 7000억 달러에 이를 것이라 전망했다. 이 영역에서는 물론 데이터 프라이버시 이슈가 함께 존재한다. (이에 대해서는 1장에서 언급하였다.)

빅 데이터 비즈니스의 기회에 대해 공공 영역부터 먼저 살펴보았다. 그렇다면 일반 기업들은 빅 데이터를 활용한 비즈니스 모델을 어떻게 수립할 수 있을까? 채승병 등은 일반 기업 주도의 빅 데이터 활용 방향을 크게 3가지로 나누어 제시했다.[28] 이에 따르면, 첫째는 생산성과 효율성의 제고이고, 둘째는 의사결정 능력 향상, 마지막으로는 문제의 발견과 해결을 위한 것이다. 다시 말해, 빅 데이터 분석을 통해 기업의 투명성이 향상되고 다양한 시뮬레이션을 통한 고객 가치 향상이 가능하다. 그리고 빅 데이터 분석은 비즈니스 모델 혁신의 기반이 되기도 하고, 무엇보다도 경영진의 전략적 의사결정에 관련한 정보를 적기에 제공한다.

이를 토대로 지금부터 빅 데이터 활용을 통한 일반 기업들의 비즈니스 혁신 유형을 기존 비즈니스 및 의사결정의 효율화, 문제 해결을 위한 실마리 제공, 그리고 개인화된 맞춤 서비스의 제공으로 정리하고, 각각의 항목에 대한 내용과 사례를 기업 중심으로 좀 더 자세히 살펴보고자 한다.

03

빅 데이터 분석으로
의사결정을 빠르고 정확하게

채승병 등이 제시한 빅 데이터 활용 목적인 '생산성 및 효율성 제고'와 '의사결정 제고'는 비즈니스 혁신 유형 '의사결정의 효율화'로 묶을 수 있다. 기존 경영진들은 오랜 경험과 직관 등의 주관적 경험을 가지고, 이에 의존하고 있는 경향이 있다. 객관적이라 한다면 기껏해야 구조화된(structured) 과거의 정형 데이터에 기초한 트렌드 분석 결과에 의존하여 의사결정하는 정도이다. 데이터 취합에 많은 비용이 요구되었을 때에는 가능한 데이터부터 취합하는 것이 일반적인 활용 방법일 것이다. 물론 분석도 '과거' 트렌드 조사 수준이다. 데이터 생성 시점과 취합 시점 간의 시차 때문에 고객 니즈를 실시간으로 파악한다는 것이 사실상 불가능하다. 따라서 대부분 데이터 분석은 과거에 어떤 일이 있었는지를 판별하는 수준이었다. 게다가 데이터 분석의 결과물은 리포트 형식을 취한다.

하지만 이제 기업들은 기존의 기업 활동에 다양한 빅 데이터 분석 기법을 접목하여 실시간으로 현황을 파악한다거나, 고객과의 실시간 소통을 강화하는 등의 활동을 통하여 생산성과 효율성을 제고시킬 수 있다. 의사결정에 영향을 주는 가능한한 많은 변수들을 고려하여 판단의 정확도를 향상시키고, 오류 위험을 줄일 수 있게 된 것이다. 원하는 데이터 취합이 가능해져서 데이터 그 자체의 가치는 하락하는 듯하지만, 그 대신 어떤 데이터 활용 목적을 추구하느냐에 따라 의미가 부여된 데이터 가치는 완전히 달라진다.

그렇다면 빅 데이터를 활용하여 현상을 파악하고 물류, 재무, 마케팅 등의 데이터가 실시간 분석되어 의사결정이 효율적으로 이루어지는 실제 사례들로 어떤 것들이 있을까? P&G는 200테라바이트에 달하는 전사 빅 데이터를 실시간 분석하여 글로벌 시장 상황을 즉각 파악하여 의사결정으로 연결시키는 대표 기업으로 자주 거론된다. P&G는 글로벌 혁신 기업의 선두주자이므로 여기서는 다루지 않겠다. 그 대신 IT와는 어울릴 것 같지 않은 기업 중에서 데이터 분석을 통해 생산성과 효율성을 제고하고 의사결정도 신속하게 하며, 아울러 고객과의 실시간 소통도 강화한 패션 기업 자라(Zara)를 소개하겠다.[29]

자라는 1975년 스페인의 작은 상점에서 출발하여 점차 유럽 패션의 본거지인 밀라노와 파리, 로마에 성공적으로 입성해서 2011년 현재 77개국 1723개 매장에서 80억 유로 이상의 매출을 달성하는 글로벌 기업이 되었다. 또한 자라는 2011년 3월 세계 패션 메카인 뉴욕 5번가의 고급 빌딩을 미국 부동산 최대 매매가인 3억 2000만 달러에 매입하여 입점함으로써 주목을 받았다.[30]

자라의 성장 동인은 '신속 및 고객맞춤화(Speed & Customization)' 전략 기반의 패스트 패션(Fast fashion)이다. 6개월~1년여 전에 기획되어 디자인, 생산, 유통을 거친 후 매장에 진열되는 일반 패션 브랜드와 달리, 자라는 기획 방식이 아닌 현재 유행을 신속히 포착해 불과 몇 주 내 디자인, 생산, 매장 진열 과정을 완성하는 초스피드 공급 방식과 다양한 요구를 충족시키기 위해 다품종 소량 생산 방식을 선택한다.

자라 매장들: 스페인, 호주, 뉴욕

이로 인해 일반 패션 브랜드의 경우 시즌당 약 3000여 종의 상품을 선보이는 데 비해, 자라는 무려 네 배에 가까운 1만 1000여 종의 상품을 선보인다.[31]

그런데 이러한 다품종 소량 생산 방식은 실제로 상당한 비용을 요구한다. 아이러니하게도 자라는 이러한 시장 창출 전략으로도 저가 상품을 출시한다. 그 비결은 바로 빅 데이터 활용에 있다. 즉 자라는 최대 매출을 창출할 수 있는 알고리즘을 이용한 분석 기술을 개발하여 상품 수요 예측, 각 매장별 적정 재고 산출, 상품별 가격 결정 등 현장 운영에 활용하고 있다.[32] 다시 말해, 소매 단위별 철저한 수요 변화를 실시간 모니터링하여 소량 주문과 적시 운송, 유연한 도급 계약 추진 등을 실행하여 결국 무재고 시스템을 실현하는 것이다. 또한 디자인에서 판매까지의 수직적 통합을 통해 2주에 한 번꼴로 신상품을 출시하고 있다.

자라 비용 절감의 핵심은 실시간 데이터 분석을 통한 정확한 수요 재고 관리와 분석에 기반한 의사결정이다. 엑센추어가 2008년에 미국 기업을 대상으로 한 실시간 설문조사에 따르면, 주요 의사결정의 40%가 직관에 의한 것이라고 한다.[33] 그런데 자라는 수시로 내려야 하는 의사결정 과정에서 패션 경영인의 주관적 직관에만 의존하지 않고, 이러한 데이터를 이용해 실시간 검증함으로써 의사결정의 정확성을 제고시킨다. 바로 리얼 타임 의사결정이다.

IT와는 별개로 보이는 패션 기업에게 이것이 어떻게 가능했을까? 자라는 전 세계 매장에서 본사로 시시각각 유입되는 판매 데이터를 바탕으로 최적화된 알고리즘을 이용해 어떤 시점에 어떤 상품이 어떤 매장에 진열되어야 하는지를 실시간 분석하는데, 이를 위해 자라는 MIT와 협력해 지난 수년간 빅 데이터 분석과 첨단 수학적 분석을 경영에 적용하는 연구를 수행해왔다. 즉 자라와 MIT 팀은 빅 데이터를 활용해 현장의 실시간 현황 파악을 위해 정보를 활용하는 방식을 고민하기 시작했고 실시간 파악을 통한 적시 제조라는 새로운 운영 방식을 고안해낸 것이다. 이는 비즈니스의 혁신이다.

빅 데이터의 중요성이 의사결정에 인정되기 시작하면서 일반 기업과 대학 간 협력 외에도 국가기관과 기업 간 협력을 통한 의사결정 효율화가 모색되는 사례가 감지된다. 예컨대 미국 CIA는 산하에 벤처투자 기업들을 두고 있는데, 인큐텔(In-Q-Tel)이라는 회사를 통해 안전보장 관련 IT 활동 및 관련 의사결정을 위해 빅 데이터 분석에 힘을 쏟기 시작했다.[34] 이를 위해 인큐텔은 대용량의 텍스트 데이터 문맥을 해석하는 소프트웨어 개발 회사인 디지털 리즈닝(Digital Reasoning)과 업무 제휴를 하였고, CIA는 전 세계 곳곳에서 수집된 첩보 데이터에서 암시적 관련성을 발견할 목적으로 이 기술을 활용하게 되었다.

그뿐만이 아니다. CIA는 구글과 합작하여 2010년에 예측 분석 기술을 주력으로 하는 레코디드 퓨처(Recorded Future)라는 기술 회사를 창립하였다. 이 합작회사는 웹 기반 분석 회사로서, 웹상에서 일어나는 개인 및 그룹의 일들을 모니터링할 수 있는 기술을 보유하고 있으며, '시간 분석 엔진'을 통해 사람들의 과거, 현재, 미래 예측의 정보를 시각화해서 제공한다.[35]

3장 새로이 주어진 기회 '빅 데이터 이코노미'

자료: "Surveillance Efforts to Mushroom as CIA and Google Team Up in Investing in and Backing 'Recorded Future'";
www.tunisianquestfortruth.wordpress.com, 2011. 5. 17.

경영진 의사결정 및 업무 프로세스상 데이터 분석을 핵심 요소화하여 생산성 및 효율성을 제고하는 비즈니스 혁신 사례들은 이외에도 많이 있을 것이다. 이미 앞에서 언급된 프로그레시브 보험사 사례도 이러한 유형에 일부 걸쳐 있는 경우들이다. 중요한 것은 이들 모두가 의사결정을 위한 빅 데이터 처리 및 분석 과정의 자동화, 실시간 모니터링 등을 중요한 차별적 경쟁우위로 여기고 있다는 사실이다. 이들은 또한 경영진에서 실무자에 이르기까지 분석 중심의 의사결정 프로세스를 전사적 과제로 여기고 있다. 이를 위해서는 기업 내부에 빅 데이터를 효율적으로 처리할 수 있는 데이터 사이언티스트의 역할이 더욱 중요해질 것이다. 필요하면 자라처럼 외부 분석 전문가를 활용하는 것도 대안이 되겠다. (이에 대해서는 2장을 참조하기 바란다.)

빅 데이터로
문제를 해결하다

채승병 등은 기업의 빅 데이터 활용 목적 중 하나로 '문제점의 발견 및 해결'을 들고 있는데,[36] 두 번째 비즈니스 혁신 유형으로 기존에 파악하기 어려웠던 문제점을 발견하고 해결할 실마리를 제시하는 사례들을 살펴보자.

기존에는 기껏해야 축적된 개인정보를 바탕으로 개인의 행동 패턴을 도출해 문제점을 발견하는 수준이었다. 하지만 이제는 스마트 기기나 설비에 설치된 다양한 센서에서 수집된 데이터나 웹 검색 키워드 등으로부터 문제점을 발견하고 해결책을 찾는 것이 가능하다. 예컨대 GPS 센서를 기반으로 차량의 위치와 운전 차량에 탑재된 내비게이션에 입력된 목적지 데이터를 실시간으로 파악해 교통량을 예측할 수 있다. 그런데 중요한 것은 사용자에게 '문제를 해결해줄 만한' 의미 있는 정보를 '어떻게 만들어낼까'이다.

센서를 통해 물리적인 현실 정보를 인터넷 같은 가상현실, 혹은 증강현실 속으로 끌어오려는 시도들은 이미 시작되었다. 그런데 이제는 이 다양한 센서를 통해 수집

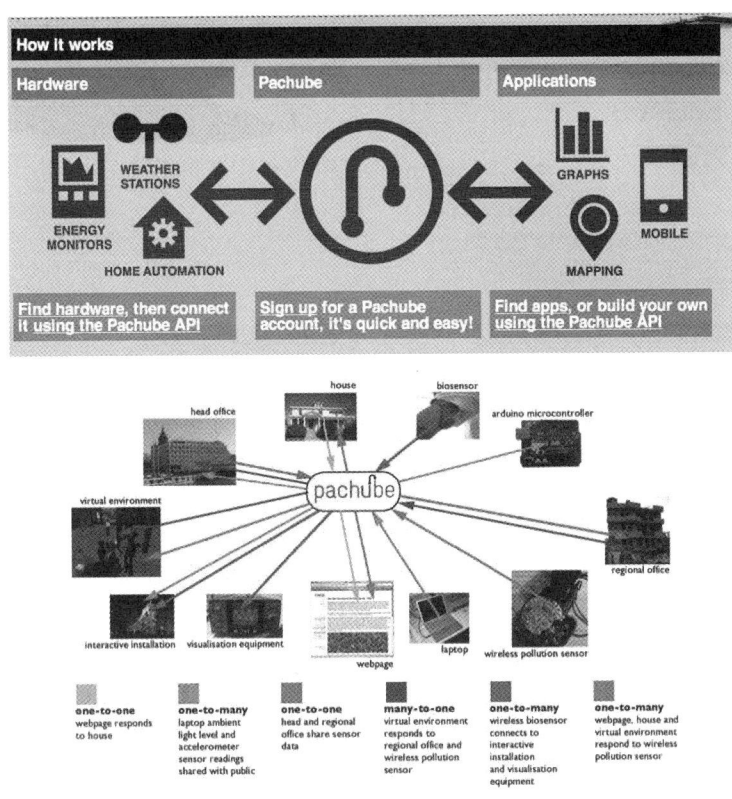

자료: pachube.com; community.pachube.com

된 정보를 저장하고, 분석·제공해주는 제3자 전문 분석 회사들이 생겨나기 시작한다. 한 예로 2010년에 창업한 영국의 파큐브(Pachube)가 있다. 이 기업은 가전제품이나 스마트폰, 가로등 등에 부착된 각종 센서의 모니터링 정보 등 일반 데이터를 무료로 공개한다. 또한 고급 정보를 원하고 분석 데이터의 독점 이용을 희망하는 고객에게는 유료로 맞춤 서비스도 제공한다.[37]

위의 〈그림〉에서 보듯이, 파큐브는 세계 각지에 심어져 있는 다양한 센서 데이터를 공유하기 위한 웹 서비스이다. 현실의 데이터를 끌어온다는 것이 이 기업의 차별화 포인트이다. 연구소 뒤뜰의 측우기가 될 수도 있고, 서울의 공기 오염도 측정 장비가 될 수도 있다. 가까이에는 집 안의 온도를 재거나 창문이 열려 있는지 알려주는 센서를 생각해볼 수도 있다. 이러한 데이터들을 언제 어디서나 사용할 수 있도록 통합하여 정형화된 형태로 제공하는 것이 이 기업의 주 역할이다. 현실 데이터에 근거해 문제를 발견하고 해결하는 데 도움을 주는 비즈니스 모델이다. 오픈소스를 통해 재난 안전 시스템 등과의 연계가 가능하고, 앱 개발자들은 공개 데이터를 기반으로 앱을 개발할 수도 있다.

최근 자동차 기업들도 문제 해결을 위해 빅 데이터를 활용하는 사례가 증가하고 있다. 실제로 자동차에는 전자기술이 집약되어 정교한 운전 제어를 위한 많은 센서들과 CPU가 내장되어 있다. 먼저 볼보(Volvo)자동차는 차량 운전자의 운전 중 수집된 데이터를 본사의 분석 시스템에 자동 전송하도록 하여 빅 데이터를 축적하고, 이를 활용해 제품 개발 단계에서 파악하기 어려운 결함들과 아울러 차량 구매자의 잠재 니즈를 파악하는 데 신속히 대응하고 있다. 이의 결과로 기존에는 50만 대 차량 판매 후에 제기된 결함들을 1000대 판매 시점에서 포착 가능하여 사후 관리 비용을 절감하게 된다.[38]

포드자동차는 차량 내부 통신망에서 수집한 데이터를 스마트폰에서 이용할 수 있게 하는 '오픈XC(OpenXC)' 프로젝트를 추진한다고 발표했다. 포드자동차가 버그랩스(Bug Labs)와 함께 오픈소스 자동차 소프트웨어를 지원한다는 내용이다. 약 40달러의 하드웨어를 설치하면 오픈XC 시스템을 활용해 안드로이드 플랫폼과 자동차 간 데이터 통신이 가능하다. 접근 가능한 데이터로는 차량 위치, 속도를 포함한 성능 관련 데이터가 있다. 이를 이용해 개발자들은 다양한 앱이나 부가 장치 등을 개발할 수 있다. 운전자가 자신의 차량에 대한 고장 여부나 수리, 개조 등이 가능

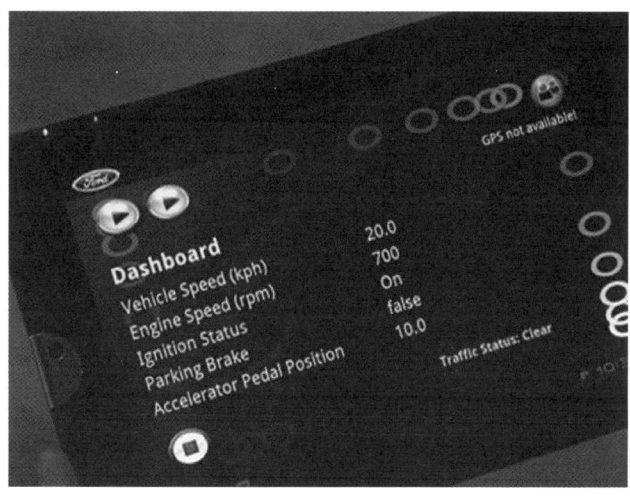

자료: "Interview with V. Prasad, Group and Senior Technical Leader, Ford Motor Company",
www.apostilleglobal.com, 2012. 2. 22.

해지는 것이다. 개발된 서비스 중 하나만 소개하면, '버그스웜(Bug Swarm)'이라는 소셜 네트워크 기반의 자동차 연료에 대한 모니터링 서비스이다. 이는 버그랩스의 클라우드 기반 서비스가 자동차에 통합된 것으로, 포드자동차 운행 데이터를 바탕으로 실질적인 연료 효율성과 관련한 모니터링과 정보를 나누게 된다. 그 밖에도 안전 운전을 위한 다양한 주변기기 설치도 가능하다. 통신은 차량의 빔에 와이파이(WiFi)망 라우터가 설치되기에 가능하게 된다.

이상에서처럼 센서 같은 물리적 탑재를 통해 빅 데이터를 분석하고 활용하는 외에 검색엔진에서 제공하는 키워드 통계 등을 분석하여 징후를 파악하거나 문제의 실마리를 찾는 경우도 있다. 잘 알려진 경우가 앞서 언급한 구글의 유행성 독감 감지 사례이다(독감 트렌트에 대해 1장에서 간단히 언급하였다). 이는 유행을 파악하는 '구

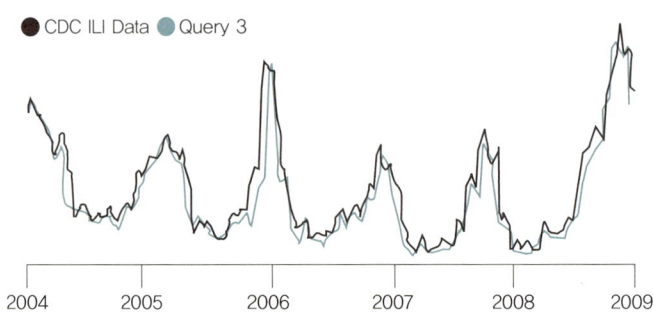

How Google Flu Trends Works

● CDC ILI Data ● Query 3

2004   2005   2006   2007   2008   2009

자료: google.org

글 트렌드 서비스(www.google.com/trends)'와 인터넷 검색, 의학이 만나서 맺은 결실이다. '구글 트렌드 서비스'는 웹사이트나 키워드의 트래픽 성향을 비교해볼 수 있게 해주는 구글 웹 서비스이다. 구글은 자신들이 수집한 검색 및 인덱싱 자료들을 축적, 이를 활용하게 개방한다. 일례로 한 개 이상 검색어를 입력하면 각 검색어의 연도별 검색 추이 비교 분석이 가능하다.

1장에서 언급한 독감 감지의 경우를 좀 더 설명하면, 구글은 독감 증상이 있는 사람들이 늘어나면 관련 주제어를 검색하는 빈도도 함께 늘어난다는 사실을 발견하고, 시간 및 지역별 검색 기반의 독감 유행 정보를 구글 검색엔진에서 제공하기 시작하였다. 즉 구글은 독감 증상들에 대한 검색어가 얼마나 자주 검색되었는지를 파악해 독감 확산을 예측한다. 미국 내에서 일주일 단위로 갱신되는 보건 당국의 발표와 달리, 구글의 독감 유행 정보는 매일 갱신되기 때문에 실제로 독감 유행 징후를 빠르게 감지하고 문제 해결책을 마련하는 데 보다 신속하게 대

자료: 위키리크스 사이트, infovizblog.blogspot.com

처할 수 있게 한다.[39] 미국질병통제예방센터(CDC: Centers for Disease Control and Prevention)의 공표보다 일주일에서 열흘이나 앞서 독감 징후가 탐지된다는데, 실제로 2008년 2월에 미국질병통제센터가 애틀란타 주 정부의 독감 발생을 공표했는데, 구글에서는 이미 2주 전에 독감 유행을 예보한 바 있다.[40]

이상에서 언급된 센서 탑재나 검색엔진 축적 데이터 외에도, 흔치는 않지만 다양한 소셜 미디어 사이트의 데이터 활용을 통해서도 문제 해결을 위한 실마리 찾기가 가능하다. 예를 들어 2006년 마이크 드워(Mike Dewar)라는 미국 대학생은 위키리크스(Wikileaks) 사이트에 저장된 데이터를 분석하여 미국과 아프가니스탄 연합군의 병력 동향을 파악하였다. 아프가니스탄 주요 5곳을 적, 중립, 동맹 지역으로 나누어 정보를 분류하고 각 지역별 활동 패턴을 분석한 것인데, 탈레반의 활동 지역과 미국 동맹 지역을 한눈에 파악할 수 있고 시간 흐름에 따른 전쟁 양상 변화 확인이 가능했다.[41]

또 다른 소셜 미디어 데이터 활용 예는 트위터 데이터의 분석이다. 2008년, 미국 블루밍턴 인디애나 주립대학의 조한 볼렌(Johan Bollen) 교수는 트위터에 올라온 글을 읽다가 이 모든 데이터를 종합적으로 분석하면 어떤 거대한 흐름을 발견할 수 있지 않을까 하는 의구심을 품게 된다. 그는 2008년 상반기에 트위터에 올라온 모든 데이터를 분석해 이용자들의 집단적 기분 변화가 전국적 행사와 일치한다는 놀라운 사실을 알아낸다. 추수감사절이 다가올수록 트위터에 올라온 기분 변화는 행복지수를 나타냈고, 반대로 사람들이 불안감을 느끼면 며칠 뒤 주가지수가 낮아졌다. 양자의 상관관계에 대해 명확한 과학적 근거가 제시되지는 않았다. 하지만 일반 군중들이 불안 심리를 느낄수록 주식을 매수하기보다는 매도할 것이 자명해지는 것 같다. 이러한 분석을 통해 미래 시나리오를 제시하고 발생 가능한 문제점들을 사전에 방지하는 서비스들이 가능하겠다.

05

소셜 미디어를 활용한
개인 맞춤 서비스 제공

온라인상의 이용자 활동 정보, 특히 SNS를 통해 축적된 개인정보 등이 결합되면 사용자 개인에게만 특화된 서비스 제공이 가능해진다. 세 번째 비즈니스 혁신 유형으로 소셜 미디어를 활용한 개인 맞춤화 기회를 살펴보자.

개인화된 검색 결과를 제공하는 구글은 이미 개인 맞춤화 서비스의 선구자이다. 이외에도 아마존, 이베이, 넷플릭스 등의 디지털 상품이나 콘텐츠, 서비스 유통 기업들도 자체 개발해 제공하는 추천 시스템들을 가지고 있다. 앞에서도 많이 언급된 구글의 경우만 보면, 자사가 축적한 빅 데이터를 활용해 고객 가치를 제고하려는 다양한 산업 영역들과 협력하는 모습들을 보여주고 있다. 이미 많이 활용되고 있는 광고 분야뿐 아니라 자동차, 의료, 교육 등 모든 서비스 분야로의 확대가 가능하다. 1장에서 언급되었던 포드의 경우, 2011년 배터리와 가솔린 엔진을 조합한 '플러그인 하이브리드 자동차' 주행 시스템을 구글의 오픈소스 API를 기반으로 개발한다. 이는 차량 운전자인 고객의 목적지를 미리 예측하여 최적의 연료 배분을 고객에게 개인 맞춤 서비스로 제공하는 대표적 서비스이다.

개인 맞춤화는 모든 업종에 가능하다. 그 이유는 CRM 지원뿐만 아니라 블로그나 트위터, 페이스북 등 다양한 SNS에서 고객의 목소리를 모아 고객 행동을 이해할 수 있기 때문이다. CRM 즉, 고객관계 관리는 기업 내 보유 중인 고객 데이터를 활용해 마케팅 활동에 이용하려는 목적으로 1990년부터 시작되었으며, 기업 보유 데이터를 통합하는 데이터웨어하우스, 데이터 마이닝을 통한 다양한 마케팅 활동을 진행하는 것을 말한다.

한편 빅 데이터 환경에서 소셜 데이터 활용이 용이해지면서 기업들은 CRM에 이를 접목시키기 시작한다. 예컨대 월마트는 소셜 미디어에서 수집한 빅 데이터를 분석해 캘리포니아 마운틴뷰 지역에 자전거에 관심을 갖는 거주자가 많다는 사실을 파악, 해당 점포의 상품 라인업을 조정했다. 또한 이베이는 크리스마스 시즌 등 선물 구입이 급증하는 시기에 맞추어 고객의 소셜 미디어 활동 내용과 과거 구매 이력을 함께 분석해 고객이 선물할 만한 지인의 프로파일을 추정하고 적합한 선물을 추천했다. 이처럼 관련된 사례들이 많이 있다.[42]

영화 유통 기업인 넷플릭스(Netflix)는 수학자, 컴퓨터공학자, 인공지능 엔지니어 등을 영입해 고객이 과거에 대여한 영화 목록과 시청한 영화에 부여한 평점 등의 데이터를 분석하는 '시네매치(Cinematch)'라는 CRM 기반 영화추천 시스템을 일찍부터 개발하였다. 이 기업은 이를 통해 매출의 80%가 추천에 의해 발생되는 성과를 거둔다.

SNS의 오픈 API를 적극 활용하는 이 시스템은 고객의 시청 이력 데이터 흐름을 이용 동선에 활용한 것으로서 10만 개 영화 정보와 약 2000만에 가까운 고객의 시청 이력 데이터 분석을 통해 구축되었다. 시네매치는 고객별 웹사이트 내 실시간 행동 패턴을 분류해 개인별 맞춤 페이지 기반으로 최적의 영화를 추천하며, 하루

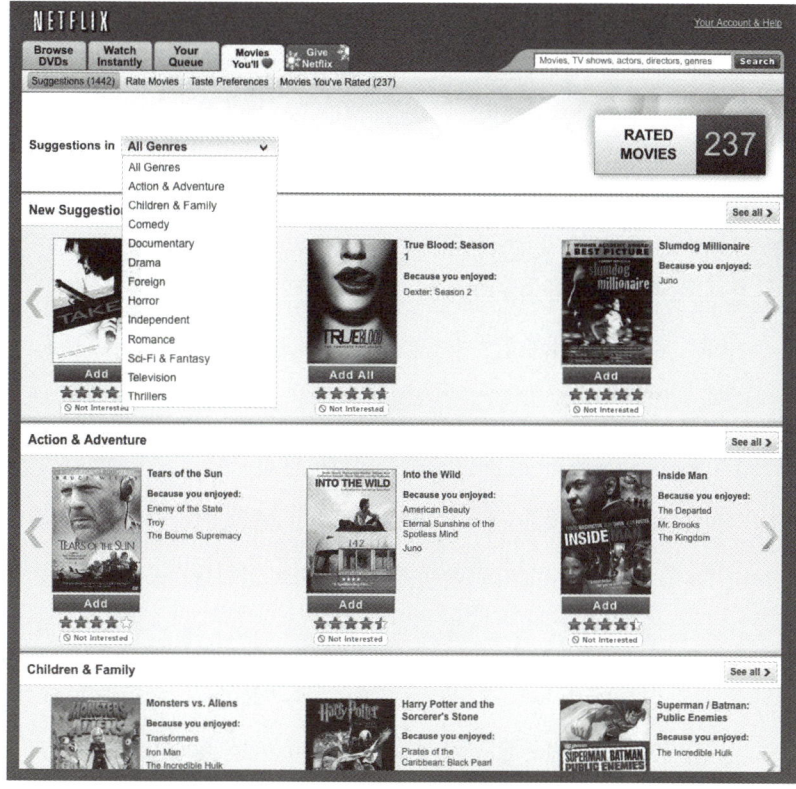

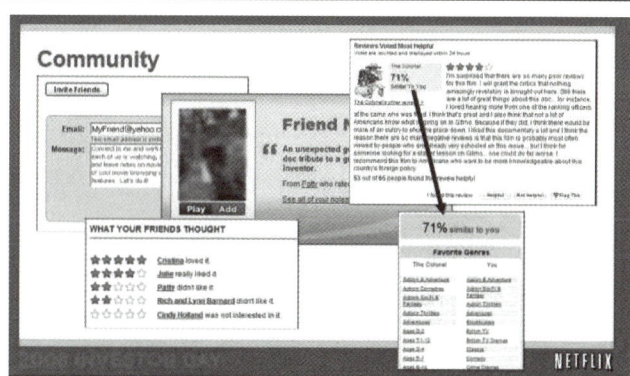

자료: 넷플릭스 사이트

평균 50억 개 추천이 이루어지고 있다. 시네매치는 가입자의 DVD 클릭 패턴, 대여 목록, DVD 반납 후 평가 점수 등 취향을 분석, DVD 영화를 자동 추천하고 있는데, 2010년 설문조사 결과 가입자의 60%가 추천 영화를 이용한 적이 있으며, 90%가 만족한 것으로 집계되었다.

2009년 9월, 넷플릭스는 시네매치의 알고리즘 개선을 위해 회사 외부의 계량 분석가들을 대상으로 하는 개방 혁신 형태의 '넷플릭스 프라이즈' 대회를 개최하였다. 자사의 추천 시스템인 시네매치보다 10% 이상 향상된 결과가 나오면 100만 달러의 상금을 수여하기로 했는데 4개국 7명으로 이루어진 벨코어(BellKor's Pragmatic Chaos) 팀이 우승하였다.[43]

또한 넷플릭스는 SNS 기반 평점 시스템을 통해 가입자에게 적합한 영화를 제시하는 등의 혁신적 기능 개발로 신작 영화에 집중된 DVD 수요를 롱테일로 확대하는 데 성공했으며, 콘텐츠 사업자들에게 추가 수입의 기회를 제공하는 등 우호 관계를 확립하는 데도 기여하였다. 넷플릭스는 영화배급사와 계약해 대여 편당 일정 금액을 배급사에 지불하고 있는데, 편당 수익을 비교할 경우 독립영화 한 편으로 얻을 수 있는 수익이 할리우드 상업영화보다 훨씬 더 이득 효과를 발생시켰으며, 고객 수준에 맞는 다양한 독립영화가 추천되어 독립영화 확산에도 기여하게 된다.

결론적으로 보면, 소셜 미디어에 나타난 다양한 오픈 데이터들을 분석하면 기업들은 정보전달 패턴을 파악할 수 있을 뿐만 아니라, 잠재적 소비층과 이들의 커뮤니티까지도 파악이 가능해 개인 맞춤 서비스를 제공할 수 있게 된다. 즉 복잡한 소셜 네트워크 내부에 정보를 더 긴밀히 주고받는 많은 소규모의 커뮤니티들이 서로 중첩되어 있기 때문에 이 커뮤니티들의 특성과 결속 유형 및 배경에 대한 정보가 개인 맞춤화 서비스를 제공하는 데 기반이 될 수 있다.[44]

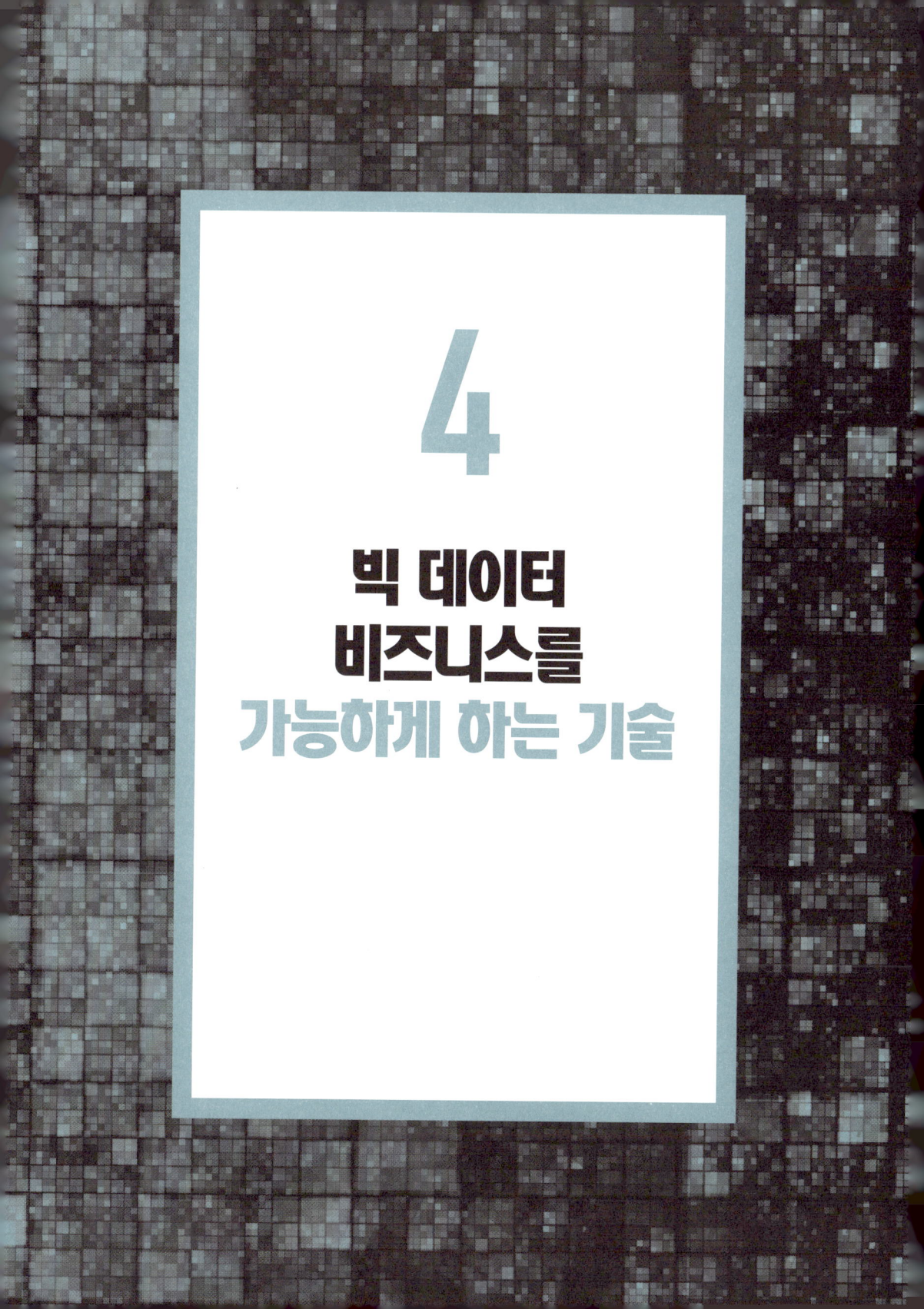

4

빅 데이터
비즈니스를
가능하게 하는 기술

빅 데이터가 만드는 비즈니스 미래지도

01

빅 데이터
기술 프로세스

광의로 보는 빅 데이터란 기존의 관리, 분석 시스템으로 감당하기 어려운 막대한 양의 데이터 집합과 이를 해결하기 위한 분석 기법, 시각화 플랫폼 기술 등을 포괄한다. 개인들은 다양한 방식으로 데이터를 생성하지만, 기업은 다양한 방식으로 생성된 정형 및 비정형 데이터를 획득하고 저장·처리, 분석, 표현하는 프로세스를 거쳐야만 비로소 빅 데이터를 활용하는 것이 된다. 다시 말하면, 빅 데이터를 활용하는 과정은 생성된 빅 데이터를 처리한 후 분석(Big data analytics)하는 일련의 기술 과정을 총칭한다.

이제 모든 형태의 데이터를 분석하여 고객 행태나 시장 트렌드를 파악하는 것이 가능한 시대가 되고 있다. 데이터 관점에서 보면, 기존의 데이터베이스 소프트웨어가 저장, 관리, 분석할 수 있는 범위를 초과하는 규모의 데이터가 빅 데이터이다. 1장에서는 빅 데이터가 기존 방식으로 저장 및 관리하기 어려울 정도의 대규모 데이터이며, 규모(크기, Volume) 외에 다양성(Variety), 실시간성(생성 속도, Velocity), 그리고 복잡성(Complexity) 등의 특징들을 갖는다고 언급하였다. 이러한 특징들을 가진 빅 데이터는 데이터 생성부터 표현에 이르는 생명주기를 관리하는 일련의 기술 과정을 갖는다.

빅 데이터를 다루는 데 필요한 기술 중 가장 먼저 떠오르는 것은 데이터 생성이다. 스마트폰 수의 확산과 M2M 센서의 증가, 그리고 소셜 미디어 사용의 증대 등으로 이제 빅 데이터 생성 규모는 테라바이트에서 제타바이트 이상까지 다양하다. 스위스 제네바의 유럽입자물리학연구소(CERN)에서 가동되는 가속기는 1년에 약 15페타바이트 데이터를, 미국 뉴욕증권거래소는 하루에 약 1테라바이트의 새로운 거래 데이터를 생성한다고 한다. 2010년에 제타바이트 시대에 진입하였으며, 거의 모든 스마트 기기에 센서를 설치해 데이터 생성 기반이 마련되는 추세이다. 이에 빅 데이터 양은 해마다 8배 속도로 증가할 전망이다.[45] 페이스북, 트위터 등 사람이 생산하는 데이터 외에도 소셜 그래프와 앱 서버 로그, 센서 데이터, 이미지·비디오 등 컴퓨터 자체 생산 데이터가 증가하고 있기 때문이다.

다양한 소스의 데이터가 생성된 뒤에는 수집, 저장·처리되어 분석, 표현하는 기술들이 연속적으로 필요하다. 먼저, 기술적 이해에 앞서 기술 영역과 서비스 영역을 모두 포함한 시장 규모와 대표 업체들을 살펴보자. 위키본(Wikibon, 2012)에 따르면, 2011년 빅 데이터 시장 규모는 52억 달러였다. 이 중 서비스 비중이 가장 높아 44%를 나타냈으며, 하드웨어 매출 비중은 31%, 소프트웨어 매출 비중은 25%를 각각 나타냈다.

스토리지, 서버, 네트워크 등 하드웨어의 대표 업체는 델, HP, IBM, 시스코, EMC 등이다. 오픈소스 및 기업용 하둡과 비(非)하둡 계열 빅 데이터 프레임워크 등 빅 데이터 분산 영역의 대표 업체는 아파치(Apache), 클라우데라, IBM, EMC, 렉시스넥시스 등이고 NoSQL 데이터베이스, 하둡에 최적화된 데이터웨어하우징, 데이

하드웨어	빅 데이터 분산	데이터 관리	분석	애플리케이션	서비스

– 스토리지
– 서버
– 네트워킹
	– 오픈소스
	  하둡 분산
	– 기업용
	  하둡 분산
	– 비(非) 하둡
	  계열 빅 데이터
	  프레임웍
		– 분산파일저장
		– NoSQL DB
		– 하둡에
		  최적화된 DW
		– 데이터 통합
		– 데이터거버넌스
			–분석 앱
			  개발플랫폼
			– 심층
			  분석 앱
				– 데이터
				  시각화 툴
				– BI
				  애플리케이션
					– 컨설팅
					– 트레이닝
					– 기술 지원
					– S/W 유지보수
					– H/W 유지보수
					– 호스팅/
					  BigData as a
					  Service/
					  클라우드

차세대 데이터웨어하우스(DW) 어플라이언스 – MPP, columnar DW어플라이언스 – 인–메모리 어낼리틱스 엔진 – 초고속 데이터 로딩					

자료: Wikibon, 2012.

터통합, 데이터 거버넌스 등이며 데이터 관리 영역의 대표 업체로는 아파치, 데이터스택스, IBM, 오라클 등이 있다. 여기까지가 저장 및 처리 과정이다.

분석 앱 개발 플랫폼과 심층 분석 앱들로 구성된 분석 영역의 대표 업체로는 아파치, EMC, SAS 인스티튜트 등이 있고, 데이터 시각화 툴이나 BI 앱 등이 있는 애플리케이션 영역의 대표 업체는 마이크로스트라티지(Microstrategy), IBM, SAP 등이다. 마지막 영역은 각종 컨설팅, 트레이닝, 기술 지원, 하드웨어·소프트웨어 유지 관리, DaaS(Big-Data as a Service), 호스팅, 클라우드 서비스 등을 총망라하는 서비스 영역이며, 아마존 웹 서비스, 엑센추어, 클라우데라가 대표적이다. 그 외에 차세대 데이터웨어하우스 어플라이언스 분야가 하드웨어 및 데이터 분산, 관리 영역과 상호 연계되어 있다. (위의 〈표〉 참조).

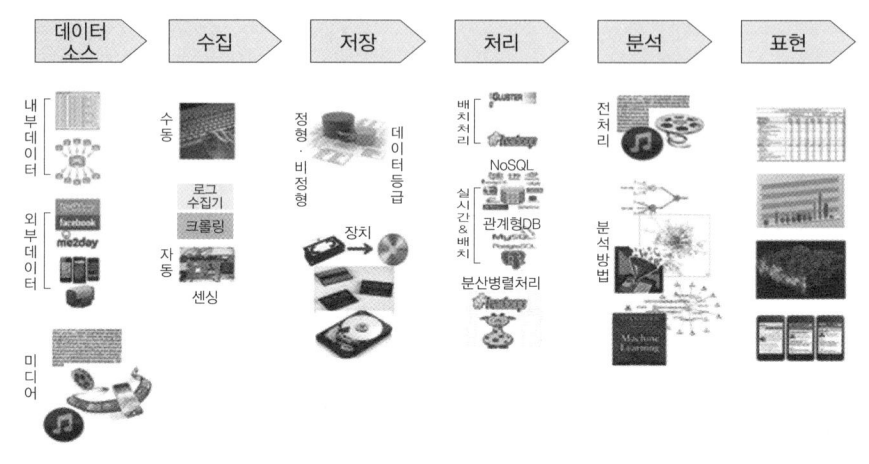

자료: 문혜정, "Big data 구축기술과 사례를 중심으로", 2012;
한국정보화진흥원(NIA), 〈성공적인 빅 데이터 활용을 위한 3대 요소: 자원, 기술, 인력〉, 2012. 4. 12 재구성.

2012년 7월 19일, IDC는 비즈니스 분석 소프트웨어 시장이 급성장했다는 발표를 내놓았다. 이는 데이터 기반의 비즈니스 분석 수요가 커졌기 때문으로 보인다. IDC에 따르면, 2011년 전 세계 비즈니스 분석 소프트웨어 시장은 매출액 기준으로 전년인 2010년 대비 14.1%의 높은 성장률을 기록하며 317억 달러를 달성했으며, 2016년까지 연평균 9.8%로 성장하며 507억 달러 규모를 보일 것으로 전망되었다. IDC는 비즈니스 분석 소프트웨어 시장을 3가지 주요 부문으로 나누고 있다. 첫째는 데이터웨어하우징 플랫폼 소프트웨어로 전년 대비 15.2%의 성장률을 보였고, 두 번째는 분석 애플리케이션으로 13.3%, 마지막으로 BI 및 분석 툴은 13.2% 성장한 것으로 조사되었다.

다시 빅 데이터 기술에 대해 살펴보자. 빅 데이터 기술 프로세스를 도식화하면, 위의 〈그림〉처럼 '데이터 소스의 생성 → 수집 → 저장(처리) → 분석 → 표현' 과정을

빅 데이터 기술 프로세스 영역별 관련 기술들

흐름	영역	개요
소스	내부 데이터	Database, File Management System
	외부 데이터	File, Multimedia, Streaming
수집	크롤링(crawling)	검색엔진의 로봇을 이용한 데이터 수집
	ETL(Extraction, Transformation, Loading)	소스 데이터의 추출, 전송, 변환, 적재
저장	데이터베이스(NoSQL Databases)	비정형 데이터 관리
	스토리지(Storage)	빅 데이터 저장
	서버(Servers)	초경량 서버
처리	맵리듀스(MapReduce)	데이터의 추출
	프로세싱(Processing)	다중업무 처리
분석	자연어처리(NLP: Natural Laguage Processing)	자연어 처리
	기계 학습(Machine Learning)	기계 학습을 통해 데이터의 패턴 발견
	서열화(Serialization)	데이터 간의 순서화
표현	시각화(Visualization)	데이터를 도표나 그래픽적으로 표현
	재해석(Acquisition)	데이터의 획득 및 재해석

자료: 한국정보화진흥원(NIA), 〈성공적인 빅 데이터 활용을 위한 3대 요소: 자원, 기술, 인력〉, 2012. 4. 12 재인용.

거치며 각 과정마다 관련 기술들이 존재한다. 새롭게 등장한 빅 데이터 관련 기술들로는 비정형 데이터를 저장 처리하기 위한 NoSQL, 빅 데이터 처리 능력을 위한 분산 처리 기술인 하둡과 맵리듀스 등이, 분석 기술로는 자연어처리(NLP), 기계 학습 등이, 그리고 표현 기술로 시각화 기술 등이 있다.

　이 책에서는 앞의 〈그림〉과 〈표〉에서 제시된 기술 프로세스 및 관련 기술 영역들을 빅 데이터 기술의 라이프사이클로 보고 순서대로 살펴보고자 한다. 데이터 소스에 대해서는 5장의 소스별 비즈니스에서 다룰 것이며, 여기서는 수집·저장 처리·분석·표현 영역의 주요 기술들과 빅 데이터 활용을 위해 필요한 인프라들 중 촉매제 역할을 하는 클라우드 컴퓨팅에 대해 살펴보고자 한다.

02

빅 데이터는
어떻게 모으는가

데이터 소스는 위치(내·외부), 미디어 유형(텍스트, 오디오, 비디오, 이미지 등), 상태(아날로그나 디지털)에 따라 구분된다. 무한한 데이터 중에서 필요한 데이터를 발견하는 것이 우선 중요하다. 먼저 외부에 존재하는 데이터 중 필요한 데이터를 검색하는 방법으로 소셜 검색이나 자연어 검색 같은 의미 분석, 그리고 경험치나 규칙 등을 이용해 새로운 내용을 검색하는 인공지능 검색 방법 등이 동원된다. 물론 내부의 데이터 검색도 중요하다. 이메일 등 다양한 백엔드(Back-end) 시스템의 데이터를 처리할 수 있는 검색 방법이 요구된다.

데이터 수집은 이처럼 내·외부에 분산된 다양한 데이터 소스로부터 필요로 하는 데이터를 수동 또는 자동으로 모으는 프로세스를 말하며, 정형 데이터와 반(半)정형, 비(非)정형 데이터 수집 모두가 고려되어야 한다. 주로 툴이나 프로그래밍에 의해 자동으로 이루어지고, 크롤링, 로그 수집기, 센싱 등의 방법이 가능하다. 빅 데이터 자동 수집 방법은 다음 페이지의 〈표〉와 같다.

로그 수집기	조직 내부에 존재하는 웹서버의 로그 수집, 웹 로그, 트랜잭션 로그, 클릭 로그, DB의 로그 데이터 등을 수집
크롤링	주로 웹로봇을 이용하여 조직 외부에 존재하는 소셜 데이터 등과 같은 인터넷에 공개되어 있는 자료를 수집
센싱	각종 센서를 통해 데이터를 수집
RSS Reader, Open API	데이터의 생산, 공유, 참여 환경인 웹 2.0을 구현하는 기술로 필요한 데이터를 프로그래밍을 통해 수집

자료: 한국정보화진흥원(NIA), "빅 데이터 시대의 데이터 자원 확보와 품질 관리 방안", 2012. 5. 7.

크롤링은 검색엔진의 로봇을 이용한 데이터 수집인데, 주로 소셜 데이터 같은 공개 데이터(Open data)를 수집한다. 로그를 수집하는 오픈소스 솔루션으로는 클라우데라가 채택한 플룸(Flume), 페이스북이 채택한 스크라이브(Scribe), 야후가 채택한 척콰(Chuckwa) 등이 대표적이다. 수집한 데이터를 저장 처리 및 분석하기 위해 변환

ETL(Extraction, Transformation, Load)	메인프레임, ERP, CRM, Flat file, Excel 파일 등으로부터 데이터를 추출하여 목표하는 저장소의 데이터 형태로 변형한 후 목표 저장소(DW)에 저장
비정형 → 정형	비정형 데이터는 비구조적 데이터 저장소에 저장하거나 어느 정도 구조적인 형태로 변형하여 저장 ex) Scribe, Flume, chuckwa 등 오픈소스 솔루션
레거시 데이터와 비정형 데이터 간의 통합	데이터를 분석하기 위해서는 수집된 정형의 레거시 데이터와 비정형 데이터 간의 통합이 필요 • Sqoop: RDBMS와 Hadoop으로 로드하는 도구

자료: 한국정보화진흥원(NIA), "빅 데이터 시대의 데이터 자원 확보와 품질 관리 방안", 2012. 5. 7.

하거나 통합하는 작업이 중요하다. 앞의 〈표〉에서 보듯이, 데이터의 변환 및 통합은 정형 데이터 간 통합, 비정형 데이터의 정형화, 정형 데이터와 비정형 데이터 간 통합 등을 모두 포괄한다. ETL (Extraction, Transformation, Loading)은 소스 데이터의 추출, 전송, 변환, 적재에 관한 기술 영역이다.

ETL 툴 중의 하나인 플룸은 분산된 서버에서 발생하는 데이터를 수집하는 방식으로 로그 수집 대상, 데이터 전송 프로토콜, 데이터 저장소 등을 커스터마이징할 수 있는 아파치 2.0 버전 라이선스 기반의 오픈소스 프레임워크이다. 로그 데이터는 뒤에서 언급할 하둡, 분산 데이터베이스(HBase) 등에 저장 가능하여, 데이터를 수집하고 저장하는 시스템이다. 특히 분산 처리, 신뢰성, 확장성 등의 장점을 갖는다.[46]

03

빅 데이터를
저장하고 처리하는 기술

스토리지 가격의 하락으로 그동안 저장하지 못하고 버릴 수밖에 없었던 방대한 양의 내·외부 데이터 저장이 용이해졌다. 삼성경제연구소 추산에 따르면, 2010년 단위 저장량당 하드디스크 가격은 2000년의 1/80 수준이다.[47] 이러한 가격 인하에 힘입어, 2011년 전 세계 모든 음악을 저장하는 데 600달러 하드디스크 1개 구매로 충분하게 된다.[48] 통신비 인하도 큰 몫을 차지한다. 미국 스마트폰 데이터 이용 요금은 1년 만에 14센트(2010년 4분기)에서 8센트(2011년 4분기)로 절반가량 하락했다.[49]

생성된 빅 데이터가 분석되려면 어딘가에 저장되어 배치되고 처리되어야 한다. 예컨대 페이스북은 하루에 12테라바이트 이상의 로그를 저장한다는데, 분산 스토리지와 데이터베이스, 통합 등의 관리를 필요로 한다. 대용량 데이터 처리 능력을 위해 필요한 분산 처리 기술들로 하둡 분산 파일 시스템(HDFS: Hadoop Distributed File System), 분산 데이터베이스, 맵리듀스 등이 거론된다. 이들 기술들과 관련된 기본 기술로 하둡이 있다.

하둡의 홈페이지에 의하면, 하둡은 여러 컴퓨터로 구성된 클러스터를 이용하여 큰 사이즈의 데이터를 처리하기 위한 분산 처리 프레임워크이다("The Apache Hadoop software library is a framework that allows for the distributed processing of large data sets across clusters of computers using a simple programming model."). 그래서 빅 데이터 기술이 거론되는 장에서는 하둡이 늘 감초처럼 등장한다.

배경을 보면, 1970~80년대 등장한 관계형 데이터베이스 시스템, 즉 RDBMS(Relational DataBase Management System) 시대, 1990년대 데이터웨어하우징, 즉 DW(Data Warehouse) 시대를 지나면서 새로운 저장 기술이 필요하게 된다. 하둡은 원래 검색엔진인 너치(Nutch)의 분산 처리를 지원하기 위해 개발되기 시작했다. 이는 2000년대 중반에 아파치 루씬의 하부 프로젝트로 시작해 구글 파일 시스템이 벤치마킹되어 하둡 분산 파일 시스템과 맵리듀스가 구현된다. 이후 루씬 개발자 중의 하나인 더그 커팅이 야후에 들어가서 검색 서비스에 하둡을 적용하는 프로젝트에 참여하게 된다. 이후 2012년 1월에 아파치 하둡 프로젝트 팀이 정식으로 하둡 1.0 버전을 발표했다.

빅 데이터에 하둡이 적합한 이유는 늘어만 가는 로그 데이터들에 대응하여 대용량 파일을 저장할 수 있는 분산 파일 시스템을 제공한다는 점이다. 하둡은 클러스터 구성을 통해 멀티노드로 부하를 분산시키며, 장비 증가만으로 성능이 함께 향상된다. 더구나 오픈소스라 무료이다. 기술적으로 하둡은 엔진 형태의 미들웨어와 소프트웨어 개발 프레임워크 형태를 띠고 있으며, 대용량을 처리할 수 있는 대규모 컴퓨터 클러스터에서 동작하고, 분산 애플리케이션을 지원하는 개방형 자바 소프트웨어 프레임워크이다. 다시 말해, 분산된 데이터를 모아 처리한 후 응답을 주는 형태로 디자인된 시스템이라 수분에서 수일이 소요되는 빅 데이터의 배치 및 처리에 매우 적합하다.

맵리듀스(Map & Reduce)의 기본 개념

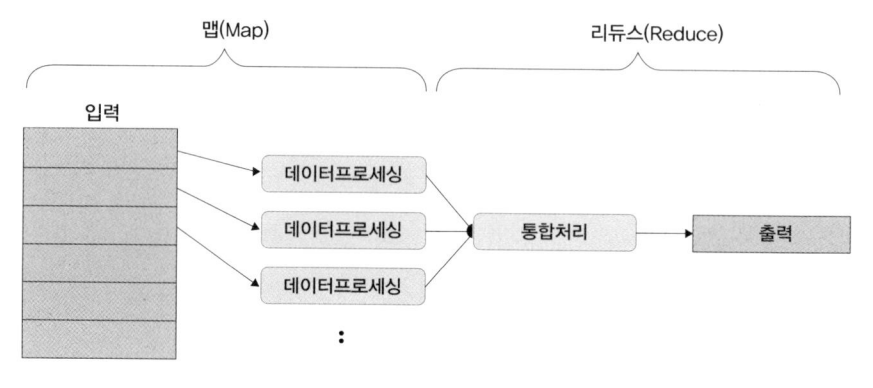

자료: 조대협의 블로그, 2012. 6. 7.

하둡의 기본 구성은 HDFS와 맵리듀스이다. 먼저, HDFS는 파일을 기본 64Mbyte(또는 128Mbyte) 단위로 나누어 분산 저장하고, 네임 노드(Name node)와 데이터 노드(Data node)로 구분된다. HDFS는 대규모 분산 처리에 필요한 대용량 입력(Input) 데이터와 출력(Output) 데이터를 저장할 대용량 파일 시스템을 지원한다. 이 이전에는 고가의 SAN(Storage Area Network)나 NFS(Network File System) 장비가 사용되었다. 하지만 HDFS는 일반 x86 서버에 디스크를 붙인 형태의 저가 서버 여러 개 연결로 대규모 분산 파일 시스템 구축이 되므로 비용 효율적이다. 앞에서도 언급했듯이, HDFS는 구글 파일 시스템의 영향을 받았다. HDFS를 기반으로 하는 대용량 데이터베이스 저장소인 H베이스(HBase)는 구글의 빅테이블(Bigtable) 아키텍처를 참조해서 만든 오픈소스 대용량 데이터 저장 기술이다.

앞의 〈그림〉에서 보듯이 맵리듀스는 대용량 데이터를 빠르고 안전하게 병렬처리하기 위해 보통의 상용 하드웨어를 이용한 분산 프로그래밍 모델이다. 이는 하나의 큰 데이터를 여러 조각으로 나누어 처리 하는 단계(Map)와 처리 결과를 모아 하나

4장 빅 데이터 비즈니스를 가능하게 하는 기술

로 합쳐서 결과를 내는 단계(Reduce)로 나뉜다. 한 블로그에서 쉽게 설명한 예를 들면, 전 국민 수입이 적혀 있는 텍스트 파일이 있다. 전체 파일을 조각으로 나눠 각 조각의 수입 합을 계산한 후, 그 결과를 하나로 더하면 조각을 나눈 만큼의 계산을 병렬로 처리할 수 있어서 빠른 결과를 낸다. 이렇게 하나의 파일을 여러 조각으로 나눠 계산 하는 것을 맵, 합치는 과정을 리듀스라 한다.[50] 입력 데이터의 병렬처리를 위해 나눠진 데이터 조각, 조각에서 계산된 임시 결과, 그리고 조각된 처리 결과를 다시 합쳐서 저장할 각각의 저장 공간이 필요하다. 이 공간은 전체 분산 처리 시스템에 걸쳐 접근 가능해야 하고, 대용량 데이터를 저장할 수 있어야 한다.

다음 〈그림〉에서처럼, 하둡 플랫폼에는 핵심인 HDFS, 맵리듀스 외에도 H베이스 (HBase), 너치, 관계형 대수 쿼리 언어 인터페이스인 피그(Pig), 데이터웨어하우징 솔루션인 하이브(Hive), 테이블 스토리지 관리 서비스인 H카탈로그 등이 포함된다.

오픈소스인 하둡 플랫폼의 구성요소

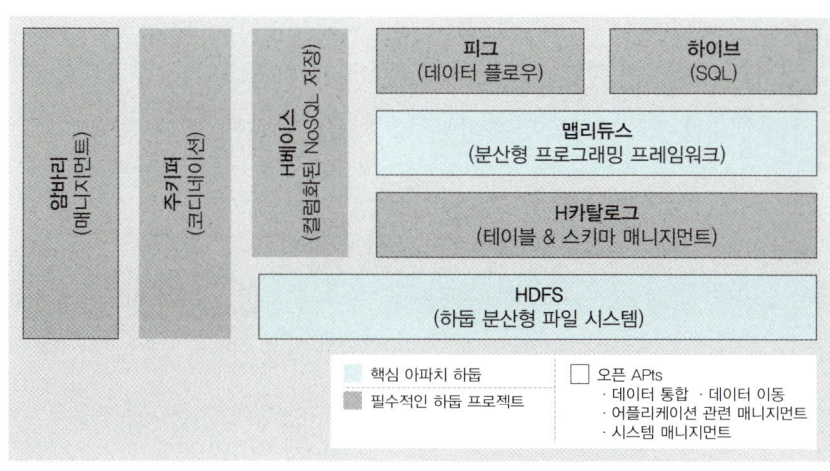

자료: 한국정보화진흥원(NIA), 〈성공적인 빅 데이터 활용을 위한 3대 요소: 자원, 기술, 인력〉, 2012. 4. 12.

HBase는 컬럼 구조의 저장소이다. 앞서 언급했듯이, 이는 구글 빅테이블의 설계를 기반으로 개발되었으며, 대용량 데이터를 안정적으로 처리한다는 장점을 갖는다. 하이브는 하둡의 상위에 위치한 SQL 기반의 DW이다. SQL과 유사한 문법구조를 가지며, 대용량 데이터 분석에 적합하며, 하둡의 성능을 최대화하기 위한 직관적이고 추상적인 기능을 지원한다. 페이스북이 이를 개발하였다.

데이터-플로우 기반의 스크립트 프로그래밍 언어인 피그는 데이터를 처리하는 하이레벨 언어이며 자바 프로그램으로 복잡한 태스크를 쉽게 처리한다는 장점을 갖는다. 아파치피그는 대용량 데이터를 처리하는 플랫폼으로 야후에 의해 개발되었다. 야후에서는 80%에 가까운 분석에 피그를 사용하고 있으며, 그 외에 트위터, 링크드인, 이베이, AOL 등이 사용 중이다. 일반적인 피그의 용도로는 웹로그 분석 및 처리, 원시 데이터의 처리, 사용자 행동 및 패턴 모델링, 이미지 처리, 웹사이트의 맵 구축 등이다.

그 외에 주키퍼(Zookeeper)는 분산 클러스터 머신과 자원의 상태 관리를 하는 분산 락(Lock)과 공유의 합의체 엔진이다.

아파치 소프트웨어 라이선스에 따라 하둡의 전체 프레임워크가 오픈소스이기 때문에 하둡에 대한 기본 소프트웨어 라이선스 비용이 없으며, 고가 하드웨어가 필요하지 않아 저가의 상용 서버 활용만으로 비용 절감이 가능하다. 자바 기반의 아파치 하둡(Apache Hadoop)은 야후 내부에서만 사용되다가 오픈소스로 발표되면서 페이스북, 트위터, 링크드인, 이베이, 아마존 등 많은 글로벌 인터넷서비스 및 커머스 기업들이 빅 데이터 처리를 위해 사용하고 있으며, 이를 기반으로 한 다양한 처리 프레임워크나 기술들이 공개되고 있다. 국내에서도 네이버, 다음 등 대표급 인터넷 기업들이 로그 데이터 처리를 위해 오픈소스인 하둡을 적극 활용하고 있다.

그동안 개방형 하둡 커뮤니티를 적극 후원해온 IBM뿐만 아니라 오라클, MS 같

4장 빅 데이터 비즈니스를 가능하게 하는 기술

은 독점 소프트웨어 기업들도 하둡에 공개적 지지 의사를 내걸기 시작한다. MS는 2011년에 오픈소스 분산 처리 프레임워크인 하둡을 빅 데이터 트렌드에 대응할 표준 플랫폼 기술로 인정했다. 오라클도 소프트웨어 업체인 클라우데라와 제휴해 2012년 1월 '빅 데이터 어플라이언스(Big Data Appliance)'를 내놓았는데, 여기에 아파치 하둡 배포판(Distribution)과 툴(Tool)이 도입되었다.

HDFS가 파일을 고정 크기의 블록으로 나누어 저장하는 데 비해 NoSQL은 수집된 데이터를 키(Key)-벨류(Value) 형식으로 분산해서 저장한다. NoSQL은 관계형 데이터베이스의 한계를 극복하기 위한 데이터 저장소의 새로운 형태이다. 즉 NoSQL은 비정형 데이터 관리를 위해 필요한 대용량 분산 파일 저장소로서, 비구조적 원본 데이터에 대한 실시간 저장, 조회 처리를 하기 위한 데이터를 저장한다.

구조적 쿼리 언어인 SQL(Structured query Language)은 데이터베이스에 질의하는 것을 뜻하며, NoSQL은 Not-Only SQL이라는 관용적 표현이다. NoSQL의 주요 특징은 수평적 확장성, 즉 데이터를 범용 서버에 분산해서 저장한다는 점이다. NoSQL은 MySQL, 오라클, DB2, SQL 서버 등 RDBMS보다 분산 처리 성능이 우수한 오픈소스 및 인덱스 기반 데이터 저장 구조를 가진 비관계형 데이터베이스를 지칭하는 데이터 저장소이다.

NoSQL은 분산 병렬처리에 적합한 확장성과 고성능의 입력·출력을 제공한다. 벤처 웹 서비스 기업들은 구글 같은 대기업을 따라잡기 위해 이러한 NoSQL을 택했다. 대표적 솔루션으로는 카산드라(Cassandra), 앞서 언급한 아파치 Hbase, MongoDB, 구글의 빅테이블, 아마존의 다이나모(Dynamo), IBM의 로터스도미노(Lotus Domino) 등이 있으며, 페이스북은 카산드라 데이터스토어를 개발했다. 국내 솔루션으로는 클라우데이터(Cloudata)가 있다.

소위 CAP(Consistency-Availability-Partition Tolerance) 이론에 기반해 RDBMS와 차

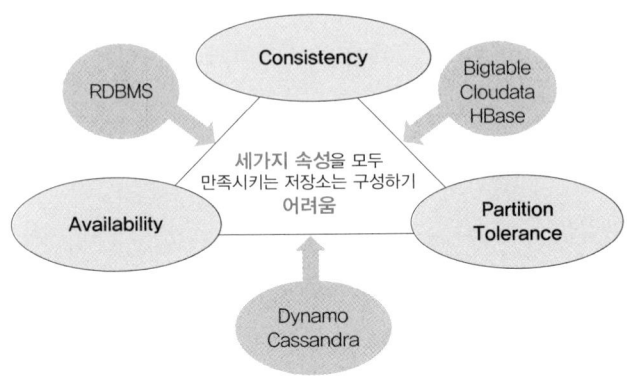

자료: 심탁길, 2012 Big data 검색 분석 기술 인사이트 컨퍼런스 발표문, 2012. 2.

별되는 NoSQL의 특징을 간단히 살펴보자. RDBMS의 경우에는 일관성(Consistency: 모든 노드는 같은 시간에 같은 데이터를 보여줘야 함; 이하 C)과 유효성(Availability: 일부 노드가 다운되어도 다른 노드에 영향을 주지 않아야 함; 이하 A)에 중점을 둔다.

한편, 비관계형 데이터 스토리지 솔루션인 NoSQL 기술은 단절내성(Partition Tolerance: 네트워크 전송 중 일부 데이터를 손실하더라도 시스템은 정상 동작을 해야 함; 이하 P) 에 중점을 두면서, 동시에 일관성인 C와 가용성인 A를 보장하려 한다. 현 상황에서 NoSQL은 A와 P를, C와 P를 동시 만족시키나, C와 A를 동시에 만족시키지는 못하고 있다(위의 〈그림〉 참조).

빅 데이터 분석은
어떻게 하는가

데이터 소스는 센서 데이터, 기업 데이터, 소셜 데이터, 재무 데이터, 통신 데이터, 보안 데이터, 의료 데이터, 공공 데이터 등 수없이 많다. 이를 보관만 한다면 그 가치는 당연히 사장될 것이다. 비용이 들더라도 이를 처리하고 지식화, 즉 분석해야 새로운 가치가 창출된다.

가트너('Big data analytics' 2011. 1)가 보는 빅 데이터 분석(Analytics)은 대용량 데이터 기반 분석이라 장기적이고 전략적인 접근이 필요하다. 즉 다양한 데이터 소스, 복잡한 로직(Logic), 대용량 데이터 처리를 위한 분산 처리 기술이 필요하다. 처리할 데이터 양은 방대하고, 일반적으로 소셜 데이터, 로그 파일, 클릭스트림 데이터, 콜센터 로그 등 비정형 데이터가 대부분을 차지한다. 이 데이터들은 기존 데이터 처리 방법에 비해 정의된 데이터 모델이나 절차 등이 없어 그만큼 분석에서 새로운 인사이트를 도출할 가능성이 높다.

빅 데이터 분석 기술로는 '의미를 발견하는 데이터 처리 및 분석 기술', 즉 의미 분석 기술과 데이터 마이닝 기술 및 관련 기법으로 알고리즘들이 필요하다. 의미 분석 기술 중 하나인 '기계 학습(Machine learning)'이 사용되지만 대용량 데이터에 이를 적용하는 데 많은 시간과 비용이 필요했다.

기계 학습이란 지도 학습(Supervised learning), 준지도 학습(Semi-supervised learning), 강화 학습(Reinforcement learning) 등을 사용하여 기계에게 문제를 내주고 그것에 대한 해답 또는 보상 결과물(디지털 신호)을 주어 기계가 스스로 지식을 습득하게 만드는 것이다. 지도 학습은 주요 종속변수가 알려져 있는 레코드에 알고리즘(회귀분석 등)을 적용하는 과정을 말한다. 기계 학습은 전문가 시스템, 자연어 처리(Natural Language Processing), 패턴 인식(Pattern Recognition) 등 인공지능(Artificial Intelligence) 전반에 모두 연관되어 시너지를 낼 수 있다.[51] 기계 학습은 이상에서 언급된 대규모 병렬처리 기술이 개발됨으로써 손쉽게 적용 가능하게 되었다.

축적되는 다양한 소스의 데이터가 증가할수록 가치 있는 데이터를 찾으려는 노력은 끊임없이 진행된다. 광산에서 광물을 캐낸다는 의미인 마이닝은 축적된 데이터(광산)에서 유용한 데이터(광물)을 추출한다는 의미로 응용된다. 마이닝 기법이 기업의 의사결정, 마케팅, 고객관리뿐만 아니라 금융, 의학, 교육, 에너지 분야에 적용되면서, 광의로 데이터 마이닝은 모든 종류의 데이터 기반의 마이닝 기법들을 총칭하고 있다. 광의로 본 마이닝의 대표적인 기법들은 다음 〈표〉와 같다.

가트너 그룹이 2004년에 정의한 데이터 마이닝이란 통계 및 수학적 기술뿐만 아니라 패턴인식 기술들을 이용하여 데이터 저장소에 저장된 대용량의 데이터를 조사 분석함으로써 의미 있는 새로운 상관관계, 패턴, 트렌드 등을 발견하는 과정이다. 데이터 마이닝의 성장을 가속화시키는 주요 계기는 빅 데이터이다.

광의로 본 빅 데이터의 데이터 마이닝에서는 비정형 텍스트 데이터에서 의미 있는 정보를 찾아내는 기술인 텍스트 마이닝이 일반적으로 사용된다. 이는 비정형 내

데이터를 기반으로 한 마이닝 기법들

구분	내용
데이터 마이닝 (Data Mining)	· 대용량의 데이터, 데이터베이스 등에서 감춰진 지식, 기대하지 못했던 경향, 새로운 규칙 등의 유용한 정보를 발견하는 과정 · 데이터 마이닝을 통해 정보의 연관성(순차 패턴, 유사성 등)을 파악함으로써 가치 있는 정보를 만들어 의사결정에 적용
텍스트 마이닝 (Text Mining)	· 자연어로 구성된 비정형 텍스트 데이터에서 패턴 또는 관계를 추출하여 가치와 의미 있는 정보를 찾아내는 마이닝 기법 · 텍스트 마이닝은 사람들이 말하는 언어를 이해할 수 있는 자연언어 처리(Natural Language Processing) 기술에 기반함
웹 마이닝 (Web Mining)	· 인터넷상에서 수집된 정보를 데이터 마이닝 방법으로 분석 통합하는 기법 · 웹 마이닝은 콘텐츠 마이닝(웹 검색, 수집 데이터), 구조 마이닝(웹사이트 구조), 활용 마이닝(사용자 이용 형태) 등으로 세분화
소셜 분석, 소셜 마이닝 (Social Mining)	· 소셜 미디어에 올라오는 글과 사용자를 분석해 소비자의 흐름이나 패턴 등을 분석하고, 판매나 홍보에 적용 · 마케팅 분야뿐만 아니라 사회의 흐름과 트렌드, 여론변화 추이를 읽어내는 소셜 미디어 시대의 새로운 마이닝 기법
현실 마이닝 (Reality Mining)	· 사람들의 행동 패턴을 예측하기 위해 사회적 행동과 관련된 정보를 기기(휴대폰, GPS 등)를 통해 얻고 분석하는 기법 · 휴대폰 등 모바일 기기들을 통해 현실에서 발생하는 정보를 기반으로 인간관계와 행동 양태 등을 추론

자료: 한국정보화진흥원(NIA), 〈성공적인 빅 데이터 활용을 위한 3대 요소: 자원, 기술, 인력〉, 2012. 4. 12.

지 반정형 텍스트 데이터에서 자연어 처리 기술을 기반으로 유용한 정보를 추출하고 가공하는 것을 목적으로 한다. 이를 통해 방대한 텍스트 꾸러미에서 의미 있는 정보가 추출되고, 다른 정보와의 연계성도 파악되며, 텍스트가 가진 카테고리가 찾아지는 등 단순 정보 검색 이상의 결과가 도출된다. 컴퓨터로 자연어를 분석하고 그 안에 숨겨진 정보를 발굴하기 위해서는 대용량 언어 자원과 통계적 알고리즘이 일반적으로 사용된다. 알고리즘이란 특정 데이터 마이닝 기법이다. 예컨대 판별 분석 등을 실행하기 위해 사용되는 특정 절차이다.

텍스트 마이닝의 심층 분석 기술로 소셜 마이닝 내지 오피니언 마이닝(Opinion Mining)이 있다. 이는 주로 소셜 미디어의 정형 및 비정형 텍스트의 긍정(Positive), 부정(Negative), 중립(Neutral) 선호도를 판별하는 판별 분석으로서 감성 분석(Sentiment Analysis)이라고 부르기도 한다. 특정 서비스 및 상품에 대한 시장 규모 예측, 소비자 반응, 입소문 분석(Viral Analysis) 등에 활용되고, 인터넷상에 존재하는 가능한 모든 버즈(Buzz)를 수집해 의미 패턴을 자동으로 분석하여 그 결과를 제공하는 과정을 거친다.

정확한 소셜 마이닝을 위해서는 선호도를 나타내는 표현이나 단어 자원의 축적이 필요하다. 일반적으로 인터넷상에 존재하는 소셜 데이터는 감성(Sentiment)이 포함된 복수의 단어로 이루어진 의미 패턴으로 평균 3.2개가 존재하며, 이를 언어 처리 및 의미 기술을 적용한 분석 시스템으로 자동 분석한다.[52] 트위터 이용자를 대상으로 한 키워드 분석이 대표적이다. (이의 서비스 및 비즈니스 모델에 대해서는 5장에서 다룬다.)

마이닝 기법들 대부분은 20여 년 전부터 사용되어 왔다. 빅 데이터 시대가 되면서 이들이 대용량의 비정형 데이터, 특히 스트림 데이터에 본격적으로 적용되기 시작한다. 현실 마이닝은 2008년 미국 MIT가 발행한 〈테크놀로지 리뷰〉에서 10대 유망 기술(10 Emerging Technologies 2008) 중 하나로 선정되었고, 2011년 다보스포럼에서도 언급되었다.

가트너의 2011년 보고서에 의하면, 최근 페이스북 분석 기술이 유행하면서 구글의 기계적 분석 기술이 식상하다고 여겨지는 추세이다.[53] 다시 말해, 정보를 상황 인지 알고리즘 분석(Context-aware Algorithmic Analysis)을 토대로 필터링해주는 기술로만 접근하기보다는 더 인간적 접근을 해야 한다는 말이다. 인간에 의해 콘텐츠를

4장 빅 데이터 비즈니스를 가능하게 하는 기술

수집하고 편집해서 보여주는 것이 가장 좋은 필터링이라는 것이다. 소셜 네트워킹의 비정형 데이터가 대표적이다.

빅 데이터는 더 이상 CRM 같은 완성된 형태의 '올인 솔루션'이 아니다. 따라서 빅 데이터 분석에서 다양한 알고리즘들이 사용된다.[54] 앞서 소개한 지도 학습인 분류(Classification) 기법은 데이터 분석 기법의 가장 기본적인 형태이다. 어떤 규칙 내지 특성을 기준으로 구분된 훈련 데이터군을 기반으로 새롭게 추가되는 데이터가 속할 만한 데이터군을 찾아내는 방법이다. 이는 고객의 구매 결정, 해지, 소비율 등을 설명할 기준이 되는 명확한 가정이나 데이터가 있을 경우에 이용된다. 예컨대 상대방으로부터 구매 제안을 받은 사람은 이에 반응하거나 반응하지 않는 사람으로 분류될 수 있다.

이 기법과 상반되는 개념으로 군집화(Clustering) 기법이 있다. 이는 하나의 큰 데이터군을 통계적 기법을 활용하여 비슷한 특성(유사성)을 지닌 여러 개의 작은 묶음으로 분류하는 학습 방법이다. 분류 기준이 되는 유사성은 사전에 정해지지 않으며, 고객군을 비슷한 특성을 가진 소집단으로 묶어서 타깃 마케팅 그룹으로 만들 때 유용하다. 훈련 데이터군이 이용되지 않기 때문에 지도 학습과 대비되게 비지도 학습(Unsupervised Learning)이라 불린다.

연관성 규칙(Association Rule) 기법은 수많은 데이터 중 특정 성격을 가진 데이터군과 일정한 규칙에 따라 연결되는 다른 특정 성격의 데이터군을 찾아내는 방법이며, 친화성 분석(Affinity analysis)이라 불리기도 한다. '장바구니 분석'이라 불리는 한 예를 보면 '양파, 감자=햄버거'라는 경향이 상품 판매 데이터에서 발견되는 경우 소비자가 양파와 감자를 사는 경우 햄버거 고기 또한 같이 살 확률이 높다는 것을 찾아내는 기법이다. 이는 특히 웹 사용량 분석과 네트워크 침투 탐지 및 생물 정보학에 응용된다. 아마존 등의 인터넷 커머스 사이트들은 고객에게 새로운 구매를 추천

해주는 추천 시스템의 핵심 기법으로 이를 사용한다.

그 외에 회귀분석(Regression)은 관심 대상이 되는 종속변수에 영향을 주는 독립변수를 찾아내고, 하나 이상의 독립변수 값의 변화가 종속변수를 어떻게 변화시키는지를 찾아내는 분석 기법이다. 관심이 되는 관리지표를 예측할 때 사용된다. 소비자 만족도에 가장 큰 기여를 하는 변수를 찾아내거나, 다양한 시장이나 경제적 변수에 따른 판매량 예측 등에 활용한다. 또한 가장 이슈가 되고 있는 감성 분석(Sentiment Analysis)은 자연어 처리 기술에 기반을 두고 웹을 포함한 텍스트 기반 문서에서 글쓴이의 주관적 감정을 나타내는 정보들을 찾아내 '긍정도' 및 '부정도'를 분석하여 글쓴이가 특정 주제에 대해 갖고 있는 긍정 및 부정 성향을 파악하는 기법이다. 기업에서는 블로그, 트위터, 페이스북 등의 소셜 미디어를 분석하여 고객군을 세분화하며, 고객 및 주주들이 기업의 신규 서비스에 대해 나타내는 긍정 및 부정 성향을 파악해 신속하게 이들의 선호를 서비스에 반영하려는 목적 등에 활용된다.

이상에서 본 분석 기술과 기법들을 활용하기 위해서는 데이터 소스의 성격과 인프라 기술 및 분석 기술, 기법들의 장단점들을 모두 잘 파악하고 적용하는 것이 매우 중요하다. 빅 데이터를 분석함으로써 얻게 되는 효과는 여러 가지가 있으나, 대표적으로 효율적 의사결정이 가능하다는 점, 현상의 최적화로 문제점을 발견하고 보다 혁신적인 비즈니스 모델을 지원하는 도구로 작용한다는 점, 그리고 보다 정교한 개인 맞춤 서비스를 제공하는 데 활용될 수 있다는 점 등이다. (이에 대해서는 3장을 참조하기 바란다.)

BIG DATA

05

빅 데이터를
표현하는 기술

빅 데이터의 수집, 처리 및 분석 과정을 거쳐 결과물이 상품화되는 마지막 단계는 데이터 스토리텔링 및 시각화(data storytelling & visualization)이다. 데이터 분석 과정을 거친 결과는 수치(numerical value)나 키워드, 그래프 구조인데, 수치 데이터가 가장 중요하게 다루어져야 한다. 이것이 의미하는 바는 빠르고 정확하기 때문에 일목요연한 시각적 표현이 중요하다. 어떤 데이터로 누구를 대상으로 무엇을 보여줄 것인지가 정해질 필요가 있으며 차트, 그래프, 도표, 보고서, 대시보드 등 다양한 산출물이 있다. 예컨대 구글 독감 예측 데이터 같은 지도 데이터와 결합된 전염병 확산 데이터나 위치 데이터와 시간 데이터가 결합한 '시내버스' 앱, 음향 파동을 형상화한 사운드 클라우드(www.soundcloud.com)의 개별 음악 데이터의 시각화는 데이터의 문맥화를 통한 표현이며, 일종의 해석 작업이다.

많은 표현 내지 시각화 기술 중에는 데이터 모델과 언어, 브라우저 호환성에 맞는 솔루션 선택이 요구된다. 대표적인 기술들을 간단히 살펴보자. 먼저

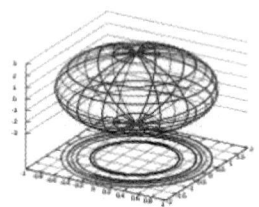

크리에이틀리

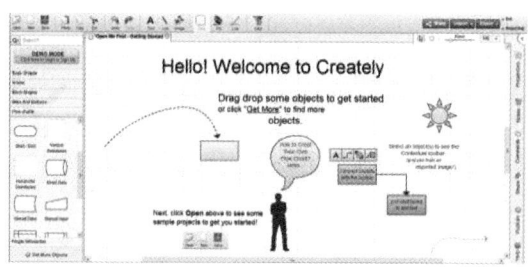

그누플롯(GnuPlot)은 2~3차원 함수나 자료를 그래프로 그려주는 명령형 응용 소프트웨어이다. 이는 1986년 개발된 프리웨어이며, 현재 리눅스(Linux), 윈도우즈(Windows), 맥오에스(MacOS) 등 다양한 OS에서 실행할 수 있는 버전이 개발되어 있다.[55] 프로그래밍 언어인 프로세싱(Processing)은 오픈소스 프로젝트로, MIT 미디어 연구소에서 케이지 리즈(Casey Reas)와 벤자민 프라이(Benjamin Fry)가 시작했다.[56]

크리에이틀리(Creately)는 다이어그램이나 흐름도를 그릴 때 유용하며, 어도비 플래시 기반으로 동작된다. 완성된 차트는 PC로 저장되거나 구글, 트위터, 페이스북,

매니아이즈로 제작된 스카이프 아웃 요금 지도

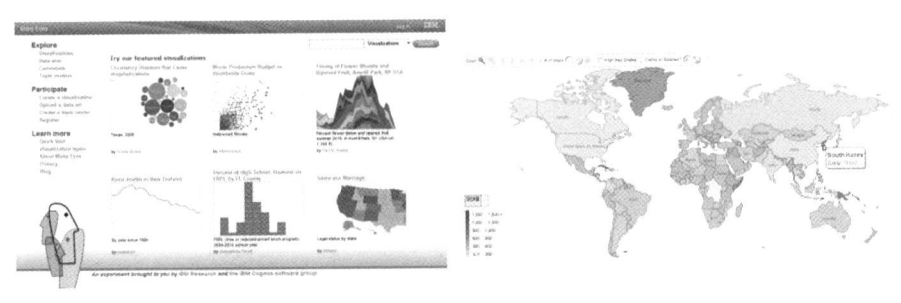

자료: http://www.bloter.net/archives/46285, 2011. 01. 12.

링크드인 공유가 가능하다. 웹사이트에 바로 붙일 수 있는 HTML 소스 코드도 제
공하며, 윈도우·맥OS·리눅스용 어도비 에어 기반 데스크톱 설치 프로그램도 공개
했는데 유료이다.

매니아이즈(ManyEyes; http://www-958.ibm.com/software/data/cognos/manyeyes/)는
IBM 알파웍스 연구소에서 선보인 온라인 차트 제작 툴이다. 자바 기반으로 동작하
며 막대그래프, 선그래프, 트리맵, 세계지도 등 다양한 그래프 양식을 제공한다. 완
성된 그래픽을 이미지로 저장하거나 이메일, 페이스북, 트위터로 공유하는 기능도
제공한다. 이용자끼리 원본 데이터를 올려두고 서로 공유하는 서비스도 제공한다.
2011년 1월 현재 16만 5000여 개 데이터셋이 등록되어 있다. 위의 〈그림〉은 매니아
이즈를 이용해 2007년 제작된 전 세계 스카이프 아웃 요금 지도이다.

스탯플래닛(StatPlanet)은 세계지도 기반으로 다양한 통계자료를 시각화하거나, 자
신만의 그래프를 제작할 수 있는 툴이다. 이는 웹사이트에 등록된 데이터를 온라인
으로 바로 불러들이거나 PC용 프로그램을 내려받아 직접 그래픽화하면 된다. PC용
설치 파일은 지역 지도, 미국 지도, 세계지도 기반으로 데이터를 시각화하는 기능

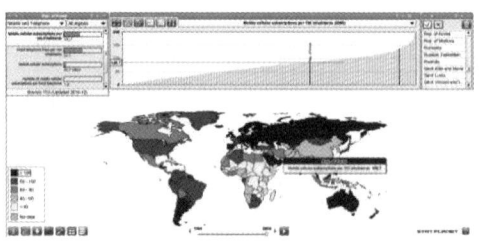

자료: http://www.bloter.net/archives/46285, 2011. 1. 12.

을 제공한다. 엑셀 파일로 데이터를 만든 다음 실행 파일에서 불러들이면 데이터를 자동으로 시각화해주며, 어도비 플래시 기반으로 동작한다.

갭마인더(GapMinder)는 어도비 에어 기반 데스크톱용 시각화 프로그램으로 구글에 인수되어 구글비스(GoogleVis) 패키지에 통합된다. 이는 웹사이트에 등록된 다양한 그래픽 데이터를 손쉽게 공유하고 활용하는 데 초점을 맞춘 툴로서, 버블차트 그래프 기반 타임라인 그래픽과 세계지도 기반 시각화 형식을 지원한다. 정치, 경제, 환경, 기술, 에너지, 인구 등 9개 카테고리별로 200개 이상 데이터가 등록되어 있다. 데스크톱용 갭마인더 실행으로 원하는 데이터를 불러오면 자동 시각화된다. 연도별 데이터 변화 추이를 플래시 동영상으로 보여주는 기능도 있으며, '즐겨찾기' 기능으로 원하는 데이터만 따로 보관해뒀다가 프레젠테이션할 때 활용하면 된다.

마지막으로 잉크스케이프는 오픈소스 벡터 그래픽 편집기이다. 윈도우와 맥OS를 모두 지원하며, 설치 과정에서 '번역(translate)'을 선택하면 모든 메뉴가 한글로 제공된다. SVG, EPS, WMF 등 다양한 파일 형식을 지원한다. 오픈 클립아트 라이브러리에서 다양한 클립아트를 내려받아 그래픽 작업 시 활용 가능하고, 전문 디자인용 프로그램에 가깝다.

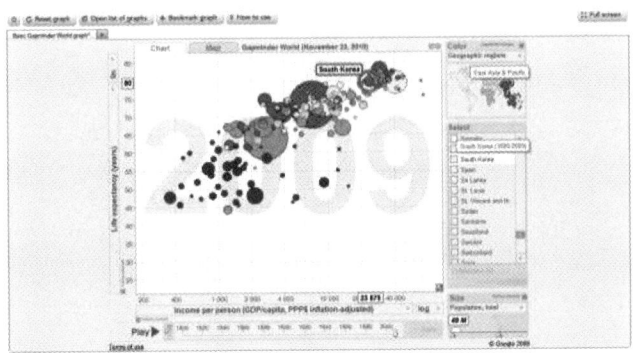

자료: http://www.bloter.net/archives/46285, 2011. 1. 12.

잉크스케이프 사례

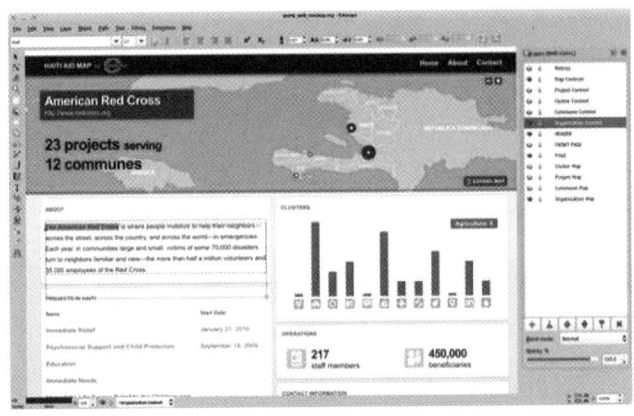

자료: http://www.bloter.net/archives/46285, 2011. 1. 12.

데이터의 시각화 기술이 더욱 중요해지면서 웹사이트들도 이에 가세하기 시작했다. 예컨대, 2012년 들어 야후는 전 세계 사용자들이 읽은 콘텐츠와 트래픽을 분석해서 직관적으로 보여주는 '야후! C.O.R.E. 데이터 시각화(visualize.yahoo.com/core)'

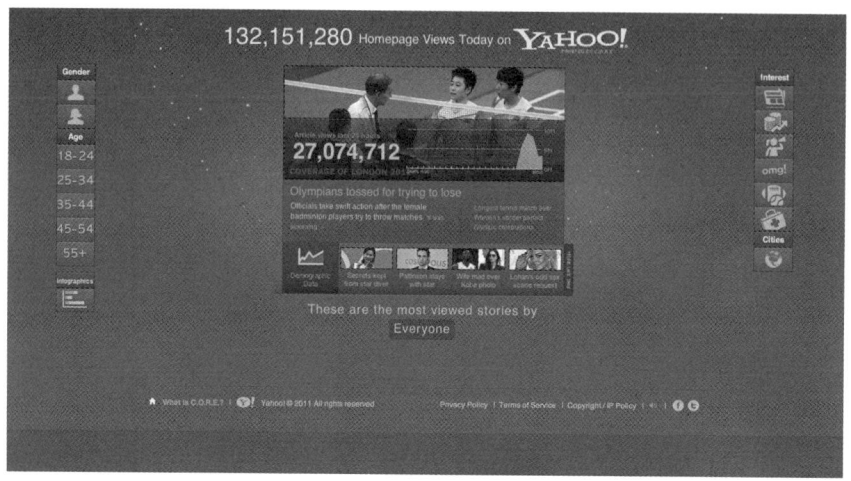

자료: 야후! 사이트, visualize.yahoo.com/core

사이트를 개설했다. 이 웹사이트는 야후 첫 화면에서 기사를 읽은 사람들이 어떤 기사에 가장 많은 관심을 가지고 있는지를 성별, 연령대, 지역, 시간대별로 시각화해 보여준다. 지난 24시간 동안 '뉴욕 18~24세 여성들이 가장 관심 있게 본 연예 뉴스' 혹은 '45~54세 남성이 많이 본 금융 뉴스 시간대별 변화' 등을 실시간으로 확인 가능하다.

이 사이트는 야후의 개인화 기술 엔진인 콘텐츠 최적화 엔진 C.O.R.E.(Content Optimization and Relevance Engine)를 기반으로 개발됐다고 한다. C.O.R.E는 클릭 빈도와 사용자들의 특성을 토대로 데이터를 처리해 사용자들의 행동 방식과 특정 기사 클릭에 영향을 주는 취향을 알 수 있도록 해주며, HTML5 및 브라우저 기반 자바 스크립트에 맞춰 개발된 디자인과 초 단위 프로세싱을 통해 화려하고 동적인 그래픽을 제공한다. 크롬, 사파리, 인터넷 익스플로러 8과 9버전에서 동작이 가능하다.

06

빅 데이터의 핵심 인프라,
클라우드

빅 데이터를 분석하려면 많은 컴퓨팅 자원과 시간이 소요된다. 시간을 벌기 위해 분산 처리하게 되고, 그래서 하둡이 주요 기술이 된다. 앞서 언급한 대로 하둡의 최대 강점은 맵리듀스 알고리즘에 맞게 응용 프로그램이 작성되어 클러스터의 노드 증가에 따른 성능 증가를 선형적으로 보여준다는 점이다. 즉 이론상 10대 서버에 20일 걸린 작업이 200대 서버에서 1일로 처리 가능하다는 시간 단축 효과가 있다.

이렇게 하둡 방식으로 구축된 클러스터이지만, 문제는 여전히 스토리지를 지속적으로 필요로 한다는 점이다. 클러스터를 구축하려면 많은 비용과 관련 지식 및 인력이 필요하다. 예컨대 야후는 분산 처리 및 저장 클러스터를 구축한 선두주자이지만, 2012년 3월 현재 약 4만 대 이상의 대규모 분산 처리 클러스터를 운영 중이다. 이에 비해 구글이나 페이스북은 전용 서버를 사용하면서 동시에 모듈형 데이터 센터를 운용한다든지 맞춤화된 서버와 랙(Rack) 설계를 공개하는 등 융통성을 보이고 있다. 한편 1억 명 이상의 가입자를 가진 소셜 게임 업체인 징가(Zynga)는 서버들을 직접 운영하는 대신에 클라우드를 활용한다.

2011년 말부터 빅 데이터가 해외 블로그나 저널에서 유행되기 시작했고, 이와 비슷한 시기에 클라우드 컴퓨팅도 화두가 되었던 것으로 기억된다. 국내에서도 이 시기부터 각종 컨퍼런스와 언론에서 빅 데이터에 대해 관심이 고조되었다. 이처럼 최근에 부쩍 빅 데이터와 클라우드가 함께 논의되는 양상을 보이고 있는데, 이는 바로 클라우드가 빅 데이터의 스토리지 및 분산 처리 클러스터 역할을 하기에 충분하기 때문이다.

용어상의 혼재를 피하기 위해 다시 빅 데이터 개념을 상기해보자. 가트너의 2012년 정의에 의하면, 빅 데이터란 기술 그 자체라기보다는 데이터의 급속 성장과 복잡해진 새로운 데이터 유형, 소프트웨어와 하드웨어 상품 생태계를 나은 기술 진보에 의해 발생한 기술 현상(technology phenomenon)이라 봐야 할 것이다. 따라서 1장에서 언급했듯이, 빅 데이터의 특징은 규모의 이슈만을 의미하는 것이 아니라 다양성과 생성 속도, 복잡성의 이슈 모두를 포괄하고 있다.

한편 클라우드는 보는 관점에 따라 패러다임일 수도, 서비스일 수도 있다. 요즘은 클라우드 서비스라는 용어가 일반화되어 사용되고 있다. 2008년 IDC 정의를 인용하면, 클라우드 컴퓨팅(Cloud Computing)이란 "클라우드 서비스를 가능케 하는 IT 개발, 배치 및 전송 모델로서 '규모의 경제'에 입각한 대규모 분산 컴퓨팅 패러다임"이다. 이는 기술 자체를 넘어서는 개념이다. 또한 이를 활용하는 클라우드 서비스(Cloud Service)란 "인터넷을 통해 실시간 전송되고 소비되는 개인 및 기업 고객 대상의 제품 및 서비스, 솔루션"이다.

다시 말하면, 클라우드 컴퓨팅은 컴퓨팅 파워, 스토리지, 플랫폼, 서비스를 추상화 및 가상화하고 동적 확장이 가능한 하나의 체계(system)이면서 동시에 사용자가 필요한 만큼 인터넷을 통해 제공 받는, 필요한 만큼만 빌려 쓰는 컴퓨팅 기술

(computing technology)이다.

한편 클라우드 서비스란 제3자 개발업체에 의해 사용자에게 인터넷을 통해 제공되며, 이 서비스를 받는 기업이나 개인은 IT에 대해 문외한이라도 전혀 상관없다. 다양한 맞춤형 서비스도 가능하다. 셀프(Self) 서비스형도 가능하고 실시간에 가까운 배포와 동적 구성, 세밀한 규모 조절도 가능하다. 더욱 놀라운 것은 가격 모델이 작은 단위까지 세분화되어 있다는 점인데, 이는 곧 사용량 기준으로 요금을 매기는 종량제를 뜻한다. 물론 비용 절감에 도움이 된다. 앞서 언급한 징가가 하나의 예이다.

이처럼 클라우드 컴퓨팅을 활용해 클라우드 서비스를 기업과 개인들에게 제공하는 대표적 기업들이 있다. 굳이 분류한다면 아마존·구글·MS 등의 IT 업체, 버라이즌 등의 통신 업체, 델·HP·애플 등의 단말 및 장비 업체 등이다. IT 업체들 중에는 아마존이 인터넷 환경에서 가장 먼저 클라우드 서비스를 제공했다. 아마존은 2002년에 자체 활용 서비스인 '아마존 웹 서비스(AWS: Amazon Web Services)'를 개화시켰으며, 2006년부터 기업 대상으로 상용화하였다. 개발자들에게 아마존 백엔드 기술 플랫폼 기반의 클라우드 서비스가 제공되었고, 개발자들은 AWS를 이용해 비즈니스 모델을 개발할 수 있다.

기술적으로 살펴보면, 아마존의 클라우드는 멀티파트 업로드(Multipart Upload) API를 통해 빅 데이터의 병렬 분할 업로드를 지원하면서 동시에 임포트(Import)/엑스포트(Export)란 서비스를 통해 스토리지 디스크를 택배로 직접 전달하여 데이터를 복사하는 방법을 지원한다.

구글은 컴퓨팅의 원천 기술인 HDFS의 실제적인 소유자라 해도 과언이 아니다. 이 기술이 GFS에 기반하고 있기 때문이다. 구글은 2006년에 클라우드 서비스 중 PaaS(Platform as a Service) 기반의 협업 서비스인 '구글 앱스(Google Apps)'를 선보였

자료: 버라이존 사이트

다. 이와 동시에 출시된 SaaS(Software as a Service) 기반 기업용 앱스토어인 '구글 앱
스 마켓플레이스(Google Apps Marketplace)'는 구글 앱스를 비롯해 급여나 제품 관리,
CRM 등 각종 기업용 앱을 함께 제공한다. 여기서 개발자들은 판매 수익의 80%를
가져간다.

　통신 업체들도 클라우드 서비스 제공에 적극적이다. 버라이존(Verizon)의 종량제
방식인 클라우드 서비스 'CaaS SMB(Computing as a Service SMB)'는 특히 IT 자원이
부족하거나 직접 운영하기 어려운 중소 유통 및 제조 업체, 서비스 업체, 앱 개발자
등을 대상으로 한다. 가상사설망(VPN: Virtual Private Network)을 포함한 보안 기능
사전 탑재가 이의 최장점이다. 중소기업에게는 대규모 투자보다는 필요한 만큼 빌
려서 사용하는 클라우드가 훨씬 효율적인 생산성 향상 수단이다. IT 투자가 효율적
이기 위해서는 투자에 대한 활용도(utilization)가 높아야 하는데, 중소기업은 대기업
에 비해 활용도가 낮을 수밖에 없다. 따라서 이들이 클라우드 서비스를 활용하면

고정 투자비를 변동비로 전환하는 효과를 갖는다.

국내에서는 KT의 'KT클라우드'가 이와 유사하다. 기존 호스팅 서비스 등에 비해 60~90%까지 비용 절감이 가능하다. KT는 이를 위해 넥스알(NexR)이라는 하둡 및 클라우드 기술 기반의 플랫폼 및 컨설팅 기업을 2011년 인수하여 KT이노츠(Innotz)와 합병하여 KT클라우드웨어라는 이름의 회사로 통합하게 된다. 넥스알은 국내의 하둡 오픈소스 커뮤니티 및 R 사용자 커뮤니티의 활동을 적극 지원하고 있으며, 최근에는 R하이브(RHive)라는 빅 데이터 분석 솔루션을 오픈소스로 공개하는 등 국내 하둡 확산과 빅 데이터 분석의 활성화에 지원을 아끼지 않고 있다.

클라우드 서비스의 원년은 아마존의 상용화 시점인 2006년으로 본다. 당시만 해도 '비용 절감' 목적으로 기업들이 채택한 클라우드 서비스는 정보를 효율적으로 저장하고 처리하기 위한 수단일 뿐이었다. 하지만 2008년부터 본격적으로 가상화 기술(서버 가상화, 스토리지 가상화 등) 등을 비롯한 여러 기술 분야가 클라우드 컴퓨팅을 구현하기 위한 기술 분야로 묶이게 되면서 앞서 언급한 하둡, NoSQL 등도 클라우드 컴퓨팅이라는 용어와 함께 자연스레 혼재되어 사용되기 시작한다.

사용자에게 제공되는 각종 데이터는 소비 과정에서 사용 흔적이 되고, 이는 다시 데이터 수집 단계로 이어진다. 예컨대 사용자의 아마존 책 구매 데이터나 평가 데이터는 다시 데이터 분석 대상이 되어 아마존의 추천 알고리즘을 진화시키는 또 다른

---

* 최근 빅 데이터 기업들의 분석 플랫폼 엔진 및 데이터 분석 툴로 R이 급부상 중이다. R은 데이터 분석 소프트웨어이면서 프로그래밍 언어이다. 또한 데이터와 관련된 입출력, 관리, 그래픽 등 시각화 툴도 제공하는 오픈소스 소프트웨어이다. 구글, 페이스북 등이 R을 자사의 주된 분석 플랫폼으로 활용하기 시작했고, 오라클(오라클 R엔터프라이즈 아키텍처), IBM(Netezza 아키텍처), SAP(HANA와 R의 통합), 테라데이터(Teradata) 등에서 인메모리(in-memory)나 인데이터베이스(in-database) 분석 엔진으로 R을 적용하기 시작했고, SAS, SPSS통계 소프트웨어에서 R과의 연동을 통해 새로운 분석 방법을 제공하기 시작했다. SPSS에 의하면, 오픈소스 R은 가장 최신의 가장 많은 알고리즘(4000여 개)을 보유 중이다. 매우 희귀한 분석이나 다양한 최신 알고리즘들이 R을 통해 배포되고 있다(RUserConf 2011에서 발표된 허준의 "SPSS를 이용한 R 연동 기능 소개와 분석기능의 시너지 효과", SPSSKorea, 2011. 10. 28). 넥스알의 RHive는 R과 Hive 기술의 접목이다. 작은 데이터는 R에서 바로 처리되고, 빅 데이터는 Hive 기술을 이용해 하둡에서 처리되는 방식이다.

가치가 된다. 이러한 재귀성은 빅 데이터 라이프사이클의 구조적 특징이 된다. 이러한 구조를 가능케 도와주는 인프라가 바로 클라우드 컴퓨팅이다.

이러한 클라우드는 빅 데이터 기술의 기반시설 역할을 하기에 충분하다. 즉 대용량 데이터 처리에 있어 높은 기술 탄력성과 사용량에 따른 요금제, 그리고 이에 따른 낮은 초기 비용 투자, 위험 분산효과, 데이터의 상품화 시간 단축 등 클라우드 컴퓨팅 기술은 빅 데이터 기술의 라이프사이클인 수집, 저장 처리, 분석, 표현 과정에서 다양한 경제적 장점들을 제공한다. 이와 동시에 거대한 양의 데이터 처리 능력을 제공하고, 데이터 수집과 저장, 분석의 동시 작업을 가능하게 하는 등 클라우드 컴퓨팅은 빅 데이터 라이프사이클에서 반드시 필요한 기술적 전제가 된다.

한편 클라우드 환경을 구현하기 위해서는 서버의 가상화 기술뿐만 아니라 다양한 스토리지 기술들이 함께 필요하며, 저장된 데이터를 분석하는 기술, 하나의 서비스만을 위한 데이터베이스가 아닌, 여러 업무와 여러 사용자에게 서비스하는 클라우드 개념을 지원하는 데이터베이스 분석 기술들이 아울러 요구된다. 빅 데이터 시대가 도래하면서 이처럼 다양한 시도를 해볼 수 있는 환경들(비용 저렴, API 등 기술 공개 등)이 자연적으로 만들어지기 시작했다.

5

데이터 소스별
빅 데이터 비즈니스

빅 데이터가 만드는 비즈니스 미래지도

BIG DATA

01

빅 데이터 비즈니스는
어떻게 구성되는가

인터넷이 태동한 이래 지난 수십 년간 인터넷은 제4의 경제 자원 역할을 해왔다. 현재 인터넷은 모바일 중심의 스마트 기반으로 이동 중이며, 그 속도가 너무 빨라 향후 수년간에는 지난 수십 년간의 인터넷 변화보다 더 큰 변화가 예상된다. 트래픽 증대와 기기 폭증, 모바일 중심 매시업 현상이 어우러져 빅 데이터 시대를 창출하고 있다.

개개인의 데이터가 비즈니스 관점에서는 그다지 중요하지 않을 수 있다. 그러나 대량을 모으면 그 안에 숨겨진 새로운 지식이 발견될 수 있다. 매일 방문하는 포털의 주요 검색 키워드, SNS를 통한 고객의 의견, 기기에 탑재된 M2M을 통해 확인이 가능한 고객의 매장 내 이동 동선, 상품의 이동에 따른 시간별 위치정보, 생산 설비의 상태나 센서 정보, 고객이 방문한 웹 페이지의 로그 정보, 박물관에서 자주 방문하는 특정 위치 데이터 등 이루 헤아릴 수조차 없는 데이터가 초 단위로 쌓이고 있다.

빅 데이터 이코노미 시대를 맞이하면서 쌓이는 데이터는 IT에서 분리된 또 다른 비즈니스 상품으로 발전할 수 있게 된다. 다른 말로 표현하면, IT의 주도권이 네트워크에서 기기, 인프라 기술, 소프트웨어로 전이되더니, 이제는 데이터로 전이되기 시작한 것이다. 앞의 4장에서 언급했듯이, 기술 중에서도 인프라보다는 데이터 분석 기술의 중요성이 더해지면서 다양한 데이터 마이닝 기법이 새로이 조명되면서 진화하는 모습을 보이기 시작했다. 그동안 데이터 자원의 한계로 데이터 마이닝 기술은 혁신적 특성에도 불구하고 그 효과를 그다지 인정받지 못했다. 하지만 데이터의 절대적 양이 많아진데다가 그 소스도 다양해지고 융합이 가능해지면서 의미 있는 데이터의 추출은 더욱 용이해지고 있다. (규모, 적용 시간, 분석 범위 등 빅 데이터의 특징에 대해서는 1장을 참조하기 바란다.)

다음 〈그림〉은 빅 데이터 비즈니스의 생태계 구도이다. 비즈니스의 흐름은 간단하다. 다양한 소스의 디지털 데이터(Digital data)를 서비스 제공자(Service provider)가 수집하고, 분석한다. 데이터는 서비스 제공자가 자체적으로 획득하는 소셜 데이터, 센서 데이터일 수도 있고, 다른 산업 영역(의료/바이오 등)의 기업 데이터나 공공 데이터를 활용한 것일 수도 있다. 사용 목적에 따라 유료 또는 무료 제공이 모두 가능하다. 한편 서비스 제공자가 빅 데이터를 처리하고 분석하려면 다양한 솔루션이 필요하다. 이를 위해 기업 인수를 통한 자체 솔루션 확보도 가능하고 소프트웨어 벤처기업들과의 거래 관계도 가능하다. 빅 데이터 분석을 통해 만들어진 지식 상품의 사용자는 일반인, 정부 및 기업, 그리고 산업 분야의 전문가 등으로 대별된다. 수익 모델 측면에서 보면, 유틸리티 사용 비용, 정보 비용 등이 서비스 제공자에게 지불되거나, 광고 기업에 의해 보조되는 광고 수익 모델도 가능하다. 또한 서비스 제공자가 데이터 제공자로부터 데이터를 구매하거나 무료로 받을 수도 있다.

빅 데이터 생태계를 데이터의 수집, 생성, 분석, 활용하는 것으로만 이해한다면

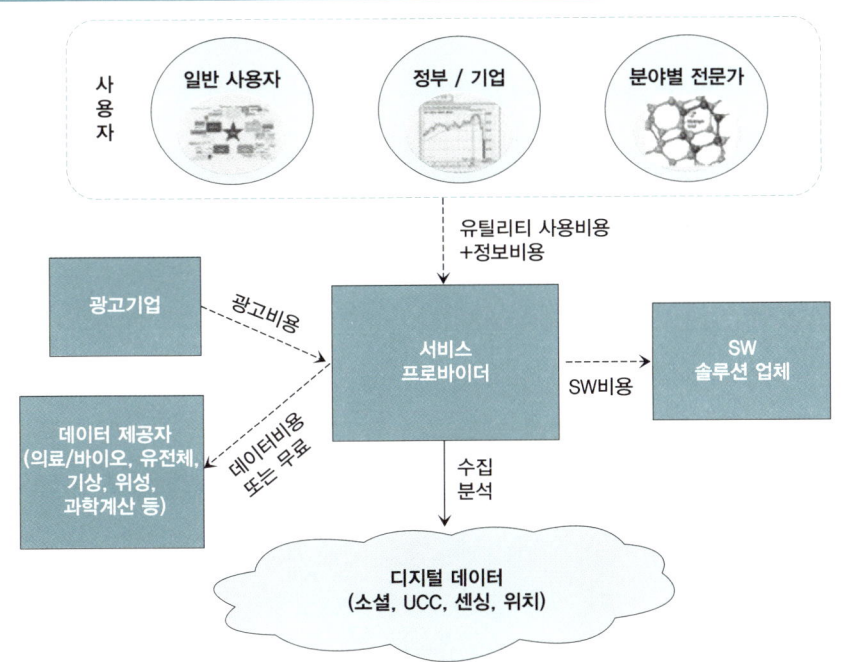

서비스 프로바이더	빅 데이터 자체를 제공하거나, 빅 데이터로부터 추론된 지식을 사용자에게 제 공하는 기업	
데이터 제공자	개인이 보유하기 어려운 고부가가치를 내재한 데이터 제공 기관/기업 예) 의료/바이오, 유전체, 기상, 위성, 과학 계산 데이터, 뉴스 등	
SW 솔루션 업체	빅 데이터 처리용 SW 솔루션 제공업체 예) 파일 DB, 트랜잭션 처리, 플랫폼, 애널리틱스(Analytics) 등	
광고 업체	데이터 종류에 따른 광고 목적 기업	
사 용 자	일반 사용자	지식 검색, 개인 관심사를 위한 사용자
	정부/기업	사용자들의 유형/선호도를 분석(기업)하거나, 국가 차원의 사회 현상 발생 파악 예) 독감, 국제 시장 변화, 자원 탐사 등
	분야별 전문가	분야별 R&D를 위한 사용자 예) 과학 분야 R&D, 신약 개발, 게놈 프로젝트 등

자료: 〈KEIT PD Issue〉 Vol. 11−05, ETRI 빅데이터기획팀, 광인터넷 워크숍 발표문, 2011. 11 재인용.

기술적 접근에 머물게 되며, 비즈니스로 연계되지 못한다. 즉 빅 데이터 서비스를 제공하고, 제공받고, 이에 대한 데이터 소스를 제공하는 주체들 간의 다양한 상호 작용이 일어나야 한다. 주체는 크게 서비스 제공자와 데이터 제공자, 그리고 사용자로 대별된다고 본다.

좀 더 자세히 보면, 서비스 제공자를 중심으로 데이터 제공자와 사용자 간 교류가 형성되고 있지만, 제3자인 소프트웨어 솔루션 업체가 서비스 제공자에게 소프트웨어나 애플리케이션을 제공하기도 한다. 따라서 서비스 제공의 영역은 4장의 빅 데이터 기술 라이프사이클에서 언급된 하드웨어와 분산, 저장을 담당하는 소프트웨어 공급자, 분석 소프트웨어 공급자, 그리고 애플리케이션 공급자(시각화 등) 등을 모두 포함할 수 있는 영역이다. (이에 대해서는 4장을 참조하기 바란다.)

서비스 제공자로서 대규모의 데이터센터를 가지고 플랫폼을 제공하는 기업으로는 IBM, MS, HP가 대표적이다. 또한 클라우드 기반 플랫폼 기능을 제공하면서 동시에 애플리케이션을 제공하는 서비스 제공자로는 구글, 아마존, MS 등이 대표적이다.

앞에서도 언급했지만, 클라우드와 빅 데이터는 독립적 기술 분야이지만, 서로 밀접한 관련을 갖는다. 예컨대 구글이 제공하는 빅 데이터 플랫폼에서는 클라우드 컴퓨팅인 '구글 스토리지'가 기반이며, 여기에 기계 학습 API인 '구글 예측 API(Google PredITion API)', 빅 데이터 분석 툴인 '구글 빅쿼리', 웹 앱 플랫폼인 '앱엔진(AppEngine)' 등이 구성되어 있다.* 아마존은 아마존 엘라스틱 맵리듀스(Amazon Elastic MapReduce)를 제공하는데, 하둡의 호스팅 서비스 개념이다. MS도 클라우드에 주력하면서 하둡을 지원하게 된다. (클라우드에 대한 내용은 4장을 참조하기 바란다.)

---

* 구글의 빅쿼리(Bigquery)는 구글 클라우드에서 SQL적인 쿼리 언어(Query language)를 이용해 빅 데이터 분석을 할 수 있는 서비스로 2012년 5월 1일 일반인들에게 공개되었다. 이는 테라급 데이터를 포함한 데이터셋을 분석할 수 있는 OLAP(Online Analytical Processing) 시스템이며, 이용 요금은 보존 데이터량과 쿼리 처리량에 따라 과금된다.

글로벌 서비스 제공자들의 빅 데이터 서비스 제공

	공급자	서비스 수준	사용자	개방	범위
IBM	데이터센터	인프라, 플랫폼, 애플리케이션	기업	비공개	로컬, 커뮤니티
Microsoft	클라우드 데이터센터	인프라, 플랫폼, 애플리케이션	소비자, 기업	공개, 비공개, 하이브리드	글로벌
Google	클라우드	인프라, 플랫폼, 애플리케이션	소비자, 기업	공개	글로벌
Amazon	클라우드	인프라, 플랫폼, 애플리케이션	소비자, 기업	공개	글로벌
HP	데이터센터	인프라, 플랫폼	소비자, 기업	비공개	로컬, 커뮤니티
SAS		플랫폼, 애플리케이션	기업	비공개	로컬, 커뮤니티
Cloudera		플랫폼, 애플리케이션	기업	비공개	로컬, 커뮤니티

자료: 한국정보화진흥원(NIA), "빅 데이터 시대: 에코시스템을 둘러싼 시장경쟁과 전략 분석", 2012. 4.

만약 사용자인 기업이 자체적으로 프라이빗(Private) 인프라 구축 여력을 가지고 있다면, 처리·분석 솔루션만 외부에서 조달 받으려 할 것이다. 또 어떤 기업은 하드웨어와 플랫폼 모두, 즉 토털 패키지 서비스를 원하는 경우도 있을 것이다. 이 경우, 서비스 제공자는 물리적인 스토리지 외에 다양한 분석 소프트웨어를 함께 제공할 수 있다. 예컨대 IBM, MS, HP 등 기업용 솔루션 기업들은 하드웨어와 특화된 분석 소프트웨어를 통합 제공한다. 이를 위해 다양한 인수합병이 진행 중이다.[*] 이상에

---

[*] HP는 2011년 8월 사업성이 악화된 PC사업을 분리하면서 동시에 기업용 소프트웨어 업체인 오토노미(Autonomy) 인수에 주력한 바 있다. 이유는 빅 데이터 대응이다. 오토노미는 '쉐논(Shannon)의 정보 이론' 등 수학 이론을 바탕으로 관련성 높은 정보를 추출하는 검색엔진 및 관련 소프트웨어를 제공하는 기업으로 영국 캠브리지 대학이 그 모태이다.

서 언급한 글로벌 서비스 제공자들을 서비스 제공 수준(인프라, 플랫폼, 애플리케이션), 사용자, 개방 정도(공개, 비공개, 하이브리드) 및 범위(글로벌, 로컬, 커뮤니티)별로 다시 요약하면 앞 페이지의 〈표〉와 같다.

다음 〈그림〉을 보면, 이들 글로벌 서비스 제공자들은 IT솔루션 등의 하드웨어, 클라우드 인프라, 처리 등 DB 소프트웨어, 온라인서비스 및 상거래 등 플랫폼, 분석 소프트웨어 등 서로 다른 비즈니스 영역에서 활동한 기업들로서 경쟁관계가 그리 복잡하지 않았다. 그런데 새로운 빅 데이터 비즈니스 생태계가 형성되면서 매우 복잡한 경쟁관계에 놓이게 된다. 이 업체들에는 MS, IBM, HP 같은 솔루션 업체와

빅 데이터 생태계 등장 전후 경쟁관계 변화

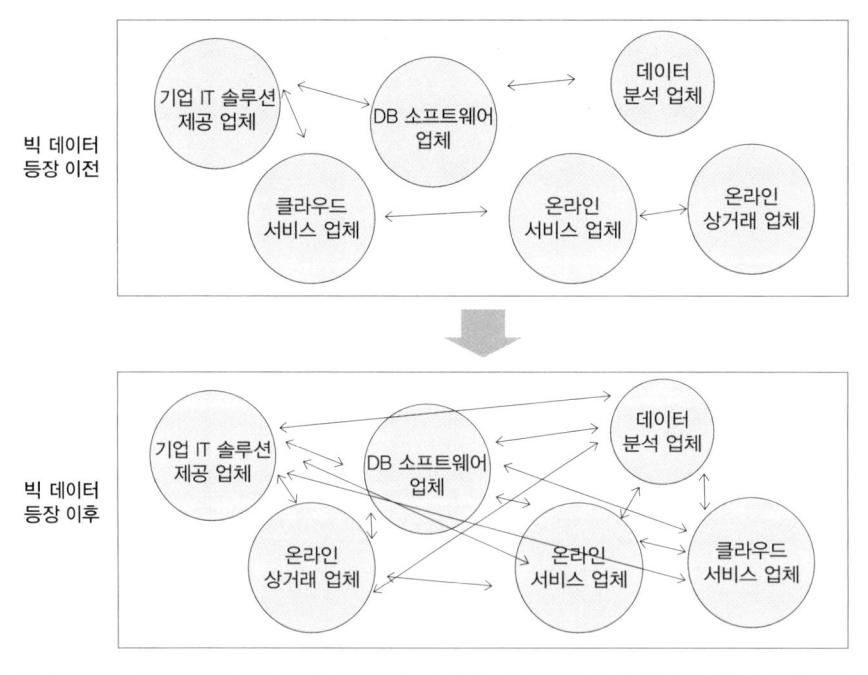

자료: 한국정보화진흥원(NIA), "빅 데이터 시대: 에코시스템을 둘러싼 시장경쟁과 전략 분석", 2012. 4.

5장 데이터 소스별 빅 데이터 비즈니스

하둡, 맵리듀스 같은 소프트웨어 오픈소스 업체, SAS 같은 데이터 분석 업체, 그리고 구글, 아마존 같은 인터넷서비스 기업들이 모두 포함된다.

이처럼 다양하고 복잡한 유형의 서비스 제공자 간 경쟁은 초기 데이터센터 및 클라우드 컴퓨팅 시스템 구축에서 시작해 이들이 실행되는 플랫폼 간의 경쟁으로 확장되고 있다. 또한 개인, 기업, 정부 등의 고객들을 확보하기 위해 기존의 솔루션 업체와 대형 클라우드 공급자들이 주도하는 가운데, 점차 소규모 벤처 업체들도 오픈소스의 클라우드 인프라를 활용해 차별화된 분석 서비스들을 제공하는 움직임을 보이기 시작했다. 이에 따라 빅 데이터의 진정한 가치인 빅 인사이트와 서비스 간의 연관성을 찾으려는 노력이 주를 이루기 시작했다. 하지만 빅 데이터 서비스 니즈가 증가 추세임에도 불구하고, 매력적인 앱 개발에 대해서는 아직 초기 단계에 머물러 있는 상황이다.[57]

한편 구글 등이 제공한 오픈소스를 활용하여 사용자인 기업이나 정부기관이 직접 빅 데이터 분석에 참여하는 길이 열렸다. 즉 자체 서버와 솔루션을 구축하는 대신에 구글 같은 클라우드 서비스 제공자가 제공하는 오픈 소프트웨어를 이용해 직접 빅 데이터를 분석하고, 의사결정에 활용하는 경우이다. 앞에서 언급한 포드자동차가 그 예가 된다. 클라우드인 '구글 스토리지' 기능이 '구글 예측 API' 라는 개방형 웹 서비스 API와 함께 외부 프로그램에서 이용 가능하기 때문이다. 포드자동차는 플러그인 하이브리드 자동차 주행 시스템 개발에 이 '구글 스토리지' 를 클라우드 인프라로 활용하고 있다.

이상에서 빅 데이터 비즈니스 생태계에 대해 개괄적으로 살펴보았다. 새롭게 시작된 경쟁구도 때문에 다소 복잡해 보이는 생태계처럼 느껴진다. 하지만 다음 페이지의 〈그림〉을 통해 다시 정리해보면, 결국은 빅 데이터의 소스인 소셜 데이터, 센서 데이터, 기업 데이터, 공공 데이터들이 자원이 되어 실시간 빅 데이터 처리 플랫

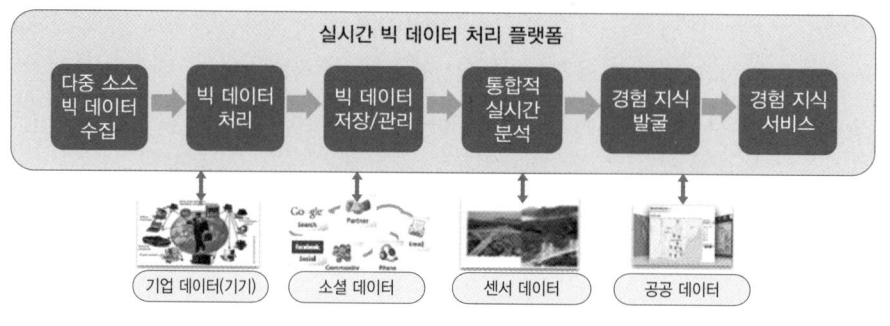

자료: ETRI 빅데이터기획팀, 광인터넷 워크숍 발표문, 2011. 11 재구성.

폼에서 이 다양한 소스의 빅 데이터를 수집, 처리, 저장, 관리하며, 다양한 분석 기술들을 활용하여 경험 지식을 발굴하고 서비스화하는 과정을 거치게 되는 것이다. 4장에서도 강조했지만, 빅 데이터를 둘러싼 수많은 기술들이 있어도 정작 중요한 것은 데이터의 의미를 파악하고 이를 분석해 활용할 줄 아는 노하우이다. 결국 이것이 플랫폼의 경쟁력을 좌우하게 될 것이다.

　다양한 기술들이 다양한 빅 데이터 비즈니스의 기회를 제공하기 시작했다. 이제는 센서 데이터, 소셜 데이터, 기업 데이터, 공공 데이터별로 나누어 어떤 빅 데이터 응용 비즈니스가 가능하고 어떤 사례들이 있는지에 대해 살펴보는 것이 의미 있겠다. 이에 앞서 데이터 간의 융합에 대한 이해가 우선 필요할 것 같다. 다음 〈그림〉에서 보면, 세 가지 유형의 데이터 소스는 비즈니스에 따라 융합되어 활용될 수 있다. 소셜 데이터와 기업 데이터가 융합되어 활용되는 경우에는 기업의 평판을 분석한다거나 마케팅 최적화를 위한 분석 등이 주를 이룬다. 예컨대 2008년 설립된 미국 샌프란시스코의 클라우트(KLOUT)는 1억 개의 공개된 트위터, 페이스북 프로파일 데이터를 모아, 이를 기반으로 평판을 매겨주는 서비스를

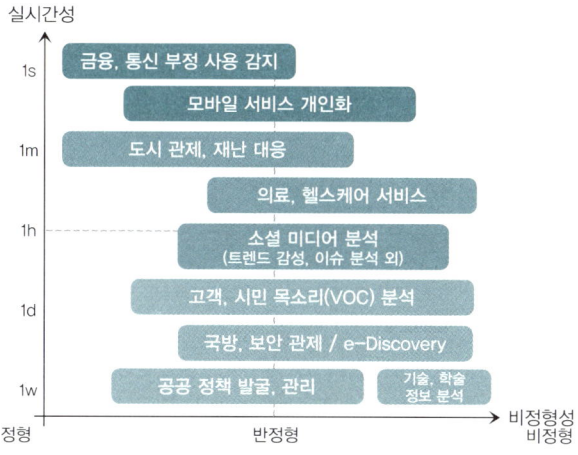

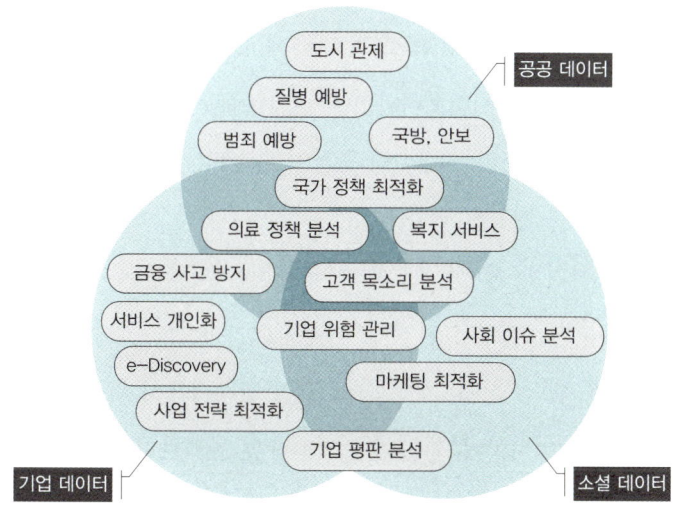

자료: 솔트룩스, 경영정보학회 연구회 발표문, 2012. 2.

기업들에게 제공한다.[58] 그리고 기업들의 소셜 미디어 캠페인 성공 여부를 측정해 준다.*

공공 데이터와 소셜 데이터가 융합 활용되는 경우도 있다. 이 경우에는 주로 정부가 그 활용 목적을 가지고 있는데, 예를 들면 복지나 국가 정책 최적화를 위한 분석 등이다. 한 예로 2007년 설립된 미국 시애틀의 소크라타(Socrata)는 공공 분야 오픈 데이터 클라우드 구축 서비스 및 축적된 공공 데이터를 분석해주는 솔루션을 제공한다. 클라우드 기반의 'Socrata Open Data Platform™'은 정부의 비정형 실시간 데이터를 활용하여 정부의 비용 절감 목적 등에 부합한 '소셜(socially-enriched)' 경험을 만들어주는 공개 데이터 솔루션(Open Data Solution)이다. 주요 고객은 의료 분야(Medicare)와 워싱턴 주 및 시애틀 시(State of Washington and City of Seattle)이다.

마지막으로 공공 데이터와 기업 데이터가 융합 활용되는 경우에는 정부가 특정 산업 데이터를 활용하는 경우로 의료 정책 분석, 금융 사고 방지 등이 해당된다. 한 예로 2004년 설립된 미국 캘리포니아의 팔렌티르(Palantir)는 공공, 안보 및 금융 부문에 특화된 빅 데이터 서비스 컨설팅 업체이며, 테러·전쟁 등의 과거 데이터를 통해 예측하는 서비스를 제공한다.[59]

이처럼 데이터 간의 융합 현상은 데이터 자원을 확보한다는 측면에서 자연적인 방법으로 인식된다. 빅 데이터 환경에서 데이터를 확보하는 방안은 생성, 수집 및 검색, 공유와 연계, 협력, 참여, 개방 등에 따라 단계적으로 확장 가능하게 된다. 최근에는 특히 소셜 데이터를 분석하여 기업이나 공공기관의 평판을 확인하고, 기업의 마케팅 및 신상품 개발에 활용하는 다양한 사례들이 많이 등장하고 있다.

---

* 클라우트가 제공하는 클라우트 스코어(Klout Score) 서비스는 소셜 이용자의 소셜 관여도를 분석해 점수를 부여하는 것으로, 트위터의 팔로어 수나 업데이트 빈도, 페이스북의 친구 수, 댓글 수, 정보 공유 등을 통해 개인이나 기업의 소셜 영향력을 평가하고 1부터 100까지의 숫자로 표시한다.

그 외에도 실시간성 여부와 정형, 반정형, 비정형 여부에 따라서도 빅 데이터 응용 비즈니스 분야가 분류될 수 있다. 예컨대 실시간성과 비정형성이 모두 강한 비즈니스 분야는 의료 헬스 서비스, 개인화 맞춤 서비스 등이 대표적이다.

또한, 실시간성은 약하나 비정형성이 강한 서비스는 기술, 학술, 정보분석이 있다. 반대로, 실시간성은 강하나 비정형성이 약한 대표적 서비스는 금융, 통신 부정 사용 감지, 도시 관제, 재난 대응 서비스 등이 있다. (다양한 서비스 사례에 대해서는 6장에서 자세히 다루고 있다.)

02

센서 데이터 기반의 응용 비즈니스

데이터 소스 중 센서 데이터는 이미 기기에 탑재되어 있다. IDC는 2012년 3월 28일 발표 자료를 통해 PC, 스마트폰, 미디어 태블릿 등 스마트 기기 시장이 2011~ 2016년 기간 동안 두 배나 성장할 것으로 전망하였다. 스마트 기기는 전 세계적으로 2011년 9억 1600만 대가 출하되었고, 매출은 4890억 달러를 기록한 것으로 집계되었는데, 2016년 18억 4000만 대 출하량 기록이 예상되며, 5년간 연평균 성장률은 15.4%로 전망된다.

데이터를 생성하는 스마트 기기와 센서 수가 급증하고 데이터 저장과 통신비용이 낮아지면서 빅 데이터 수집 여건은 더욱 좋아진다. 2012년 전 세계 1인당 모바일 스마트 기기 수가 1개를 넘어섰고, 2016년에는 약 1.4개에 이를 것으로 전망된다. 기기 확산으로 인해 개인의 라이프로그(Life-log), 웹사이트, 게임 등 서버 로그 데이터, 지리적 위치, 상황(Context) 등 광대한 비정형의 실시간 데이터 수집이 가능하다.[60]

대표적인 센서로는 위치정보시스템인 GPS, 자기장 센서인 마그네틱 필드(Magnetic

fields), 조도센서인 일루미노미터(Illuminometer), 그 외 무선 접속 프로토콜인 블루투스(Bluetooth), 와이파이 등이 있다. 이 센서들의 실시간 로그 데이터 수집을 통해 생활 패턴을 잡아낼 수 있다. 즉 일상적인 로깅을 통한 사용자의 행동 패턴을 인식하고 모바일 라이프로그를 통해 사용자의 행동 패턴을 학습할 수 있다. 이를 기계 학습이라 말한다. 기계 학습은 행동 패턴들을 축적하여 확률분포를 수정하는 작업을 거치면서 오류(error)를 줄여나가는 기법이다. (기계 학습 기술에 대해서는 4장을 참조하기 바란다.)

센서 데이터를 활용했다고 보이는 첫 사례는 무인자동차이다. 구글의 무인자동차 사례에 대해 앞에서 이미 언급하였는데, 이의 원조는 2005년의 무인자동차 경주대회이다. 이때 폭스바겐의 무인자동차인 '스탠리(Stanley)'가 승리하면서 세상에 알려지게 되었다. 기술적으로는 기계 학습의 결과이다.

'그랜드 챌린지(Grand Challenge)'라는 무인자동차 경주대회는 펜타곤 산하의 국방고등연구기획청(DARPA)이 후원하는 로봇 경주대회인데, 정해진 시간 내에 인간의 개입 없이 무인자동차가 스스로 판단하여 코스를 완주해야 하는 경기이다. 2004년 첫 대회를 시작으로 세계 각지의 연구기관, 기업, 대학 등이 참가하여 기술 경쟁을 펼쳤으며, 첫해인 2004년에는 코스를 완주한 차량이 없어서 우승자가 없었다.

이후 2005년에 '스탠리'가 1위를 하게 되면서 〈와이어드〉로부터 시대를 초월하는 세계 최고의 로봇으로 선정되었다. 세바스찬 스런이 이끈 스탠퍼드대학 팀은 폭스바겐의 투아렉(Tuareg) SUV에 다섯 개의 레이더 센서, GPS, 비디오카메라, 스탠퍼드대학 공대에서 특별히 만든 10만 라인의 소프트웨어가 내장된 컴퓨터를 탑재했다. 2005년 10월 8일, 스탠리는 최고 시속 61킬로미터로 6시간 54분 만에 코스를 완주해 그랜드 챌린지 대회 우승을 차지했다.

이후 구글의 무인자동차 프로젝트가 진행되었다. 이 역시 스마트 자동차 기기를

자료: "DARPA's Robot Challenge Goes Urban",
http://www.livescience.com/722darpa-robot-challenge-urban.html, 2006. 5. 2.

활용해 차량 운행 관련 정보와 실시간 교통 상황, 이용자의 운행 패턴 등 센서 데이터를 수집하는 것이다. 구글은 이를 통해 향후 광고 수익 모델을 강화할 수 있을 것으로 보았으며, 취합한 운행정보를 활용해 구글 맵스의 실시간 내비게이션을 강화하는 등 기존 서비스들과도 연계될 수 있을 것으로 기대했다. 구글의 무인자동차 프로젝트 추진 경위를 도식화한 내용은 다음 〈그림〉과 같다. (보다 자세한 내용은 2장의 빅 데이터가 만드는 웰빙 세상을 참조바란다.)

센서 데이터를 기반으로 단말이 개인비서 역할을 하는 시대도 열렸다. 애플의 시리(Siri)가 대표적이다. 스마트 기기는 소형화되는 반면, 데이터는 더욱 폭발적으로 증가하는 상황에서 기계가 다양한 분야에서 음성 검색 등 개인비서 역할을 하는

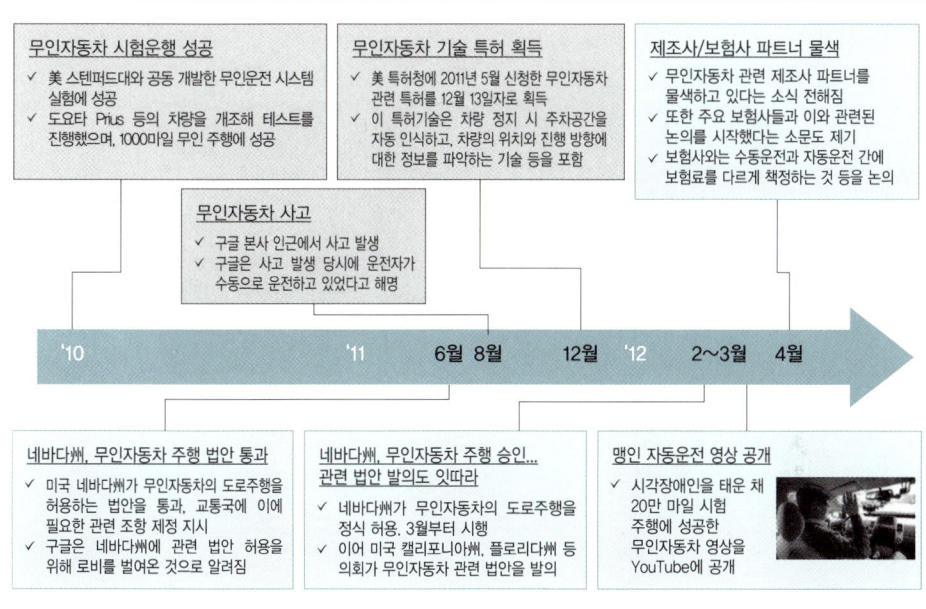

자료: 아틀라스, 2012. 5. 4.

것이다.

최근 애플은 한국어 시리 기능이 탑재된 새로운 운영체제(iOS6)의 정식 버전 출시를 앞두고 2012년 6월 초부터 테스트용인 베타 버전을 국내에서 시험 중이다. 얼리어답터들의 사용후기를 보면 대단하다. 예컨대 시리에 대고 "피곤해"라고 하면, 시리는 "한숨도 못 주무신 거예요?"라고 개인비서처럼 되묻는다. 다시 "피곤해"를 반복하면 "운전 중이 아니길 바랄 뿐이에요"라고 걱정까지 해준다. 또 한 번 "피곤해"라고 말하면 "제 말 잘 들으세요, 주인님. 당장 이 아이폰을 내려놓고 잠시 주무세요. 저는 여기서 기다리고 있겠습니다"라고 조언까지 한다.

미국의 인공지능 연구팀이 만들었다는 시리는 '언어 해석 및 인지 인터페이스

Find information.
Ask Siri almost anything and it finds the answer using sources like Yelp and WolframAlpha.

Schedule meetings.
Just say who, what, where, and when. Siri puts it on your calendar and sends an invitation.

Send an email.
Ask Siri to write and send email. It can even send an email to more than one person.

자료: loved.pe.kr

(Speech Interpretation and Recognition Interface)'의 약자이다. 시리는 인공지능(AI)을 강화한 진보된 음성검색 엔진으로 일반적으로 알고 있는 단순한 음성인식을 넘어 자연어의 뉘앙스까지 이해한다. '스티브 잡스가 진짜 그 안에 있다(Steve Is Really Inside)'의 약자가 시리라는 말이 나올 정도이다. 식당을 추천하라면 추천해주고, 예약을 하라면 예약을 한다. 비서 역할에 대화 상대까지 되어주니 알라딘의 요술 램프 속의 지니를 연상케 한다.

이것이 어떻게 가능할까? 이는 바로 애플이 방대한 양의 사용자 경험 기록과 센서 데이터 등 인터페이스를 데이터베이스로 갖추고 있기 때문이다. 즉 사용자의 개인정보와 상황정보, 위치정보 등의 데이터가 융합하여 개인 특화가 가능한 것이다. 이는 맥락 이해나 추론이 기반이 되는 인공지능(Artificial Intelligence) 기술의 발전 때문이다. 시리는 문답 기능과 음성 명령으로 날씨나 주가, 교통 상황 등을 확인할 수 있게 해준다. 다시 말해, 사용자의 지시를 분석해 적절한 정보를 제공할 수 있는 내용을 판단하는 것이 이 인공지능 기술의 핵심이다. 현재 시리가 제공하는 검색과 대화 기능이 인공지능 기술의 일부이다. 향후 시리에 상거래가 결합되면 엄청난 비즈니스의 잠재력을 보여줄 것이다.[61]

사람 대신 기계가 대화의 상대이다. 즉 사람들의 각종 대화를 통해 행동 패턴을 분석한 기계가 사용자가 원하는 최적의 정보를 준다. 어떻게 이것이 가능할까? 기계가 인간의 육체노동을 대신해주는 자동화(Automation) 시스템을 넘어, 이제는 인간의 정신노동까지 대신해주는 것을 인공지능이라 한다. 이 단어가 맨 처음 등장한 것은 1956년 다트머스(Dartmouth) 컨퍼런스에서이다. 수학, 심리학, 컴퓨터공학자들이 모여 '생각하는 기계'에 대해 토론하면서 인공지능이란 용어가 생성된다. 인공지능이란 한마디로 인간의 지능적 사고 및 행동을 모방한 컴퓨터 프로그램이다.

최초의 음성인식 시스템은 숫자만 인식했다. 1952년 벨연구소는 음성으로 말하는 숫자를 인식하는 '오드레이(Audrey)' 시스템을 개발하였고, 1960년대에 IBM은 16개 영어 단어를 인식할 수 있는 '슈박스(Shoebox)' 장비를 개발했다. 이후 1970년대에 들어서서 미국 국방부 주도로 음성인식에 대한 연구가 추진되기 시작하면서, 카네기멜론대학은 1011개 단어를 이해할 수 있는 3세 유아의 어휘 수준의 '하피(Harpy)'를 개발했다. 1980년대에는 1000개 단어를 인식하고 5000개 단어의 어휘 지원이 가능한 커즈웨일(Kurzweil) 텍스트 투 스피치(Text-to-Speech) 프로그램이 개발되기에 이른다.

인공지능은 이처럼 인간의 지적 기능을 모방한 기계에서 출발했지만, 점차 사용자의 경험정보를 바탕으로 기계 스스로가 성능을 향상할 수 있는 기술이 개발되면서, 특히 음성이나 영상, 동작 인식 기술 개발을 통해 기계와 사람이 소통할 수 있을 정도로까지 발전하게 된다. 애플이 시리라는 이 지능형 음성인식 기술을 통해 사용자가 원하는 검색 결과나 소통 기능을 실행해주는 서비스를 내놓은 것이다. 이는 사용자의 말과 위치정보 데이터를 종합적으로 분석해서 보여주는 서비스이며, 사람의 개인비서 역할을 한다. 시리는 사용자의 위치정보와 언어를 받아들여 문맥을 이해하고 사용자가 원하는 검색 결과나 기능을 실행해준다. 사용자가 질문을 하면 애플의 대표 단말인 아이폰이 질문의 뜻을 자동적으로 파악하고 그에 맞는 답을 찾아주기 위해 애플 서버에 남아 있는 데이터와 기존에 기록된 사용자의 경험정보를 최적화하여 제공한다.

이러한 가상의 개인비서(Virtual personal assistant)인 시리는 2007년 12월 개인비서 소프트웨어를 아이폰용 앱으로 공개하면서 설립된 이후, 2010년 4월 28일 애플에 의해 2억 달러 규모로 인수된다. 이후에 2011년 10월 4일, 시리가 아이폰4에 탑재되어 세상에 널리 알려지게 되면서 아이폰4S 사용자의 데이터 이용량이 급증했다. 이는 아이폰4 사용자 이용량의 두 배이며 아이폰 3 사용자 이용량의 세 배 수준이다. 현재 아이폰4S 사용자의 90% 가까이가 적어도 한 달에 한 번 시리를 사용한다고 애플은 주장한다. 주로 전화 걸기, 인터넷 정보 서비스, 메시지 보내기, 이메일 등이다. 시리가 다양한 구어체 문장의 음성 질문을 빠른 속도로 이해하기 위해 클라우드 기반은 필수이다. 시리는 검색, 추천, 상식 등 다양한 종류의 정보 서비스를 위하여 빅 데이터 기반 자연어 처리 기술, 패턴 매칭 기술, 기계 학습 기술 등을 활용한다. (기술에 대해서는 4장을 참조하기 바란다.)

아직 시리가 인간처럼 적절한 답을 주지는 못하고 있다. 예컨대 시리에게 삶의 의미에 대해 질문하면, 시리는 '초콜릿을 먹어야 하는 이유'라는 등의 엉뚱한 대답을 하고, 만약 나의 몸을 숨기고 싶다고 말하면 근처의 폐차장이나 금속 주물공장을 검색하여 대답하는 등 적절하지 못한 해결 방안을 제시하곤 한다. 그럼에도 불구하

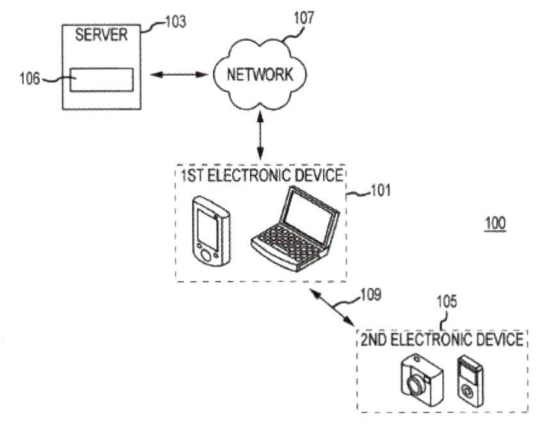

자료: 블로터닷넷, http://www.bloter.net/archives/103571/trackback

고 문답 기능과 음성명령으로 날씨, 주가, 교통 상황 등의 당장 생활에 필요한 정보를 확인할 수 있는 기능 제공에는 매우 유용하게 사용되고 있다.

한편 애플이 2010년 미국 특허상표국에 등록한 특허가 2012년 3월 19일 공개되었다. 이에 따르면, 시리의 음성인식 기능을 기반으로 아이폰4S가 아닌 다른 IT 기기 조작이 가능하다. 따라서 이 기술이 상용화되면, 시리 기능이 없는 카메라나 아이팟과 같은 MP3 플레이어, 스마트TV, 노트북 등 다양한 종류의 IT 기기를 음성명령으로 조작할 수 있다. TV의 리모콘 기능이 가능하다는 뜻이다. 아이폰4S와 같이 시리가 탑재된 기기 하나로 사용자는 주변의 다양한 기기를 통합해 관리할 수 있다.

위 〈그림〉을 보면, 애플의 시리 응용 기술이 타 IT 기기에 적용되려면 우선 시리가 탑재된 1차 기기가 필요하다. 현재로선 아이폰4S가 유일하다. 2차 기기는 시리의 명령을 받는 역할을 한다. 1차 기기와 2차 기기는 서로 블루투스나 무선 네트워크

기술을 통해 연결된다. 사용자가 1차 기기, 즉 아이폰4S에 명령을 내리면 시리는 사용자의 명령을 분석해 2차 기기를 조작한다. 카메라라면 사진을 찍을 수 있고, TV는 채널을 바꾸는 식이다. 카메라에서 두 달 전 찍은 사진을 보려면 시리에게 카메라에서 '두 달 전 찍은 사진을 보여달라'는 명령을 내리기만 하면 된다. 노트북이나 TV 등 IT 기기를 먼 거리에서 조작해야 할 때도 이용할 수 있다.

아이폰4에 시리가 탑재된 시기인 2011년 10월, 구글도 시리와 유사한 방식으로 구글 TV용 음성명령 기술 특허를 출원했다. 이는 휴대폰에 명령을 내리면 400미터 내 TV와 STB를 제어하는 방식이다. 예를 들어 단말에 대고 "xxx 드라마는 언제 시작해?"라고 물으면 TV 스크린에 프로그램 제목과 방송 시간 등의 정보를 띄워주는 것이다. 음성으로 프로그램을 검색하거나 설정 변경도 가능하다.

구글의 이 특허 출원서를 바라보는 애플의 블로그 페이턴틀리애플(Patently Apple)의 2012년 2월 21일 포스트에 따르면, TV 시청자가 휴대폰 등 모바일 단말기로 음성 명령을 하면, 이것이 리모콘처럼 TV나 셋톱박스를 움직여 TV 화면상에 원하는 정보를 보여주도록 되어 있는 구글의 특허 기술이 시리 기반 iTV(애플이 출시할 스마트 TV의 가칭 이름) 기능과 유사하다. 구글 외에 MS도 키넥트(Kinect)의 제스처 및 음성 인식 기술과 윈도폰 등의 자산을 TV UI(User Interface) 혁신의 핵심 카드로 활용할 것으로 보여, 결국 구글, 애플, MS 등 3대 기업이 모두 유사한 UI를 강조하고 있다. 클라우드 컴퓨팅 인프라의 발달과 빅 데이터에 기반한 음향, 언어 모델의 진화로 인해 향후 이러한 음성인식 성능은 더욱 비약적으로 발전할 전망이다.

03

소셜 데이터 기반의
응용 비즈니스

소셜 데이터는 사람 간의 관계에 의해 생성되는 비정형 데이터이다. 소셜 데이터 기반의 분석은 아직 사회 이슈나 트렌드 분석 위주이다. 한편 가트너가 내놓은 2011년 10대 전략적 기술 중 하나가 소셜 분석(Social Analytics)이다. 가트너에 의하면, 소셜분석은 '소셜웹상에 있는 사람들, 주제, 브랜드 그리고 생각 등에 대한 상호 교류와 연합의 결과를 수집, 측정 분석하여 해석하는 프로세스'이다. 즉, 소셜데이터를 수집, 분석하여 일정 패턴과 의미를 찾아내는 일종의 데이터마이닝이다. 소셜 분석은 소셜 필터링(Social Filtering), 소셜 네트워크 분석(Social Network Analysis), 감성 분석(Sentiment Analysis), 소셜 미디어 분석 기술 등 다양한 분석 툴을 포괄하는 상위의 개념으로 쓰이고 있다.

다시 정리하면, 이는 사람, 화제, 아이디어 간 상호작용과 연계 결과를 측정, 분석, 해석하는 과정 및 관련 기술이다. 이러한 상호작용은 기업 내·외부에서 접하는 커뮤니티에서 사용되는 소셜 소프트웨어 앱 또는 소셜 웹에서 발생한다.

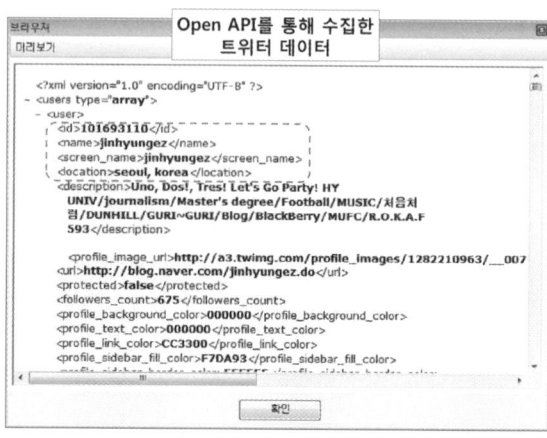

Open API를 통해 수집한 트위터 데이터

```
<?xml version="1.0" encoding="UTF-8" ?>
- <users type="array">
  - <user>
      <id>101693110</id>
      <name>jinhyungez</name>
      <screen_name>jinhyungez</screen_name>
      <location>seoul, korea</location>
      <description>Uno, Dos!, Tres! Let's Go Party! HY
      UNIV/journalism/Master's degree/Football/MUSIC/처음처
      럼/DUNHILL/GURI~GURI/Blog/BlackBerry/MUFC/R.O.K.A.F
      593</description>
        <profile_image_url>http://a3.twimg.com/profile_images/1282210963/__007
      <url>http://blog.naver.com/jinhyungez.do</url>
      <protected>false</protected>
      <followers_count>675</followers_count>
      <profile_background_color>000000</profile_background_color>
      <profile_text_color>000000</profile_text_color>
      <profile_link_color>CC3300</profile_link_color>
      <profile_sidebar_fill_color>F7DA93</profile_sidebar_fill_color>
```

확인

자료: 솔트룩스, 2012. 5; 위세아이텍(Wiseitech), 2012. 2.

소셜 분석의 대표적 사례들을 찾아보면 대부분 트위터에 대한 분석이다. 트위터가 이처럼 각광을 받는 이유는 무엇보다도 대부분의 데이터와 API가 공개되어 있기 때문이다. 물론 페이스북도 오픈 API를 제공한다. 그런데 전 세계적으로 트위터보다 이용자가 더 많고 더 많은 정보가 쌓여 있는 페이스북 데이터가 잘 이용되지 않고 있는 이유는 여기에 올라온 내용(상태 업데이트, 링크 공유, 사진 등)이 주로 친구 공개로 작성된 경우가 많기 때문이다. 수집대상의 제한은 분석 결과의 편향성을 가져올 수 있다. 페이스북도 API를 공개하므로 전체 공개로 작성된 데이터를 분석할 수는 있다. SNS에서 데이터를 수집하는 것은 용이하나, 활용은 또 다른 이슈이다. 트위터도 대도시, 젊은이 위주로 사용자가 편중되어 있다는 주장도 있다.

국내외적으로 검색엔진과 BI 업체를 비롯하여 많은 중소 업체들이 최근 소셜 분석 서비스를 우후죽순 내놓고 있다. 촉매 역할을 한 SNS 중에는 이미 소셜 분

석 서비스를 제공하던 업체들이 많이 있다. 국내에서도 소셜 분석 구축 사례를 쉽게 찾을 수 있다. 특히 최근에 부쩍 공공기관 및 정당, 언론 등에서 소셜 분석을 통한 여론 파악의 필요성을 느끼고 있다. 지난 총선에서 트위터를 비롯한 SNS 상에서 투표 독려 및 투표소 앞에서 투표했음을 알리는 인증샷을 공유하는 등 선거에서 새로운 바람을 일으켰으며, 서울시장 선거에서는 SNS의 중요성이 강조됐다. SAS코리아, 다음소프트, 그루터 등은 SNS 상의 정보를 취합해 선거 예측을 하는 서울시장 선거 특집을 다뤘고, 그 예측의 정확도가 매우 높아 기존 출구조사 및 표본조사를 대처할 수 있는 새로운 통계조사의 표본으로 떠올랐다.

〈컴퓨터월드〉(2012. 3)에 따르면, 국내 소셜 분석 시장은 일반인 대상과 기업 대상으로 양분된다. 다음소프트는 일반인 대상으로 '소셜 메트릭스'를, 기업 대상으로 '소셜 메트릭스 Biz'를, 다이퀘스트는 기업 대상으로만 '브람스'와 '브람스 VOC'를 제공한다. 또한 와이즈넛의 '버즈 인사이트'는 기업 대상, '트윗 트렌드'는 일반인 대상이다. 이들 검색엔진 제공 업체 외에 최근엔 BI 업체들도 이에 가세하였다. 시멘틱웹 전문회사인 솔트룩스의 '트루스토리'(B2C, B2B 모두 제공), 코난테크놀로지의 '펄스(Pulse)-K'(B2B)가 대표적이다. (기업 대상의 B2B 서비스 사례에 대해서는 기업 데이터 부문에서 다룬다.)

이상의 검색엔진, BI 업체 외에 전문적인 소셜 분석 서비스 제공자들도 생겨나고 있다. 데이터스트림즈가 '소셜 큐브'와 '소셜 클라우드'를 선보였고, 지난해 서울시장 선거 때 소셜 분석 예측을 했던 그루터는 최근 '씨날' 클로즈 베타 서비스를 시작했다. 크레아랩의 '토끼북', 디지털다임의 '소셜 다임', 엘에이치의 '소셜 보이스' 등이 선두적인 독립 소셜 분석 전문 업체들이다. 오라클의 2012년 자료 〈Big Data 기술 동향과 활용 사례〉에 의하면, 사용자 개인 관점에서 빅 데이터 분석 결과가 주는 의미는 시대 변화 방향을 미리 인지하고 이를 분석, 예측할 수 있는 인문학적 소양의

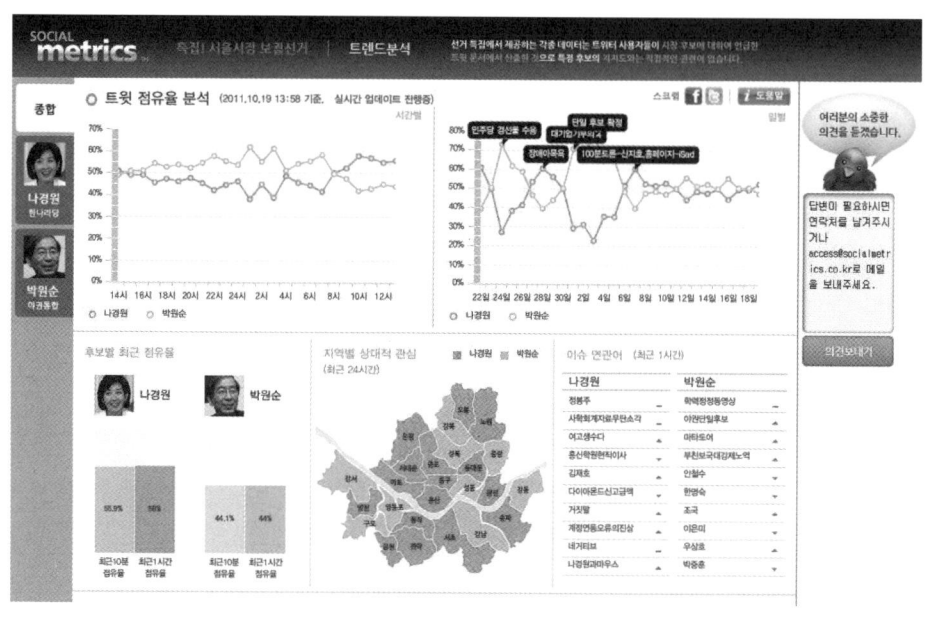

계발과 이를 통한 새로운 만남과 기회의 증대 가능성이다.

　최근 이러한 니즈를 반영하듯, 국내에는 일반인 대상 B2C 소셜 분석 사례들이 많다. 먼저, 검색엔진이 모태인 다음소프트의 소셜 메트릭스(www.socialmetrics.co.kr)가 눈에 띈다. 다음소프트는 이 데이터 마이닝 분석 기술을 소셜 미디어 마이닝(Social Media Mining)이라 칭한다. 그동안 검색이 찾아주는 역할에만 그쳤다면, 소셜 미디어 마이닝은 제시되는 조건과 상황에 따라 그에 맞는 제안을 내놓는다.

　소셜 마이닝 서비스는 검색엔진에서 발전한 일종의 개인 맞춤형 '추천' 서비스이다. 예컨대 남자 친구와 헤어져 집에 들어와 음악을 듣고 싶을 때, 기분을 얘기하고 음악을 들려달라고 입력하면 적절한 음악이 추천되어 흘러나온다. 이는 개인 기

다음소프트의 건강 관심도 변화 분석 결과(2008. 3. 1~2010. 2. 28)

No.	20080301-20090228 건강	빈도	%	No.	20090301-20100228 건강	빈도	%	No.	(2008년 대비) 관심도 상승한 키워드 건강	2010-2008%
1	심장	60998	8.4%	1	심장	84301	8.6%	1	신종플루	+3.2%
2	스트레스	52712	7.3%	2	스트레스	72349	7.3%	2	안티에이징	+0.2%
3	감기	49504	6.8%	3	감기	69255	7.0%	3	감기	+0.2%
4	두뇌	39496	5.4%	4	두뇌	55243	5.6%	4	피로회복	+0.2%
5	장수	34051	4.7%	5	장수	41420	4.2%	5	아토피	+0.2%
6	광우병	20845	2.9%	6	신종플루	31541	3.2%	6	두뇌	+0.2%
7	위 건강	18912	2.6%	7	위 건강	23530	2.4%	7	몸만들기	+0.1%
8	신장	18554	2.6%	8	신장	23366	2.4%			

No.	(2008년 대비) 관심도 하락한 키워드 건강	2010-2008%
1	광우병	-2.5%
2	장수	-0.5%
3	조류인플루엔자	-0.2%
4	위 건강	-0.2%
5	신장	-0.2%
6	자궁	-0.2%
7	두통	-0.2%

No.	20080301-20090228 건강	빈도	%	No.	20090301-20100228 건강	빈도	%
9	당뇨	15938	2.2%	9	당뇨	21606	2.2%
10	치아	15901	2.2%	10	치아	20941	2.1%
11	항암	14805	2.0%	11	항암	20735	2.1%
12	식욕	14640	2.0%	12	식욕	20204	2.0%
13	두통	14624	2.0%	13	두통	19785	2.0%
14	고혈압	14329	2.0%	14	고혈압	19316	2.0%
15	출산	14212	2.0%	15	출산	18905	1.9%

자료: 웹월드인사이트 컨퍼런스, 다음소프트 발표문, 2012. 6. 12.

호에 대한 정보를 축적해놓았다가 제시되는 조건에 맞게 데이터 마이닝하기 때문에 가능하다. (기술에 대해서는 4장을 참조하기 바란다.)

소셜 데이터가 가지는 독특한 가치는 '오피니어 데이터'라는 점이다. 리서치 기관인 TNS의 디지털 라이프 조사결과에 따르면, 한국인들은 온라인에서 자신의 감정을 더 잘 표현한다. 즉, 자신의 감정과 태도, 평가 등의 오피니언을 온라인 공간에 기록하는 것이다.

이런 관점에서 웹에서 쉽게 찾을 수 있는 소셜 메트릭스 서비스도 이런 류의 분석이다. 예컨데, 2011년 '서울시장 보궐선거' 특집 분석이 있다. 400만 트위터들의 트윗을 분석해 실시간 분석 결과를 내놓은 것인데, 나경원 후보와 박원순 후보의 팔로어 증감, 관련 키워드 순위가 실시간으로 사이트에 나타난다. 박근혜 전 대표가 나경원 후보를 지원하기로 했다는 뉴스가 뜬 그 시각에 나경원 후보 관련 키워드 순위에서 박근혜는 순식간에 1위로 올라왔다.

그 외에 지난 4년간 블로그에서 언급된 테마의 변화가 분석되기도 한다. 예컨대 건강에 대해서는 일일 평균 2500건이 지속적으로 언급되고 있다. 블로그에서 언급된 질환의 순위 변화 트렌드도 있다. 앞 〈그림〉에서 보면, 2008년 3월~ 2010년 2월 기간 동안 관심도가 상승한 키워드는 신종플루, 안티에이징, 감기, 피로회복, 아토피이며, 하락한 키워드는 광우병, 장수, 조류인플루엔자, 위 건강, 신장 순이다. 건강을 위해 운동을 하는 사람들이 증가하고 있음도 확인되었다. 수영, 등산, 조깅처럼 복장과 준비물을 갖추고 지정된 장소에서 이뤄지는 운동 관심도는 하락한 반면, 스트레칭, 헬스, 줄넘기, 요가처럼 환경적 제약이 적은 운동 관심도가 상승하였다.

2000년 다음커뮤니케이션에서 분사해 데이터 마이닝 기반 솔루션을 개발해오다가 소셜 분석 전문 기업이 된 다음소프트는 자연어 처리 전공 박사 10여 명을 중심으로 한국어, 영어, 중국어 분석 엔진을 개발해 오피니언 마이닝 및 자동 번역 솔루션을 가동한다. 자체 개발된 '소셜 메트릭스'는 인터넷에 자연어로 표현되어 있는 사용자 의견을 수집하고 자연어 처리 및 텍스트 마이닝 기술을 통해 분석한다. 이는 상품 및 서비스 모델, 항목, 세부 속성에 대한 긍정, 부정 평가 결과를 도출해내는 지능형 오피니언 마이닝 (Intelligent Opinion Mining) 소프트웨어라고 볼 수 있다.

현재 '소셜 메트릭스'는 검색엔진을 개발한 경험을 살려, 대용량 데이터 처리 기술력을 바탕으로 하루 500만 건이 넘는 데이터를 분류·분석하고 있으며, 텍스트 마이닝 기술 기반이라 형태소 분석뿐만 아니라 대량 어휘 데이터를 기반으로 문법 관계, 의미 관계까지 파악한다. 데이터 소스는 전문 사이트, 커뮤니티, 쇼핑몰, 신문, 방송, 잡지 등의 미디어, 브랜드 사이트, 정부기관 사이트, 블로그, 트위터, 페이스북 등의 소셜 미디어 사이트를 총망라하며, 프로젝트 성격에 따라 수집 범위를 차별화한다.

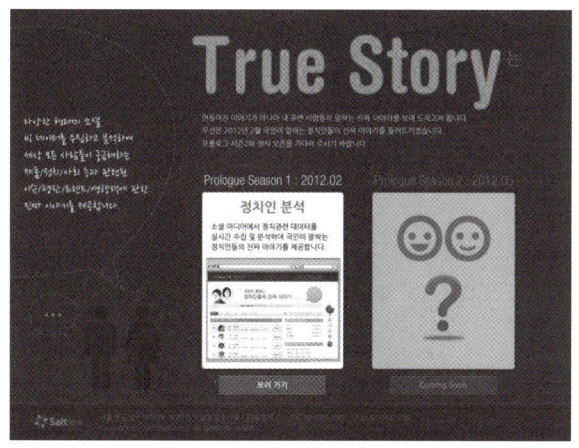

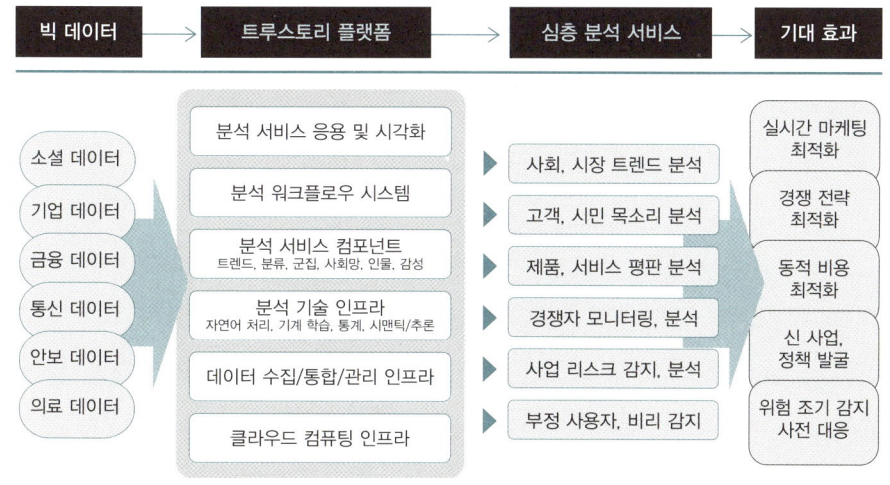

자료: 솔트룩스 대외 발표문, 2012.

'소셜 메트릭스' 분석의 목적은 주로 사회에 대한 이해나 트렌드를 감지하게 하는 것이다. 예컨대 '지난 2년간 주류별 관심도 차이'(막걸리 관심도의 상승 등), '주류별 감정 연관어 비교' '3년간 가장 많이 증가한 아웃도어'(캠핑의 상승 등), '감기와 음료·식품 연관어' 등의 소비자 및 사회에 대한 이해라든지 '카페의 감성 변화' '휴대폰의 연관어 순위 변화' 등의 트렌드 감지 및 예측 등이 일반적인 결과이다. 다음소프트는 이외에 기업 대상으로 B2B 비즈니스 모델인 '소셜 메트릭스 Biz'도 같이 제공 중이다. (이에 대해서는 기업 데이터 부문에서 살펴보기로 한다.)

다음은 국내의 대표적인 BI 업체로서 시멘틱과 언어 처리 관련 기술들을 보유하고 있는 솔트룩스(Saltlux)의 소셜 분석 플랫폼인 '트루스토리(True Story)'가 있다. 트루스토리는 특히 클라우드 컴퓨팅과 인공지능 기술이 결합된 정형 및 비정형 데이터 분석을 수행하며, 소셜 데이터 분석에서 기업 데이터 분석, 공공 데이터 분석 통신 및 금융 빅 데이터 분석 등 다양한 도메인에 다양하게 활용되기 시작했다. 솔트룩스가 자체 제공한 이 플랫폼을 소개하면 앞 페이지의 〈그림〉과 같다.

2012년 2월, 트루스토리 시즌1이 발표되었다. 이는 정치인 또는 정치적 관심을 받는 인물들이 트위터 등의 SNS뿐 아니라 뉴스, 블로그 등에서 어떻게 이야기되고, 그 이야기들이 어떤 패턴으로 흐르는지 한눈에 파악할 수 있게 한다. 국민이 관심

솔트룩스의 '트루스토리' 시즌1

자료: 트루스토리, politician.truestory.co.kr/main

소셜(콘텐츠) 큐레이션의 과정

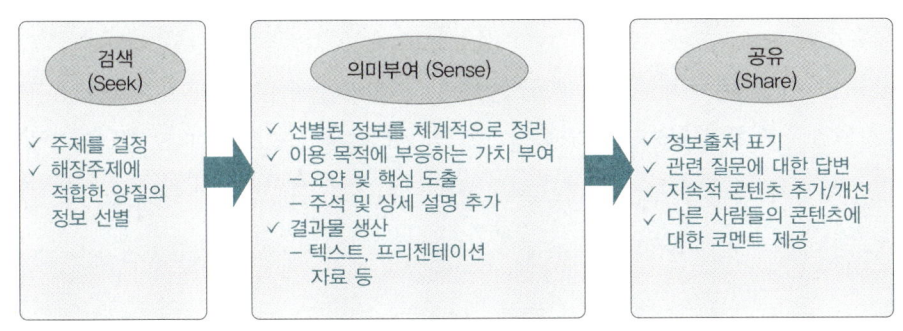

자료: Beth's Blog, "Content curation primer", 2011. 10. 4; 아틀라스, 2012. 4 재인용.

을 갖고 있는 정치인 순위부터 특정 정치인의 관련 이슈, 인물 분석, 국민의 호감·비호감 등의 평판 분석, 관심 있는 정치인 간 비교 상세 분석 등 웹과 소셜 미디어상에서 이뤄지는 다양한 이슈 파악이 가능하다.

'트루스토리'의 주요 지표는 관심지수와 노출 수이며, 나머지는 시계열 분석을 하고 값에 따라 정렬해서 보여주고 있다. 관심지수는 정치인 관련 키워드로 수집한 콘텐츠 건수, 조회 수, 댓글 수, 트랙백 수, 멘션(Mention), 리트윗(RT) 건수 등의 추가 데이터를 조합해 만들어지며, 언론이나 트위터에 많이 나온 것을 지수화한 것이다. 노출 수는 관심지수를 뽑기 위한 콘텐츠 건수, 조회 수, 댓글 수, 트랙백 수, 멘션, RT 건수 등 데이터에 대한 가중치를 포함한 총합이다.

위에서 국내 중심으로 소셜 분석 서비스 자체를 제공하는 사례들을 소개하였다. 한편 소셜 분석 결과들을 제공하는 것에 머물지 않고, 이를 활용하여 비즈니스 모델화한 사례들도 있다. 최근 이러한 서비스들을 총칭하여 '소셜 큐레이션(Social Curation)'이라 부르기 시작했다. 이는 미디어 및 마케팅 플랫폼의 새로운 트렌드로 자리 잡고 있다.

소셜 큐레이션이란 웹상의 수많은 콘텐츠를 특정 주제에 따라 분류한 후, 가치 있고 체계적인 형태로 정리하여 여러 사람이 공유할 수 있게 해주는 서비스이다. 이러한 서비스의 등장에 단초를 제공한 것은 소셜 분석 플랫폼과 마찬가지로 기존 정보검색의 한계성 때문이다. SNS와 스마트 기기 확산으로 일방적인 정보습득 방식 대신, 이용자 자신이 원하는 개인화된 정보를 획득하려는 경향이 높아지면서, 이용자 목소리를 분석하고 예측해 적절한 가치를 주는 큐레이션이 필요하게 된다. 일부 소셜 분석 플랫폼들은 이러한 기능을 제공한다. 여하튼 앞 페이지의 〈그림〉에서 보

핀터레스트 메인 화면

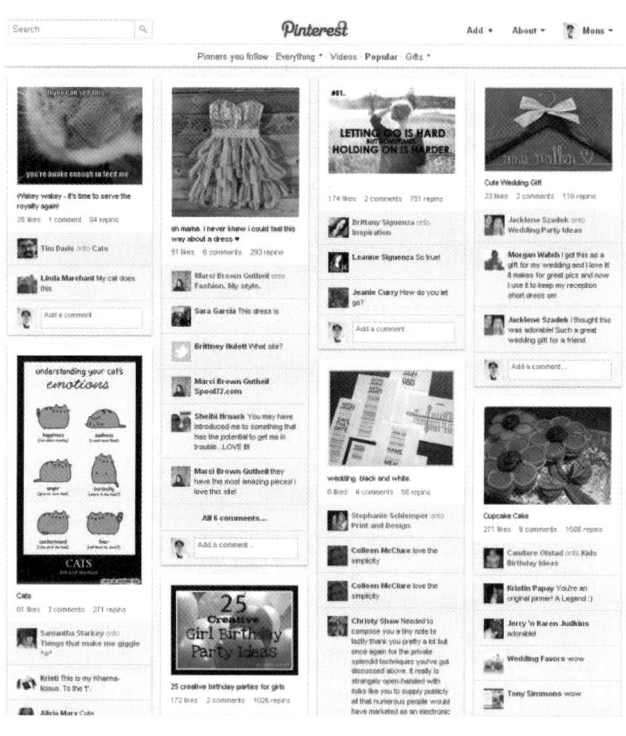

자료: Pinterest 메인 페이지

5장 데이터 소스별 빅 데이터 비즈니스

보티카의 핀터레스트 페이지

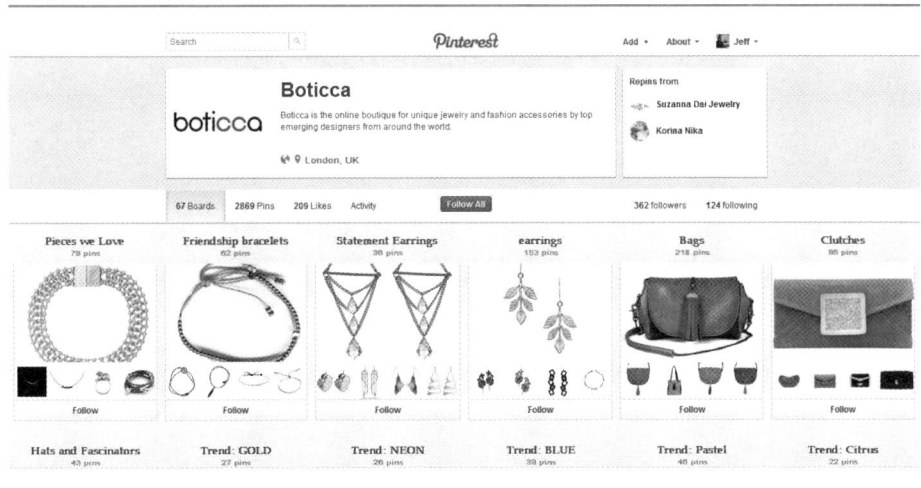

자료: 핀터레스트

듯이, 소셜 큐레이션의 과정은 수많은 정보들 중에서 이용자에게 의미 있는 것만을 추출해서 필터링해주는 과정이다. 주제가 결정되면 해당 주제에 대한 양질의 정보가 선별되고, 선별된 정보가 체계적으로 정리되어 이용 목적에 맞는 가치가 부여되어 결과물로 생산되는 과정을 거친다. 또한 이를 공유할 경우에는 원천 정보의 출처를 표기하게 되어 있으며, 지속적인 정보의 추가 및 개선이 가능하다.

소셜 큐레이션이 비즈니스 모델로 된 대표적 사례는 핀터레스트(Pinterest)이다. 이는 페이스북, 트위터에 이어 미국 인기 SNS 3위에 등극했으며, 아직 저작권 문제가 이슈로 남아 있어서, 예컨대 플릭커는 핀터레스트를 차단하고 있다.

유익한 정보만 뽑아서 쏙쏙 넣어주는 레퍼런스 사이트로 핀터레스트가 급부상하고 있다. 패션 등 일반 기업들은 페이스북보다 고객 유치 효과가 높은 핀터레스트를 소셜 마케팅에 활용하기 시작했다. 사실 기업들은 그동안의 SNS 마케팅 효과에

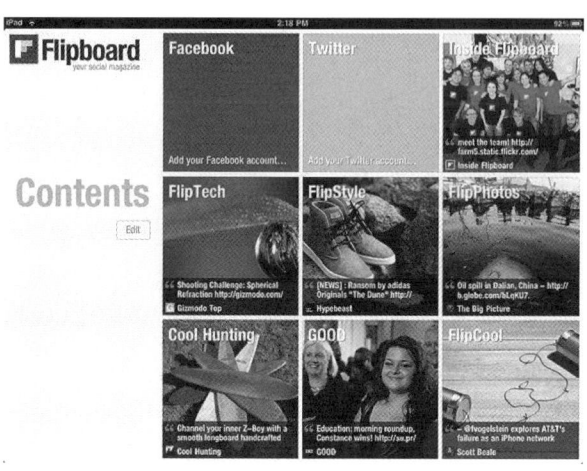

자료: 플립보드

한계를 느끼기 시작했는데 이용자 기호나 취미에 따라 선호 제품이나 서비스가 텍스트 단위가 아닌 사진 단위로 자발적으로 분류되는 핀터레스트가 마케팅이나 광고에 매우 유용하다고 보았다.

한 예로 패션 업체인 보티카(Boticca)는 자사 사이트에 페이스북, 트위터 외에 핀터레스트 '피닝(Pinning)' 버튼을 설치하였는데, 핀터레스트가 가장 높은 리퍼럴 트래픽(referral traffic)을 기록하였다. 보티카에 의하면, 핀터레스트를 통한 매출이 전체 매출의 약 10%를 차지하는 반면, 페이스북의 비중은 전체 매출의 7%에 그치는 것으로 나타났다. 또한 핀터레스트 이용자의 월 지출액이 180달러로 페이스북(85달러) 이용자 월 지출액의 두 배에 달했다. 게다가 핀터레스트로부터 유입된 방문자의 86%가 신규 고객에 해당한 반면, 페이스북의 경우는 57%에 불과하였다.

미디어 업체들이 소셜 데이터를 활용해 소셜 큐레이션 비즈니스 모델을 개발한 사례도 있다. 소셜 매거진(Social magazine)의 대명사인 플립보드(Flipboard)는 이미 2010년에 아이패드용으로 개발되었고, 2012년 5월에는 안드로이드용으로 삼성 갤럭시S3에 독점 공급한다고 발표했다.

플립보드는 트위터, 페이스북, 리드잇레이터(ReadItLater) 등의 SNS와 연계해 사용자 평판, 친밀도에 따라 적절한 레이아웃(Layout)으로 동적(dynamic) 매거진을 생성한다. 각 콘텐츠는 제목, 짧은 요약, 관련 사진이 함께 보이며, 개별 콘텐츠를 추천한 사람의 트위터나 페이스북의 프로필 사진도 함께 보여주어 콘텐츠에 대한 신뢰도를 높이고 있다. 최근에는 오디오 서비스가 추가되었으며, 향후 동영상 서비스까지 추가될 것으로 전망된다. 2012년 4월에는 유튜브 창업자인 채드 허슬리(Chad Husley)와 스티브 챈(Steve Chen)이 소셜 매거진인 '진(Zeen)'의 추진을 위해 인터넷 기업 '아보스'를 설립했고, 딜리셔스(Delicious)가 한 해 전인 2011년 4월 아보스에 인수되기도 했다.

기업 데이터 기반의
응용 비즈니스

빅 데이터 이코노미 시대에는 새로운 경영 패러다임 변화를 요구한다. 기업 데이터에는 어떤 것이 있을까? 기존의 CRM, ERP, DW 등 주로 관계형 데이터베이스에 저장된 데이터들이다. 메타 데이터나 콜 데이터 같은 반정형 데이터도 있다. 이를 활용하여, 예를 들어 고객이 방문한 웹 페이지의 로그 정보로 고객 유형별 관심 주제를 파악할 수 있다. 앞의 3장에서 자라가 전 세계 매장 데이터로 유행을 파악하고 재고를 관리하는 경우와 아마존이나 넷플릭스의 사례들을 소개하였다. 소셜데이터의 접목이다.

가트너(2011)에 따르면, 데이터가 상호 연계되고 참여 주체들의 협력을 통해 새로운 가치가 창출되는 데이터 경제(Data Economy) 시대가 도래하였다. 이 시대에는 연계와 협력으로 인해 데이터 활용 영역이 확장되며 단계적으로 데이터 소스는 무한에 가까워진다. 그러므로 기업들에게 데이터 소스를 확대하는 전략은 매우 중요하다.

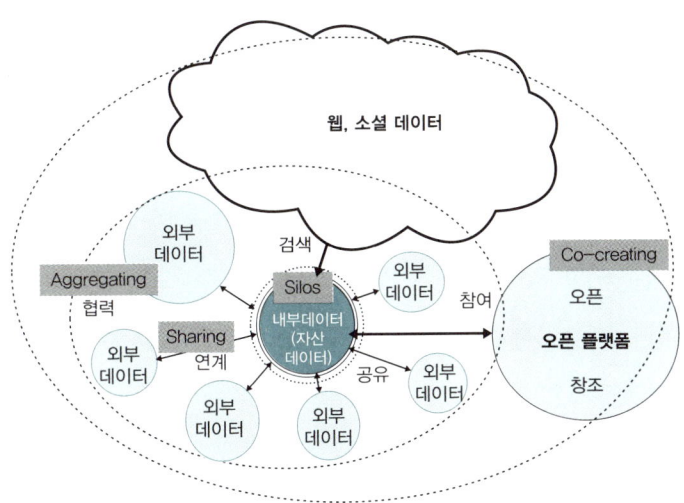

단계	내용과 과제	방법
1: Silos (Hoarding)	· 조직의 독자적인 데이터 생성, 저장 중심의 단계 · 외부 데이터는 인터넷을 통한 수집(검색) 가능 · 데이터의 신뢰성과 품질 제고 노력 필요	생성, 저장, 수집(검색)
2: Exchanges (Sharing)	· 기업의 데이터를 외부 기관들과 상호 교환하는 단계(1:1 또는 1:n의 공유, 연계)	연계, 공유
3: Pools (Aggregating)	· 특정한 활동이나 목적을 위해 모인 연합, 그룹, 클럽들이 상호 협력과 공동의 장 형성(집단) · 표준화된 데이터 풀(Pool)의 연계를 통해 국경을 초월한 정보 교환과 상호 이용 가능 · 예시: Global Data Synchronization Network	참여, 협력
4: Commons (Co-creating)	· 오픈 방식 플랫폼을 통한 데이터 공유 · 상호 협력과 참여를 통해 공동의 자원 창조	오픈, 창조

자료: Gartner, "How to plan, participate and prosper in the Data Economy", 2011;
한국정보화진흥원(NIA), 〈성공적인 빅 데이터 활용을 위한 3대 요소: 자원, 기술, 인력〉, 2012. 4. 12 재구성.

가트너는 데이터 소스 확보 단계를 기업의 독자적인 데이터 저장 단계(Hoarding)에서 제한적이지만 일부 외부 기관들과 데이터 소스를 공유하는 단계(Sharing), 더 나아가 페이스북 등 정보 클럽들과 협력하는 단계(Aggregating), 그리고 공유 데이터의 개방 풀을 형성하는 단계(Co-creating)로 확장된다고 설명하면서 이를 데이터 경제 시대의 발전 단계라고 명명하고 있다. 이를 정리하면 앞 페이지의 〈표, 그림〉과 같다.

우리나라에서는 주로 검색엔진이나 BI 업체 중심으로 자체적으로 소셜 분석 서비스에 관심을 보이고 있다. 따라서 앞서 언급한 대로 소셜 데이터 기반에서는 사회 이슈 분석이 주를 이루는 모습을 보이는 가운데, 많지는 않지만 일반 기업들도 마케팅과 영업에 이들이 제공하는 소셜 분석 기법을 활용하려는 시도가 일기 시작했다. 기존 마케팅과 영업의 한계를 소셜 분석을 통해 뛰어넘겠다는 의지로 보인다. 이러한 니즈에 따라 B2C 대상으로 시작한 소셜 분석 서비스는 급속히 B2B 대상으로 확장되는 모습을 보인다.

이의 주된 배경은 반짝하다가 최근 위력을 잃기 시작한 소셜 미디어 경영, 소위 말하는 '트위터 경영'과 무관하지 않다. SNS 붐이 일면서 경영의 패러다임을 바꿀 것으로 인식된 트위터를 위시한 소셜 미디어 경영은 뜸해지고 있다. 2008년 7월 트위터 문화를 이끌었던 이찬진 드림위즈 대표는 2011년 12월 17일 트위터를 중단했고, 정용진 신세계그룹 부회장도 트위터 계정 해킹을 계기로 폐쇄하는 등 뜸해지는 모습이 역력하다.

이는 일부 트위트리안의 무차별적 인신공격성 멘션과 아울러 소셜 데이터를 기반으로 하는 분석 경영이 추가적으로 가능해졌기 때문이다. 즉 이제는 트렌드를 주도하는 소비자들의 직접 요구사항 파악이 가능해 취미, 인맥, 관심 분야, 외부 활동 등 기존에는 별도의 조사 분석을 통해 가능했던 고객정보 획득이 소셜 미디어의 오픈 API 제공으로 용이해진 것이다.

최근 기업 데이터와 소셜 데이터가 접목된 분석, 즉 소셜 분석을 활용하는 사례들이 부쩍 눈에 띈다. 가트너가 언급한 데이터 경제의 2, 3단계라고 보인다. 기업이 소셜 분석을 위해 필요한 분석 툴은 오피니언 마이닝이며, 이는 빅 데이터 관리 기술 및 운영 노하우와 개인화를 위한 자연어 분석 처리 기술 등을 바탕으로 개발한 사용자 중심 온라인 감성 및 버즈(Buzz) 분석이다. (기술적 내용은 4장을 참조하기 바란다).

기업은 소셜 데이터를 활용한 분석을 통해 자사의 상품 또는 브랜드가 온라인상에서 사용자들에게 어떻게 이해되고 있는지를 정량적·정성적 분석을 통해 탐지할 수 있다. 특히 프로모션을 시행한 후에 버즈의 양을 측정한다거나, 이슈가 되는 키워드들의 상관관계를 분석함으로써 프로모션 효과를 측정하고, 상품이나 서비스 포지셔닝의 보완 사항들을 도출하는 데 근거 자료로도 활용할 수 있다.

기업들은 자사의 제품이나 서비스뿐만 아니라, 경쟁사의 제품 및 서비스와의 비교 분석도 소셜 데이터를 통해 가능하다고 본다. 이를 통해 자사 제품이나 서비스의 강점을 파악하고 약점을 보완할 수 있는 데이터 제공도 가능하다. 이는 차기 제품, 서비스 개발에도 도움을 줄 수 있다. 또한 자사 이미지에 타격을 줄 수 있는 비방 글이나 부정적 기사에 대한 긴급 대응도 가능하다.

지금까지 기업들이 행한 SNS 상에서의 마케팅은 기껏해야 트위터나 페이스북에서 친구 맺기와 소식 알리기, 제품 홍보 정도였다. 소셜 분석 서비스를 활용하는 기업들은 점차 다양한 마케팅 요소들을 발견하게 된다. 예컨대 쉽게 상품에 대한 소비자 반응을 즉각 확인하는 경우가 대표적이다. 한 예로 구글이 오픈 API로 제공하는 '구글 트렌드'와 신상품의 연관 관계를 파악한 경우가 있다. 배경은 고객들이 상품을 구입하기 전에 검색엔진을 통해 정보 조사를 수행하기 때문이다. 다음 페이지의 〈그림〉에서처럼, '포드 경차'가 검색된 횟수와 판매량이 같은 그래프를 보여주고 있음이 드러난다.

우리나라의 기업 데이터 분석 첫 번째 사례로는 2011년 말부터 개시된 다음소프

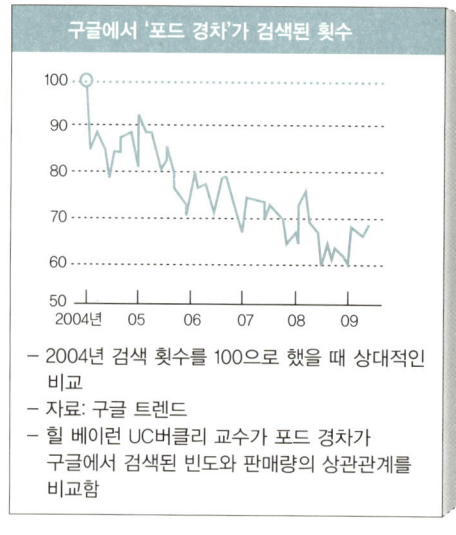

구글에서 '포드 경차'가 검색된 횟수

- 2004년 검색 횟수를 100으로 했을 때 상대적인 비교
- 자료: 구글 트렌드
- 힐 베이런 UC버클리 교수가 포드 경차가 구글에서 검색된 빈도와 판매량의 상관관계를 비교함

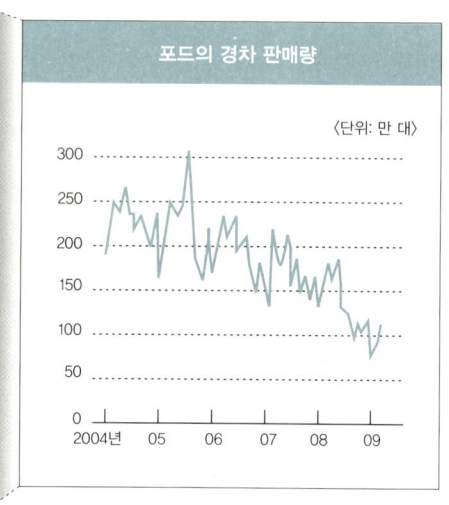

포드의 경차 판매량

〈단위: 만 대〉

자료: 오라클, 2012.

트의 '소셜 메트릭스 Biz'를 들 수 있다. 고객은 삼성전자, 현대자동차, LG전자 등 국내외 400여 개 기업들이다. 리포트 가격은 A4 용지 1장당 100만 원에 이른다. 다음소프트는 소셜 분석을 오프라인 분석에 접목하기 위해 TNS리서치인터내셔널(RI: Research International)과 제휴하기도 했다.

최근 기업 대상 소셜 메트릭스 분석 사례로 아이패드 분석이 눈에 들어온다. 아이패드 출시 당시의 상품 인식이 PC인지, 휴대폰인지, 태블릿 PC인지 등 공통적 합의에 이르지 못한 상태에서 아이패드 감성 변화가 관찰된 것이다. 아이패드에 대한 관심도 추이는 출시 발표나 출시 일에 따라 피크를 보였고, 2010년 11월 국내 출시일을 전후로 가파른 상승세를 보였다. 네 가지 출시 이벤트 시점 중심으로 아이패드 감성 분석이 진행되었다.

소셜 메트릭스의 아이패드 출시 발표 및 출시일의 감성 분석

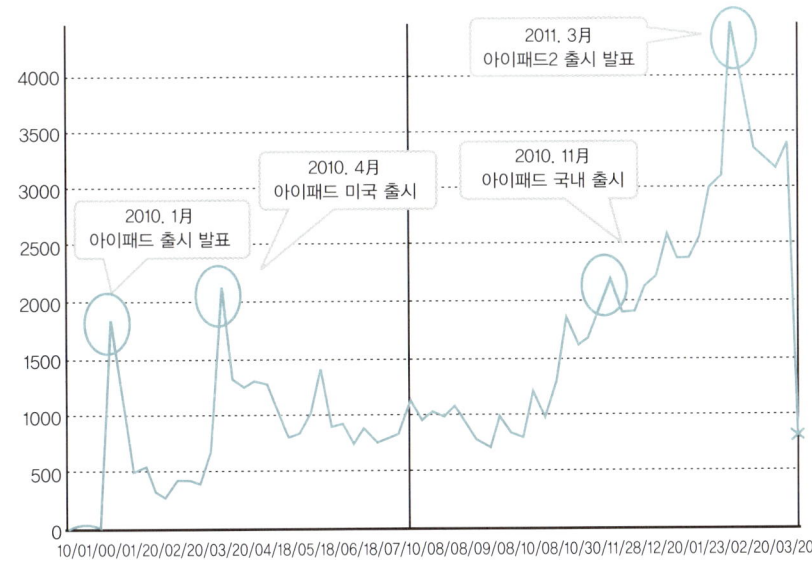

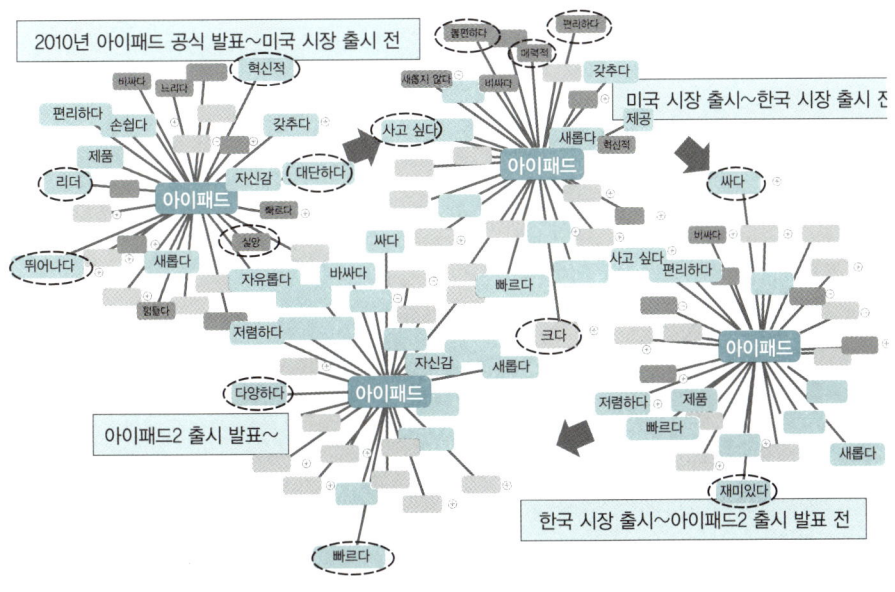

자료: 소셜 메트릭스, 2012. 6.

앞의 소셜 메트릭스 제공의 〈그림〉을 보면, 처음 미국에서 아이패드가 발표되었을 때는 '혁신적이고' '뛰어나고' '대단한' 어떤 것이었다. 미국 시장 출시 이후 얼리어답터들을 통해 '사고 싶고' '매력적'이지만, '크고' '무거운' 것이 문제가 되었다. 한편 아이패드가 국내 시장에 도입되면서 소비자들은 아이패드의 가격을 논하고 실제 사용을 통해 '재미있다'는 감성을 언급하기 시작한다. 더구나 아이패드2 출시 발표 이후에는 '가벼워지고' '빨라진' 새로운 아이패드, '다양한' 아이패드 활용법 등으로 담론이 더욱 긍정적으로 이동하고 있음을 관찰할 수 있다.

두 번째 국내 사례로 기업이 자사 이미지에 부정적 영향이 있을 경우 이를 실시간 파악해 원인까지 분석해주는 코난테크놀로지의 '펄스-K'가 있다. 이 서비스는 2012년 5월 7일 정식으로 개시되었다. 이는 텍스트 마이닝 기반 소셜 분석 서비스로서 트위터, 페이스북, 미투데이, 블로그 등을 실시간 모니터링하여 결과를 리포팅하므로 SNS 평판 관리, 실시간 위기 대응, 마케팅 성과 측정용으로 활용된다. 소셜 평판 지수 '소셜 스코어'는 최근 14일 소셜 인지도, 호감도, 인플루언서, 이슈 등을 모니터링해 점수로 제공한다. 경쟁 분석, 이슈 키워드 분석도 가능하다. 다른 소셜 분석이 실시간 모니터링에 치중한 반면, 기업이 소셜 미디어를 운영하여 캠페인 등을 했을 때의 효과를 측정하게 하는 등의 차별화가 보인다. 다음 〈그림〉에서 보듯이, 이는 기업의 소셜 스코어 외에 방송 프로그램 등에도 활용되고 있다.

세 번째 국내 사례로 SNS를 통해 사용자 패턴과 기호 등을 분석해 신규 상품과 서비스에 대한 방향을 잡고, 이와 연동해 고객 목소리를 함께 분석하여 기업의 성장을 가져온 한국야쿠르트의 '꼬꼬면' 신상품 출시가 있다. 류성일의 "혁신 상품, 스토리로 다가가고 SNS로 증폭하라"는 2012년 4월의 자료에 의하면, 라면 시장의 20년 철옹성을 깨고 출시 1개월 만에 10대 라면에 진입한 꼬꼬면의 성공 요인은 혁신의 생소함을 친숙하게 만든 스토리와 언론 및 SNS를 통해 진화된 소

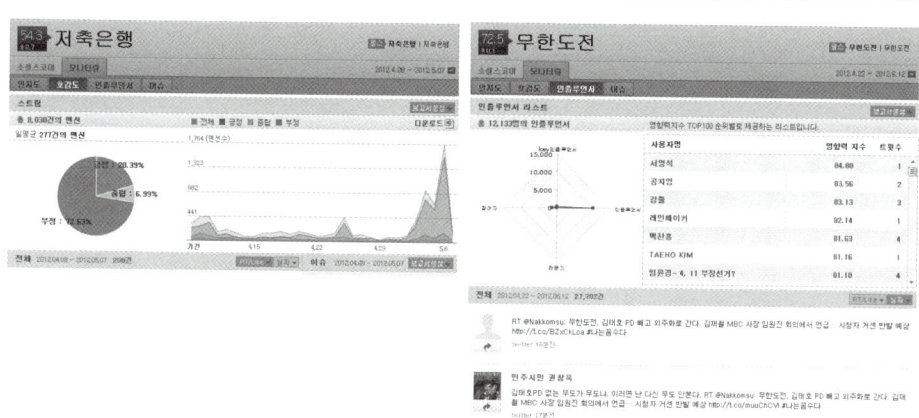

자료: 코난테크놀로지, 2012. 6.

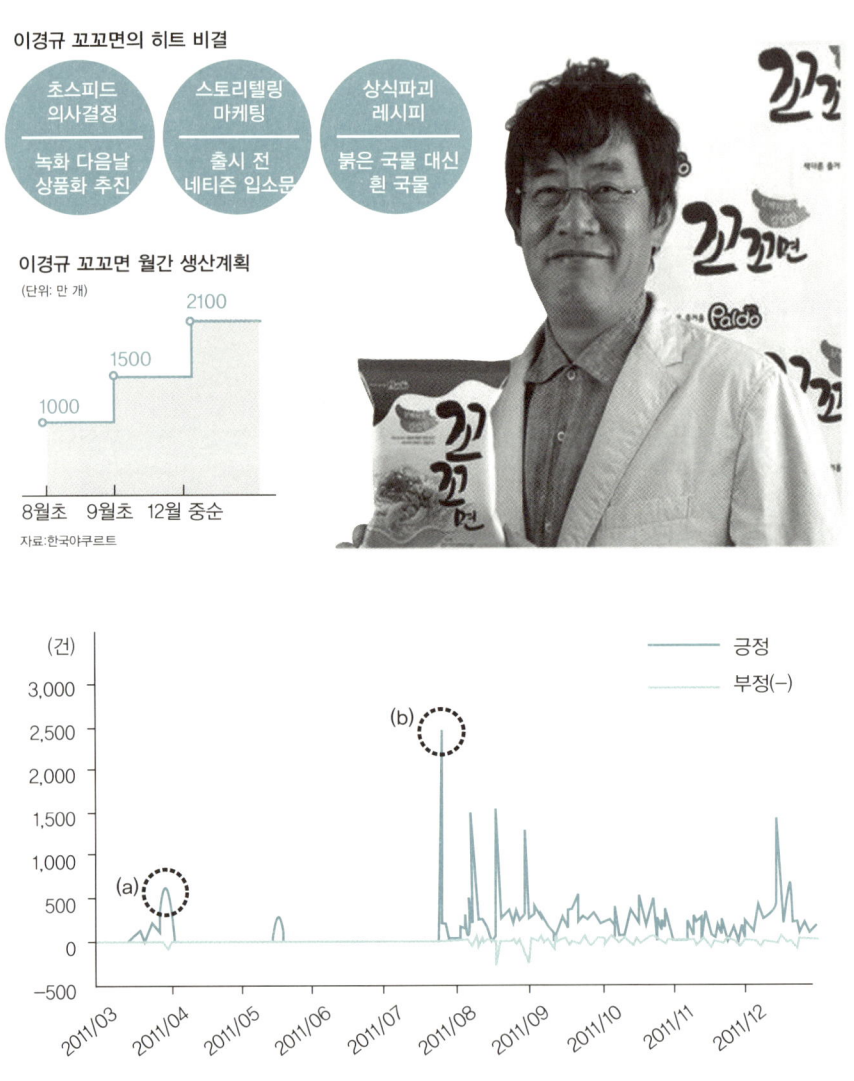

이경규 꼬꼬면의 히트 비결

초스피드 의사결정	스토리텔링 마케팅	상식파괴 레시피
녹화 다음날 상품화 추진	출시 전 네티즌 입소문	붉은 국물 대신 흰 국물

이경규 꼬꼬면 월간 생산계획

(단위: 만 개)

2100
1500
1000

8월초   9월초   12월 중순

자료:한국야쿠르트

자료: 한국야쿠르트, 소셜 메트릭스, 2012.

5장 데이터 소스별 빅 데이터 비즈니스

셜 스토리이다.

꼬꼬면은 KBS의 오락 프로그램인 〈남자의 자격〉에서 연예인인 이경규의 출품작으로 소개된 이후 스토리의 꾸준한 정서적 접근으로 소비자의 공감을 이끌어냈다. 이는 언론을 통해 수시로 픽업되더니 뉴스가 SNS로 재생산되고 꼬꼬면에 대한 긍정적인 SNS 여론이 피크를 형성한 시기는 우호적 기사가 노출된 때와 괘를 같이했다. 게다가 출시 초기 품절 사태가 이어지자, 소비자들은 SNS를 통해 상품 획득기와 시식기를 공유하면서 이야깃거리를 만들어나간 것이다. 이는 기업내에 소셜데이터를 분석 및 해석할 수 있는 역량을 갖춘 마케팅 인력을 확보하는 것이 필요함을 시사한다.

네 번째 국내 사례는 브랜드 인지도(Brand Perception) 조사이다. 최근 신(新) 한류 열풍이 고조되면서 엔터테인먼트 기업들은 소셜 분석을 활용해 K-POP의 브랜드 인지도 정도를 파악하기 시작한다. 일례로 와이즈넛의 '버즈 인사이트'는 2011년

와이즈넛의 버즈 인사이트 분석 사례: 소녀시대

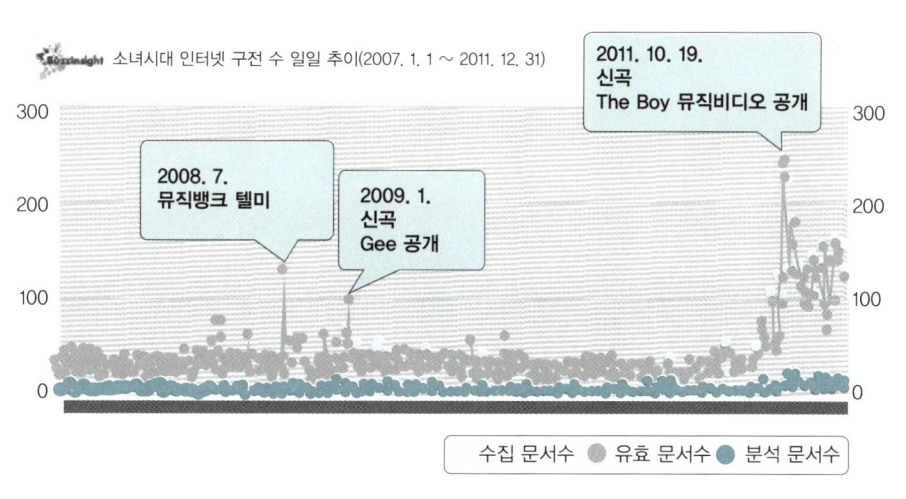

자료: 와이즈넛, 2012.

10월 19일 소녀시대가 컴백 '더보이즈(The Boys)'를 발표한 후 인터넷상의 구전 추이를 분석하였다. 발표 이후 폭발적인 호응으로 소녀시대에 대한 인터넷 게시물이 급증하였다. 앞 페이지의 〈그림〉은 2007년부터 2011년까지의 소녀시대 인터넷 구전

소녀시대 U-Story의 항목별 비중(2011. 5~12월)

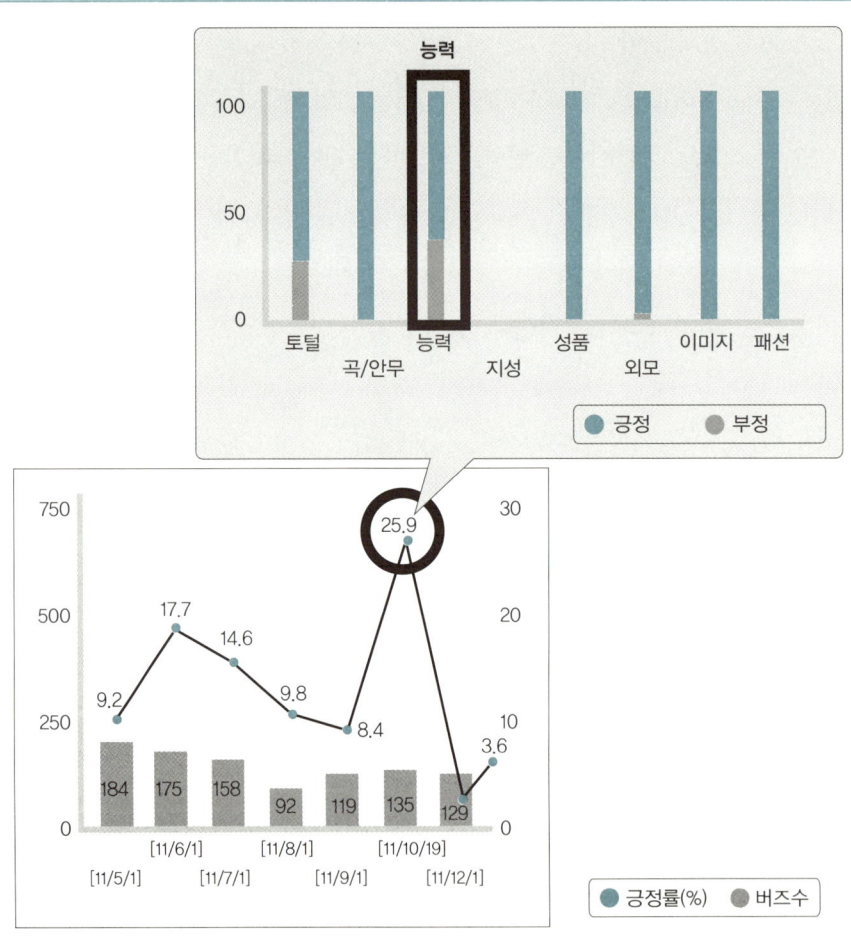

자료: 와이즈넛, 2012.

5장 데이터 소스별 빅 데이터 비즈니스

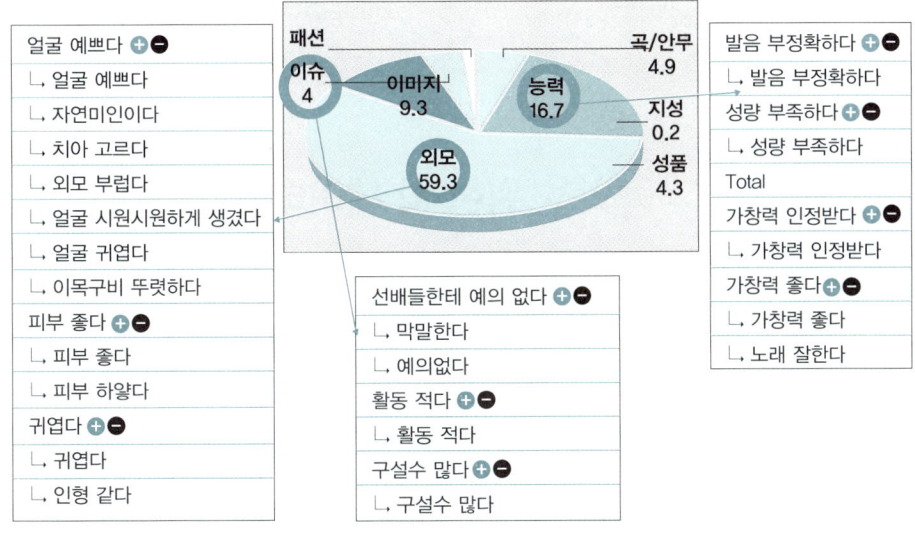

| 얼굴 예쁘다 ⊕⊖ |
| ㄴ 얼굴 예쁘다 |
| ㄴ 자연미인이다 |
| ㄴ 치아 고르다 |
| ㄴ 외모 부럽다 |
| ㄴ 얼굴 시원시원하게 생겼다 |
| ㄴ 얼굴 귀엽다 |
| ㄴ 이목구비 뚜렷하다 |
| 피부 좋다 ⊕⊖ |
| ㄴ 피부 좋다 |
| ㄴ 피부 하얗다 |
| 귀엽다 ⊕⊖ |
| ㄴ 귀엽다 |
| ㄴ 인형 같다 |

패션
이슈 4
아미지 9.3
외모 59.3

곡/안무 4.9
능력 16.7
지성 0.2
성품 4.3

| 선배들한테 예의 없다 ⊕⊖ |
| ㄴ 막말한다 |
| ㄴ 예의없다 |
| 활동 적다 ⊕⊖ |
| ㄴ 활동 적다 |
| 구설수 많다 ⊕⊖ |
| ㄴ 구설수 많다 |

| 발음 부정확하다 ⊕⊖ |
| ㄴ 발음 부정확하다 |
| 성량 부족하다 ⊕⊖ |
| ㄴ 성량 부족하다 |
| Total |
| 가창력 인정받다 ⊕⊖ |
| ㄴ 가창력 인정받다 |
| 가창력 좋다 ⊕⊖ |
| ㄴ 가창력 좋다 |
| ㄴ 노래 잘한다 |

자료: 와이즈넛, 2012.

수 일일 추이를 분석한 결과이다. 공개일인 2011년 10월 19일에는 지난 2009년 1월 '지(Gee)' 뮤직비디오 공개 때의 유효 문서수의 세 배에 달하는 기록을 보여주었다.

버즈인사이트 분석에서 의미 있는 내용, 즉 '유–스토리(U-Story)'를 추출해 분석한 결과에서는 2011년 5~9월 동안 긍정지수가 낮아지다가, 10월에 급격히 증가하면서 소녀시대의 인기가 재확인되었다.

또한 위 〈그림〉의 2011년 3월부터 12월까지의 소녀시대 '유–스토리' 분석 결과에서 자세히 보면, 브랜드에 대한 인지도는 '외모'에 대하여 이야기하는 내용이 전체 중 60%에 달해 가장 많았으며, 다음으로 '능력' '이미지' 순으로 많이 언급된 것으로 나타났다.

BIG DATA

05

공익을 위한 빅 데이터,
공공 데이터의 활용

공공 데이터란 비개인적이고 기밀이 아닌 데이터이다. 앞에서 언급한 가트너의 데이터 이코노미 발전 단계에서 보면, 데이터 소스를 확보하는 방안이 점차 참여, 협력, 개방, 창조를 지향할 것으로 보인다. 이에 공공 데이터 개방이 확대되는 추세를 보이기 시작했다. 앞에서도 여러 번 언급했듯이, 맥킨지가 2011년에 의료, 소매, 제조, 개인 위치정보, 공공의 5개 분야별 빅 데이터 활용 사례와 효과를 조사한 바에 따르면, 유럽연합은 공공 행정 부문에서 15~20% 행정 비용(최대 3000억 유로) 절감이 가능하며, 생산성은 향후 10년간 0.5% 향상이 가능하다.

맥킨지가 언급한 공공 분야 활용 영역으로는 맞춤형 구직 추천 시스템과 SMS(단문 메시지 서비스)를 활용한 간편한 세금 신고 등이다. 전자의 사례로 독일 연방 노동부가 실시한 대규모 실업 데이터 분석의 경우, 이를 통해 실직자 개개인에게 맞춤형 일자리가 제공되어 100억 유로의 비용이 절감되었다. 또, 세금 신고 사례로는 미국 오하이오 주와 오클라호마 주 정부를 들 수 있다. 이들은 국세청 데이터와 고용 데이터 기반 데이터 마이닝 분석을 통해 새로운 세원과 미납 세금을 확인할 수 있게 되었다. (이와 유사한 다양한 사례들에 대해서는 6장에서 따로 언급하고자 한다.)

맥킨지의 보고서 발표와 때를 같이하여 주요국들은 특히 공공 데이터 공개에 주목하기 시작한다. 뉴질랜드는 2011년 8월 '열린 투명한 정부에 관한 선언문(Declaration on Open and Transparent Government)'을 채택하면서, 공공 데이터를 적극 공개할 방침을 내놓았다. 이에 따라 시민과 기업은 보다 효율적이고 책임감 있는 공공 부문, 맞춤화된 서비스, 정부 정책 결정 과정에서의 참여 증가 등이 기대된다. 특히 중앙·지역·지방 정부의 사업 및 프로젝트 조정에 도움이 될 수 있으며, 교육계, 연구계, 과학계와 국민들이 기존의 데이터를 기반으로 새로운 지식을 얻고 또 응용할 수 있도록 도움을 줄 수 있게 된다.[62]

유럽연합(EU)은 모든 공공정보(Public Sector Information)를 단일 온라인 창구를 통해 무료로 제공한다는 '데이터 개방 전략(Open Data Strategy)'을 2011년 12월에 발표하였고, EU 회원국 중심으로 2013년까지 '범 유럽 데이터 포털(Pan-European Data Portal)'을 구축하기로 하고 향후 모든 회원국들의 데이터 셋(Set)을 제공하도록 점진적으로 추진할 예정이다.

이어 데이터베이스 공개에 적극적인 영국의 〈비즈니스 혁신 및 기술부(BIS)〉가 2012년 3월 공공정보 공개에 관해 조언을 제공할 '데이터전략위원회(DSB: Data Strategy Board)'를 설립했다. DSB는 어떤 데이터가 공개되어야 하며, 기업들에게 어떤 비즈니스 기회를 열어줄 잠재성을 갖고 있는지 장관들에게 조언하며, 기상청(Met Office), 국립지리원(Ordnance Survey), 토지등록청(Land Registry), 기업청(Companies House)의 트레이딩 펀드들로 이루어진 공공 데이터 그룹(PDG: Public Data Group)과 협력해 공공정보 접근 개선을 위한 보다 일관된 접근 방식을 제공한다.

트레이딩 펀드들은 2012년 6월 빅 데이터 시대에 뒤처지지 않고 글로벌 시장에서 경쟁할 수 있는 토대를 마련하기 위해 업계 및 학계의 의견을 모아 '빅 데이터 서비스 활성화 방안'을 발표했다. 이의 주요 추진 과제는 신규 서비스 발굴·확산을 위한 시범 서비스 추진, 빅 데이터 기술 및 플랫폼 경쟁력 강화, 전문 인력 양성, 빅 데이터 지원센터 설치·운영 및 정보 공유 체계 마련, 빅 데이터 산업 실태 조사, 개인정보 보호 관련 법 제도 개선, 그리고 빅 데이터 산업 진흥을 위한 법 제도 개선 등이다.

이런 과정을 거친 영국은 2012년 6월 28일 급기야 '데이터 개방 계획(Open Data White Paper)'을 발표했다.[63] 이의 목적은 정부 데이터를 무료 개방해 일반 기업 및 연구단체들과 공유하고 국민이 개인정보를 웹 포털에서 손쉽게 접속할 수 있도록 하고, 새로운 IT를 이용해 빅 데이터를 안전하게 분석하는 것이다. 이에 따라 영국의 정부기관들은 데이터를 개방형 표준 기반 포맷으로 공개하고, 각각의 데이터가 어느 정도의 활용 가치를 가지고 있는지를 지속적으로 측정해야 하며, 개발자들은 자신이 원하는 데이터를 정부에 요구하고, 정부가 개방한 데이터의 문제점을 지적할 수 있다. 영국 정부는 이 같은 계획을 통해 정부 운영의 투명성을 높이는 것은 물론, 대민 서비스 개선 및 혁신 촉진의 효과를 얻게 될 것으로 기대하고 있다.

미국 정부도 2011년 12월 '데이터닷거브(Data.gov)'에 수십만 개 데이터 세트를 다양한 형태로 제공하고 핵심 메커니즘과 코드 등을 공개하였다. 이어 2012년 5월 미국 정부는 '디지털 정부 전략(Digital Government Strategy: Building a 21st Century Platform to Better Serve the American People)'을 발표했다.

이 전략의 목표들 중 하나가 다양한 이해관계자들이 공공 데이터를 자유롭게 접속하고 활용해 다양한 앱과 서비스를 개발할 수 있도록 하기 위한 것이며, 이는 다시 네 개 부문으로 세분화된다. 첫째는 정보 중심으로서, 공공정보를 구조화하여 국민이 편리하게 이용하게 하고 웹사이트에 전용 개발자 페이지를 구축하는 것이

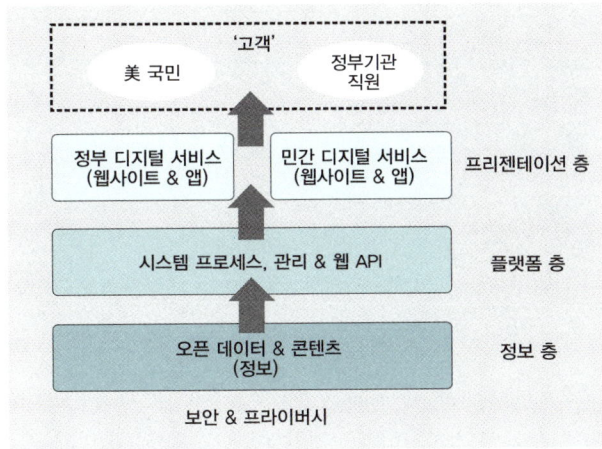

세부 계획	일정(개월)			
	1	3	6	12
Part A. 정보 중심				
공공정보 및 웹 API 개방을 위한 정책 발표, 호환성 향상을 위한 표준 및 절차 파악			●	
관련 정책 이행현황 파악, 정부기관 웹사이트 내 개발자 전용 페이지 운영				●
이용가치가 높은 공공정보를 2개 이상의 주요 대민 서비스 시스템에 웹 API 기반으로 개방				●
Part B. 공유 플랫폼				
디지털 서비스 혁신 센터 설립	●			
각 정부기관의 시범 테스트 결과를 반영한 BYOD 가이드라인 발표		●		
콘텐츠 관리 시스템 솔루션의 공유/개방 현황 파악			●	
공유 모바일앱 개발 프로그램 론칭, 모바일 단말 관리 플랫폼 구축				●
Part C. 고객 중심				
2개 이상의 주요 대민 서비스 파악		●		
해당 서비스 분야를 모바일 시스템으로 전환				●
성과 및 고객만족도 측정			●	
Part D. 보안 및 프라이버시				

모바일 보안 시스템의 기본구조 개발			●
비용 효율적인 모바일 보안 시스템 도입 방안 수립		●	
디지털 프라이버시 관리 시스템의 표준화를 위한 가이드라인 개발, 정부기관 내 프라이버시 담당자들을 위한 교육 프로그램 실시		●	

자료: 미국 백악관, 2012. 5. 23; 아틀라스 리서치앤컨설팅, 2012. 6. 27 재인용.

다. 두 번째는 플랫폼 공유로서, 정부기관들이 정보를 서로 공유하여 신기술 도입을 촉진한다는 내용이다. 세 번째는 고객 중심으로서, 최종 이용자의 니즈에 최적화된 대민 서비스를 제공한다는 내용이다. 마지막은 보안과 프라이버시로서, 효과적 보안 시스템을 구축하고 관련 정책을 개발한다는 내용이다. 이 전략의 발표일로부터 1년 후까지 정부기관들은 관련 작업을 완료해야 한다. 이를 도식화하면 앞의 〈그림〉과 같다.

이상에서 언급한 뉴질랜드, EU, 영국, 미국의 데이터 공개 정책들은 새로운 IT를 도입해 전반적인 대민 서비스의 질을 향상시키고, 일반 국민이 정부 데이터를 자유롭게 이용할 수 있도록 함으로써 산업 혁신을 이끌어내는 것을 지향한다는 점에서 기본적으로 그 맥을 같이한다. 이들은 특히 민간 개발자의 중요성을 인식하고 지원 및 협력 관계 구축 의지를 표시하고 있다. 이는 정부기관들이 직접 나서서 개발자들을 데이터 이용 및 혁신의 핵심 주체로 인식하고 이들과의 협력 방안을 보다 적극적으로 모색하게 하는 단초가 된다.

특히 미국은 디지털 정부 전략 추진에 있어 개발자들의 참여를 장려하고 정부기관 웹사이트에 개발자 페이지를 구축한다는 계획이며, 영국도 이 계획에서 개발자들을 주요 이해관계자로 강조하며 이들의 요구와 피드백을 적극 반영할 의사를 표시하였다. 이는 다른 국가의 정부에도 근본적 변화가 일어나야 함을 시사한다. 즉 그동안 국가 기밀보호 차원에서 일반 접근이 금지된 공공 데이터의 개방이 필요하

2010년까지의 주요국 공공정보 개방 및 활용 현황

국가	상세
미국	• 1996년 민간이 공공정보를 활용할 수 있는 권리를 법제화한 '정보자유법' 제정 • 공공정보 포털(www.data.gov)을 구축해 원천 데이터와 활용 데이터, 지리정보 등을 제공하고 있으며 이를 기반으로 1000여 개 앱을 개발 • 웹과 모바일에서 건강, 환경, 고용, 주거 등 다양한 생활 밀착정보가 공개된 공공 DB를 기반으로 제공 중
영국	• 2005년 '공공정보의 재활용 규칙'을 제정 • 2010년 1월부터 공공정보 포털사이트(data.gov.uk)에 인구, 교육, 고용 등 6000여 개 공공정보를 공개해 이를 응용한 수백여 개 앱을 개발 • 현재 민간이 요구하면 기관이 공공정보를 공개할 수 있는 '데이터 권리' 법제화를 추진 중
일본	• 2003년부터 문화청에서 자유이용마크제도를 개발함 • 출력·복제·무료배포, 장애인을 위한 비영리 목적 이용, 학교 교육을 위한 비영리 목적 이용으로 나눠서 자유롭게 이용할 수 있음

호주	• 정부(연방·주·지방 정부) 차원에서 PSI 이용·재활용 정책과 실현의 선도적 위치를 선점하기 위해 노력
	  – PSI 활용 촉진을 위해 '정보자유(FOI: Freedom Of Information)법' 정비
	  – 연방·주정부가 'Information Commissioner Offices' 설립
	  – PSI 활용의 사회·경제적 중요성 인식
	• 2008년부터 공개된 공공정보에 CCL(Creative Commons License)을 적용해 일반인이 조건에 맞게 공공정보를 개자공할 수 있도록 함

뉴질랜드	• 2010년부터 공공 저작물에 CCL을 채택함 • 뉴질랜드 국가서비스위원회는 2009년부터 뉴질랜드 정부 오픈 액세스 및 라이선스 프레임워크 초안을 마련해 공공정보 개방을 준비해왔음
네덜란드	• 정부 데이터와 정보를 위한 메타데이터 표준(OWMS) 발표(ICT office) • 정부 부처 포털에 공공 저작물에 대한 모든 권리를 포기한다는 뜻의 'CC0(Creative Commons Zero)'를 2010년 3월부터 적용하기 시작함 • CC0가 법적 효과는 없다고 하지만 공공 DB 개방 의지를 천명한 것으로 해석됨
프랑스	• 전기정보산업협회(GFLI) 등은 포럼 등을 통해 PSI 재활용 촉진활동 추진 • APIE(Agency for Public Intangibles of France)는 데이터 포털 계획 조정, 접근성과 가격, 라이선스나 PSI 이슈 관련 정책 등을 개발 • 2010년 1월, 공공 출판 및 정보위원회(COEPIA) 설립

핀란드	• 데이터 카탈로그 프로젝트 진행과 혁신적인 앱 콘테스트 등을 포함한 PSI 재활용 이니셔티브 추진 • 열린 정부 데이터 가이드북 발표(Public data-an introduction to opening the information resources)
스페인	• PSI의 사회·경제적 가치를 강조한 'PSI법(PSI 재활용법 37/2007)' 제정 • PSI 재활용의 잠재성을 보여주기 위한 'Aporta' 프로젝트 런칭
체코	• 2007년 6월 PSI 포털 'EPMA' 론칭
독일	• PSI 재활용과 관련된 법제도 정비(정보자유법 등) • 영국이나 미국과 유사한 PSI 제공 포털(data.gov.de) 구축 노력
아일랜드	• PSI(Public Sector Information) 재활용 지원을 위한 'www.psi.gov.ie' 포털 운영

자료: 한국정보화진흥원(NIA), 2010. 12; 아틀라스 리서치앤컨설팅, 2011. 12. 19 재인용.

게 되었으며, 보안 시스템 구축을 통해 기밀 유출 및 프라이버시 침해를 최소화하는 방향으로 효율화가 필요해진 것이다. 또한 이는 공공 데이터가 국민이 자유롭게 공유, 활용함으로써 고부가가치를 지닌 다양한 서비스와 상품을 개발할 수 있도록 해주는 산업 발전의 새로운 원동력으로 진화해나가고 있음을 뜻하며, 기업들이 공공 데이터를 기반으로 다양한 생태계를 구축해 새로운 산업 성장을 이끌 수 있음을 시사한다.

세계 주요국들은 정책 결정 과정의 투명성 제고를 위해 열린 정부 정책을 추진 중인데, 이의 첫 움직임이 바로 공공정보(PSI) 개방 및 활용이다. 한국정보화진흥원이 2010년까지 주요국들의 공공정보 개방 및 활용 현황들을 요약한 내용은 위의 〈표〉와 같다.

앞에서 언급한 미국 공공정보 포털인 데이터닷거브는 오바마 정부가 '투명하고 열린 정부' 방침을 발표한 직후 추진되었다. 2012년 3월 현재 이미 27만 2677개의 데이터 세트를 제공하고 236개 앱이 개발된 상태이다. 영국의 포털도 이와 같은 시기에 링크 데이터로 8400개 데이터 세트를 제공 중이다. 호주의 포털도 역시 같은 시기에 총 111개 기관의 867개 데이터 세트를 제공 중이다.

이처럼 공공 데이터를 개방해 활용하는 제도적 장치를 마련한 영국과 미국은 이를 근간으로 그 사회·경제적 가치를 인식하여 전담 체계와 추진 계획을 마련하게 된 것으로 보인다. 공공 데이터가 개방되면 국민과 기업에게는 일종의 인지적 잉여(Cognitive Surplus), 즉 잉여 지식이 생긴다. 왜냐하면 유능한 개발자들이 이를 잘 활용하게 되면 실생활과 기업의 신 사업 아이디어에 도움을 줄 수 있는 형태로 얼마든지 가공될 수 있게 되기 때문이다.

그렇기 때문에 공공 데이터 개방은 특히 지방자치단체의 공공 서비스 제공 능력을 강화시키는 데 지대한 역할을 한다. 미국만 보더라도 뉴욕, 샌프란시스코 등 주요 도시에서는 특히 교통, 범죄, 환경, 공공장소 등에 대한 관심이 앱 개발로 이어지고 있다. 2012년 뉴욕 시에서는 '뉴역시티빅앱스(New York City BigApps)' 대회를 후원하고 있으며, 샌프란시스코에서도 비영리법인인 'Gray Area Foundation for the Arts'에서 '스마트의 여름(Summer of Smart)' 앱 콘테스트를 개최하여 다양한 공공 앱들을 개발한 바 있다. 또한 창의적인 앱 개발자들이 수목 식별(tree identifier) 앱, 환경미화원 알람 앱, 지역 내 전과자 정보 공유 앱, 위생검사에서 낮은 평가를 받은 식당 출입 시의 경보 앱 등 각 지방자치단체가 웹을 통해 공개한 방대한 데이터를 기반으로 이제는 다양한 앱을 개발하게 된 것이다.

미국의 공공 데이터 기반 앱 개발 사례들을 정리한 내용은 다음 페이지의 〈표〉와 같다. 한 예로 '씨클릭픽스(SeeClickFix)' 앱은 샌프란시스코의 311 민원 시스템과 연계되어 있어서 주민들이 이 앱을 실행한 후에 길거리 낙서나 파손된 표지판 등을 스마트폰으로 촬영해 이를 이 앱에 업로드하면 관련 시나 부처로부터 작업지시서 고유번호가 할당된 것을 확인할 수 있다. 또한 뉴욕 앱 경진대회에서 입상한 '캔아

애플리케이션	상세 내용
The White House	• 오바마 정부가 2010년 1월 내놓은 백악관 공식 앱 • 뉴스, 사진, 동영상 등 백악관 관련 정보와 백악관 공식 블로그의 포스트를 보여줌
Most Wanted	• 미 연방수사국(FBI)이 출시한 수배자 정보 앱 • Top10 수배자와 테러리스트의 사진과 관련 정보를 제공 • 스마트폰 사용자가 해당 범죄자나 미아의 정보를 찾았을 경우 스마트폰을 통해 가까운 FBI 지국에 제보할 수 있음
US Army	• 뉴스, 사진, 비디오 등 국방 관련 소식을 전달하는 것은 물론, 게임이나 무기 정보, 육군 제복 사진, 군가 듣기 등 밀리터리 마니아나 군대에 관심 있는 사람들이 즐길 수 있는 다양한 콘텐츠를 제공
SeeClickFix	• 각 지역 주민들이 휴대폰에서 직접 민원을 제기할 수 있음 • 샌프란시스코의 311 민원 시스템과 연계되어 주민들이 이 앱을 실행한 다음 길거리 낙서, 파손된 표지판 등을 스마트폰으로 촬영해 이를 업로드하면 자동으로 관련 시 부처로부터 작업지시서 고유번호가 할당된 것을 확인 가능
Public Art Spaces	• 예술 사업에 지원할 수 있는 예술가를 선정할 수 있도록 지원
Goodbuilding. info	• 정부 자료와 임대인 피드백을 활용해 환경친화도를 평가 가능
Scene Near Me	• Foursquare에 접속해 가까운 상영관의 개봉영화 정보를 제공
WayFinder NYC	• 가장 가까운 뉴욕 시 지하철역을 표시하고 경로 안내
Taxihack	• 뉴욕 시 택시 이용에 관한 실시간 후기를 이메일과 Twitter를 통해 게시하고 공유
Big Apple Ed	• 뉴욕 시의 학교정보 검색, 비교 정보 차트 제공

자료: AP, 2011. 11, 아틀라스 리서치앤컨설팅, 2011. 12. 19 재인용.

이파크히어?'(Can I Park here?)' 앱은 스마트폰이 제공하는 위치 기반 정보를 이용해 도시 주차 감독 데이터베이스에 접속해 주차가 가능한 장소를 안내받을 수 있게 한다. 이러한 앱들을 통해 주민들의 자발적인 공공 참여를 유발하게 된다.

공공 데이터가 이처럼 특정 기관에 귀속된 것이 아님에도 불구하고, 국내에서는 공공정보 제공에 대한 법 제도적 기반이 아직 미비하다. 특히 공공기관 담당자

구분	중앙부처	지방자치단체
기관 및 정책 안내	30	17
경제	16	1
여행 및 지역	15	28
사전 및 법률	10	2
의료, 어린이, 여성, 복지	9	8
민원	6	4
고용	5	2
문화	4	30
치안	4	3
교통	1	17
계	100	112

자료: 국회 입법조사처, 〈공공 앱 현황과 발전 방안〉, 2011. 12.

들의 제공 부담으로 인해 공공 데이터 개방 및 활용에 어려움이 많다. 국회 입법조사처의 〈공공 앱 현황과 발전 방안〉(2011. 12)에 따르면, 2011년 말 43개 중앙부처가 100개, 지방자치단체가 112개의 공공 서비스 앱을 제공하고 있는 것으로 집계되었다. 하지만 소비자 평가 조사 결과에서는 유감스럽게도 불만족 성향이 지배적이며, 그 대표적 이유로 '낮은 효용성' '정보 불일치' '기술적 문제' 등이 제시되었다.

지방자치단체의 앱 개발비 지출액만 10억 6600만 원으로 집계되었는데 이는 주로 서울, 경기 지역에 몰려 있는 상황이며, 아직은 대국민 서비스라기보다는 홍보에 그치고 있다.[64] 이러한 상황에서 공공 서비스 제공 방식에 대한 고민이 필요하며, 이 중 하나가 공공 데이터를 개방하여 미국처럼 민간 차원에서 앱 개발을 가능하게 만드는 것이다.

스마트폰 보급의 확산으로 정부에서도 2012년 들어 앱을 통한 대국민 서비스 제공을 확대하려는 움직임을 보이기 시작했다. 중앙정부에서는 행정안전부가 2012년 4월 전자정부 지원 사업을 통해 국가 통계 정보, 국내 관광 정보, 생활 기상 정보 등 국민 생활 편익 증진, 일자리 창출과 밀접한 관련이 있는 22종의 주요 DB를 추가 제공해 신규 서비스 개발에 활용할 계획을 발표하였다.

이와 같은 시기에 지식경제부도 국민과의 소통을 강화하여 국민이 필요로 하는 기술을 개발한다는 명목 하에 국민편익 증진 기술 개발 사업에 SNS를 활용하는 등 R&D의 새로운 변화를 시도하기 시작한다. 지식경제부는 국민편익 증진 기술 개발 사업에 수요자 참여형 기술 개발 과정을 제도화하고 사업을 체계적으로 추진하기 위해 2012년 중에 범 부처 차원 '국민편익 증진 기술 개발 중장기 전략'을 발표할 계획이다. 2012년 6월, 방송통신위원회도 '빅 데이터 서비스 활성화 방안'을 발표하면서 주요 추진 과제 중의 하나로 빅 데이터 정보 공유 체계 마련을 내세우고 있다. (세부 계획에 대해서는 앞의 3장에서 언급하였다.)

정보통신정책연구원의 2012년 2월 발표에 의하면, 국내 공공부문의 빅 데이터 활용이 아직은 시작 단계이지만, 공공부문도 기업들의 CRM 사례를 벤치마킹하여 공공 CRM(PCRM: Public CRM)을 도입 시행하기 시작했다. 일례로 국민권익위원회는 '온라인 국민 소통 시스템'을 2010년에 1차로 개방하고, 2차로 2011년 11월에 연간 약 300만 건의 민원을 분석하는 업그레이드된 '민원 정보 분석 시스템'을 오픈했다. 이 시스템은 업그레이드를 통해 인프라를 증설하고, 194개 교육청, 16개 광역시도, 29개 중앙 행정기관 민원 성격 게시판의 공공 데이터를 수집하고 외부 소셜 데이터를 활용하게 된다. 또한 교육, 복지 등 주요 정책과 사회적 이슈 관련 민원 동향과 원인을 분석해 고용노동부, 국토해양부, 보건복지부 등 정부의 각 부처에 주간 단위로 제공할 계획이다. 그 외에 국민연금공단도 2010년에 공공 CRM을 구축했다.

이상에서 공공 데이터의 공개 정책 동향과 국내 동향에 대해 간단히 살펴보았다. 단기적으로 볼 때 빅 데이터의 수집과 활용을 가장 효과적으로 지원하는 정부 정책은 공개 데이터 포털과 같은 데이터의 공개 시스템 구축과 공유 체계의 구축, 그리고 앱 개발자 생태계를 마련하는 일이다. 이를 위해서는 공공 데이터 기반의 빅 데이터 분석의 전 처리 프로세스를 효율적으로 진행하게 하는 기술 정책도 함께 필요하다. 예컨대 데이터의 품질을·보장하려면 공개 데이터의 표준 포맷이 마련될 필요가 있으며, 공유 라이선스 등을 통해 데이터 소스의 신뢰성을 보장하는 등의 제도적 조치가 아울러 요구된다.

이러한 정책 외에도 빅 데이터 비즈니스 활성화 자체를 위한 제도 정비도 함께 고민해야 할 시점이 되었다. 정책기관은 빅 데이터 비즈니스 생태계 환경의 선순환을 돕는 중재자 역할을 해야 하며, 이를 위해 먼저 데이터 생산 원천인 인터넷 인프라 구축을 빅 데이터 관점에서 재검토해야 할 것이다.

또한 우선은 공공 데이터 공유와 활용을 촉진하는 제도가 급선무이지만, 빅 데이터 산업을 활성화하기 위한 제도와 R&D 정책 추진도 함께 필요하다. 무엇보다도 인력 양성에 대한 고민이 시급하다. 특히 빅 데이터 관련 인력의 부족은 2011년 맥킨지 보고서에서도 매우 강조되었다. 미국에서만 데이터 분석 전문가가 14~19만 명, 데이터에 익숙한 관리자가 150만 명 부족한 것으로 추정되었다. (인력의 역할에 대해서는 2장을 참조하기 바란다.)

정부기관들의 공공 데이터 개방 및 산업 활성화 정책뿐만 아니라 기업의 입장에서도 시작은 기업 활동 및 마케팅을 위한 고객 데이터 분석이지만, 공익을 위해서도 활용될 수 있는 가능성들을 함께 모색할 필요가 있다. 이를 통한 공익 활동은 궁극적으로 기업의 이미지 제고에도 기여하여 시장 규모 확대에 도움을 주게 될 것이다. 이와 관련하여 NTT도코모처럼 사회 공헌으로 활용되는 가능성에 대해 앞에서 언급하였다. 〈포브스〉 2011년 9월호에 의하면, MIT 연구팀은 휴대전화 통화 패턴 분석을 통해 독감 발생을 예측했고, 통신회사 텔레포니카 연구팀은 주택, 교육, 의료 등에 대한 수요를 추정했다. 또한 콜럼비아대학 연구팀은 디지셀(Digicel)의 통화 데이터를 활용해 아이티 지진 시의 난민 이동 분석을 한 것으로 알려져 있다.[65]

6

빅 데이터
이코노미가 펼치는
미래 사회

빅 데이터가 만드는 비즈니스 미래지도

01

인간을 건강하게 만드는
빅 데이터

전 세계적으로 글로벌화, 양극화, 고령화라는 메가트렌드가 경험되고 있으며, 특히 고령화 사회 진입으로 인한 대응책 마련이 필요한 상황이다. OECD는 2050년 대부분 국가의 3명 중 1명이 65세 이상이 될 것이라 예측했다. 우리나라 고령화 인구는 현재 전체 인구의 10% 수준에서 2020년 20% 이상으로 두 배나 증가할 것으로 전망된다.

인간의 건강에 대한 관심은 더욱 높아지고 개인 건강 기록부(PHR: Personal Health Record) 기반의 건강관리 비즈니스가 부상하면서, 유전자(DNA) 정보를 개방하는 추세가 나타나고 있다. 여기에 의료 데이터와 보험 등 기업 데이터 등이 융합된 빅 데이터 처리 기술 및 제도적 환경이 향상되면 건강 IT 분야가 고령화 사회와 경제에서 핵심 비즈니스로 자리 잡을 것으로 기대된다.

우선은 다양한 질병을 연구하기 위해 가장 관심이 쏠리는 영역이 DNA 데이터를 분석하는 시스템 마련이다. 미국의 경우, 국가생명연구자원정보센터(NCBI: National

Center for Biotechnology Information)는 국립보건원(National Institute of Health) 산하 유전자 데이터 통합관리센터이다. 근거 법률인 Public law 100-007에 따라 DNA 검색, 분석, 다운로드 기능을 제공하고 있는 이 센터는 최근 데이터 폭증으로 이의 효과적 활용에 한계를 갖게 되었다.

인간의 바이오 데이터 중에서 가장 중요한 DNA 정보는 2003년 10GB에서 2010년 105GB로, 2020년에는 109GB로 증가할 것으로 예상된다. 한편 차세대 염기 서열 해독 장치 개발 및 기기 가격 하락으로 저비용으로 대량의 인간 유전체 해독이 가능해진다. 한 명의 유전체 분석에 소요되는 비용과 시간은 지속 변화했다. 2003년 3억 달러, 13년 소요에서 2010년 5000달러 1주 소요, 그리고 2020년에는 100달러에 1시간이 소요될 것으로 전망된다.[66] 따라서 선진국들은 DNA 데이터의 중요성을 인식해 국가 차원에서 통합 관리 체계 구축 필요성을 갖게 되었다.

이에 미국 국립보건원과 수십 개 기업, 기관들이 함께 파트너십을 통해 공동으로 2008년부터 '1000 유전자 프로젝트(1000 Genomes Project)'를 수행 중이다. 이 협력체는 미국 정부의 지원으로 DNA 데이터 분석을 하며, 인간의 유전적 다양성과 질병의 상관관계를 연구 중이다(하버드대, MIT, 하버드 의대, 다나파버 암연구소, 메사츄세츠 주립병원 등). 이 프로젝트는 과학 연구를 위해 전 세계에서 2662명의 유전자 정보를 저장하고, 질병 연구를 위해 1% 이상의 빈도를 나타내는 유전적 다양성을 분석하고 있다.

최근 2012년 3월 발표된 오바마 정부의 '빅 데이터 연구개발 이니셔티브'로 인해 이 프로젝트는 클라우드 서비스인 아마존 웹서비스(AWS: Amazon Web Service)로 이전, 저장되게 되었다. AWS는 2011년 말 기준으로 약 1700여 명의 DNA 정보를 클라우드에 저장하게 되었고, 연구원들은 이 DNA 데이터를 무료로 사용 가능하며, 사용한 만큼만 아마존에 컴퓨팅 서비스 비용을 지불하면 된다.

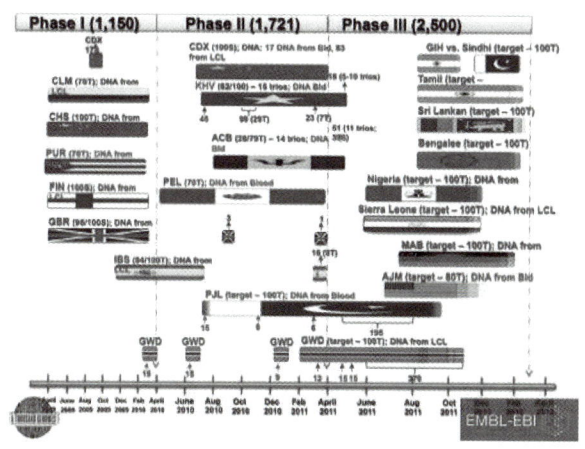

자료: The 1000 Genomes Tutorial A Brief History of Data and Analysis, 2012. 2. 17;
한국정보화진흥원(NIA), "빅 데이터로 진화하는 세상", 2012. 5 재인용.

　이러한 데이터 공개를 통해 연구자들은 불치병 관련 유전자 정보를 공유하고 분석하여 새로운 치료제 개발 등을 더욱 쉽게 할 수 있게 되었다. 데이터는 전 세계 인구 표본에서 취합된다. 예를 들어 북동유럽에서 조상들이 미국으로 이주하고 현재 유타 주에 거주하는 사람, 덴버에 사는 중국계, 로스앤젤레스에 사는 멕시코계 등으로 분류된다.

　국내에서는 2011년 말 코스닥 상장을 한 디엔에이링크(2000년 3월 설립한 자연과학 및 공학 연구개발 업체)가 DNA 분석을 통해 개인 맞춤형 건강검진 서비스를 제공하고 있으며, 지금까지 약 4만 명 이상의 질병 관련 분석을 수행해 국내 최대의 한국인 유전자 DB를 구축해놓은 상태이다.

　다음은 센서 데이터, 스트리밍 데이터 등 실시간성 정보가 증가하고 유통 속도 또한 증가하면서 이를 의료 분야에 활용하는 사례를 살펴보자. 가장 잘 알려진

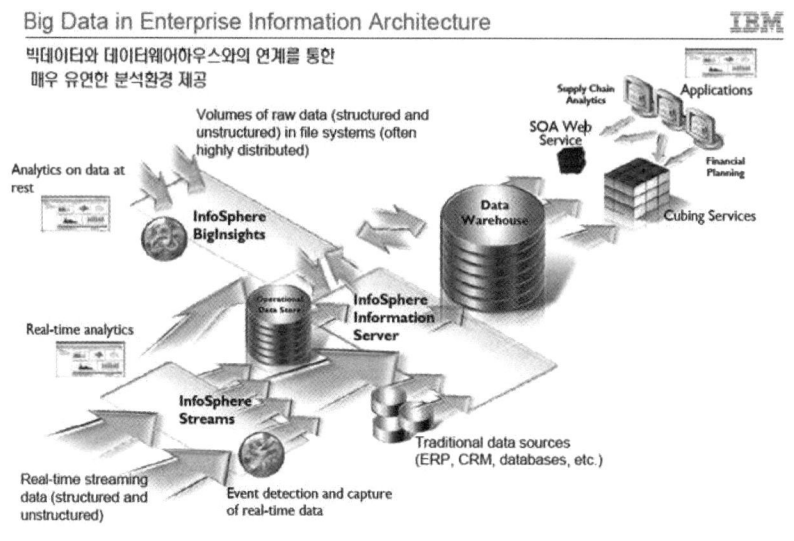

자료: IBM; 디지털데일리, "빅 데이터를 향한 IBM의 쌍두마차", 2012. 3. 27 재인용.

사례로 앞에서 이미 캐나다 온타리오 공과대병원의 미숙아 모니터링을 통한 감염 예방 사례를 소개하였다. (이에 대해서는 앞의 2장의 '빅 데이터가 만드는 웰빙 세상'에서 이미 언급하였다.) 내용을 다시 소개하면, 인큐베이터 안의 미숙아로부터 얻어진 다양한 실시간 데이터를 분석하는 것을 말한다. 이 병원에서는 신생아 중환자실의 혈압, 체온 등 심전도, 혈중 산소 포화도 등 미숙아 실시간 모니터링 장비에서 생성되는 환자당 하루 9000만 건 이상의 생리학 데이터 스트림(data stream)이 실시간 분석된다. 여기에는 '인포스피어 스트림즈(Infosphere Streams)'라는 IBM의 분석 솔루션이 활용된다.*

---

* IBM은 빅 데이터 분석 솔루션으로 'IBM 인포스피어 스트림즈(InfoSphere Streams)'와 'IBM 인포스피어 빅 인사이트 (InfoSphere BigInsight)'를 가지고 있다.

캐나다 온타리오 공과대병원의 미숙아 신생아 실시간 모니터링

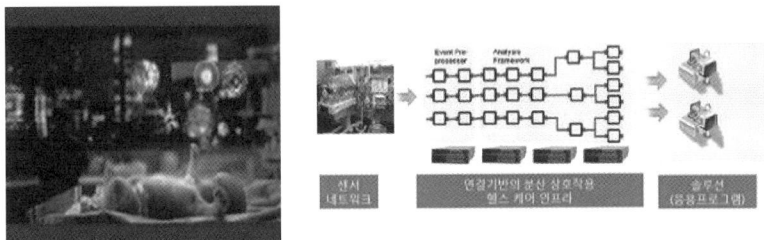

자료: Anjul Bhambhri, Smarter Analytics for Big Data, IBM, 2011. 6. 7; 한국정보화진흥원(NIA), 2012. 5 재구성.

미숙아 모니터링에 활용된 분석 솔루션인 '스트림즈'는 실시간 발생 데이터를 저장하기 전에 분석하는 기술로서, 2003년에 IBM이 미국 정부와의 협력으로 개발된 솔루션이다. 실시간의 센서 데이터를 캡처해 분석하는 것이 스트림즈의 주요 특징이다. 스트림즈는 데이터가 발생하면 저장하지 않고 순간적으로 분석하는 것을 목표로 한다. 일단 분석이 끝난 후 저장 여부를 결정하게 된다. IBM 스트림즈는 분석 알고리즘을 쉽게 프로그램화 할 수 있는 툴을 제공하므로 긴박한 순간을 미리 대비하거나 빠르게 감지할 수 있다. 스트림즈는 저장하지 않고 실시간으로 분석하고, 필요하다면 분석 후 다시 저장해 나중에 트렌드 분석 자료로도 쓸 수 있다.

3장에서도 말했듯이 캐나다 온타리오 공과대병원은 스트림즈를 통해 미숙아의 상태를 실시간 분석 하므로 의료진보다 24시간 전에 감염 사실을 밝혀냄으로써 상태가 더 악화되기 전에 치료 시작이 가능하다. 이유는 각종 의료장치와 센서를 통해 실시간으로 수집된 심장박동, 호흡 상태 등과 같은 신체 정보 관련 데이터가 실시간으로 분석되어 의료진에게 전달되기 때문이다. 말을 못하는 미숙아를 대상으로 시작한 이 시도는 기타 증상들을 모니터링하고 발견함으로써 향후 어떤 질병이든지 유연하게 적용시킬 수 있게 될 전망이다.

최근 유럽연합이 실시간 모니터링 기반의 만성질병 환자용 스마트 티셔츠를 개발 추진 중인 것으로 보도되었다. 이는 캐나다의 사례처럼 상시 모니터링하는 시스템이다.[67] 티셔츠는 유럽 집행위원회(European Commission)가 725만 유로(874만 달러) 지원금을 제공한 '크로니어스(Chronious)' 프로젝트의 일환으로 개발된 것으로 만성 폐쇄성 폐질환(COPD: Chronic Obstructive Pulmonary Disease) 및 만성 신부전(CKD: Chronic Kidney Disease) 등의 치료를 목적으로 한다. 가벼운 재질로 만들어진 티셔츠에 심장박동, 호흡, 활동 등 환자의 신체 상태를 모니터링하는 센서가 부착돼 있고, 디지털 체중계, 혈당측정계, 혈압계 등 모바일 단말과 연동된다. 즉 이들은 스마트폰 등 모바일 단말을 통해 환자의 생체정보를 의사에게 전송하고, 의사는 이를 분석해 진단에 활용하게 된다.[*]

이 티셔츠 때문에 환자는 가정에서 손쉽게 건강 상태를 체크할 수 있고, 의사는 환자의 신체 상태는 물론 일상적인 식생활이나 운동습관 등에 관한 정보를 실시간으로 제공받아 보다 정확하고 신속한 처방을 결정하는 것이 가능하다. 이를 통해 웨어러블 센서를 이용한 원격 모니터링 시스템이 관심을 끌기 시작하고 있다. 이탈리아에서 실시된 스마트 티셔츠 시범 테스트가 미국과 중국의 관심을 끌었고, 이탈리아 럭비팀은 이 티셔츠를 선수들의 훈련성과 평가에 활용할 의향을 표시했다. 또 미국 FCC는 지난 5월 저전력 웨어러블 센서를 이용한 MBAN(Mobile Body Area Network) 의료 단말에 전용 무선 주파수를 할당키로 의결한 바 있다.[**] 한편 원격 모니터링 시스템은 질병 이력과 생활습관 등 민감한 개인정보를 취급한다는 점에서 보안이 요구된다. 따라서 개인정보 보호 관련 제도적 장치의 마련이 병행되어야 할

---

[*] 유럽 8개국이 EU 지원금으로 스마트 티셔츠를 개발한 'Chronious' 프로젝트는 인간의 건강에 중대한 영향을 미치는 만성질병을 보다 저렴하고 효과적인 방법으로 치료하기 위해 추진된 것이다.

[**] MBAN은 의사들이 체온과 혈당 등 환자들의 상태를 실시간 모니터링할 수 있게 해주는 무선 시스템이다.

웰포인트의 데이터 수집(Collect), 강화(Enrich), 전달(Deliver) 프로세스

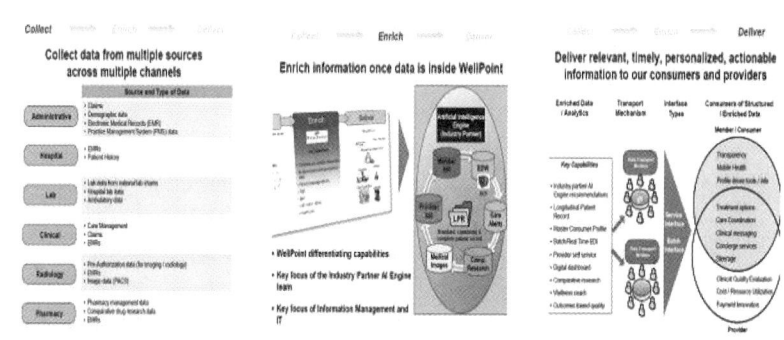

자료: Transforming the Information Infrastructure: Build, Manage, Optimize, Computerworld, 2011.

것이다. (이에 대해서는 1장에서 논의하였다.)

　센서 데이터의 활용 외에 의료 데이터 자체를 보험 고객 데이터와 융합하여 환자 및 피보험자에게 최적의 의료 및 보험 서비스를 가능하게 하는 경우도 있다. 미국의 건강보험 회사인 웰포인트(WellPoint)는 IBM 왓슨 솔루션을 도입해 회사에 등록된 건강보험 자료와 3420만 명에 대한 환자 정보를 종합 분석하여 이를 기초로 복잡한 의학적 치료법을 검색한다(왓슨에 대해서는 이장의 마지막 절을 참조바란다). IBM 서버를 통해 모든 사례를 고려하여 최적의 진단 및 환자 치료 가이드라인을 제시하는데, 2억 페이지에 해당하는 자료를 검색 분석하여 단 3초 내에 결과 제시가 가능하다.

　IBM의 왓슨 솔루션을 활용해서 웰포인트가 사업적으로 얻는 효과는 먼저 불필요한 치료나 진료를 줄여 환자나 의료보험 회사의 불필요한 진료비 낭비를 방지할 수 있게 해준다는 점이고, 더 나아가서는 고령화 사회로 가면서 노인들의 만성질환을 체계적으로 관리하여 고령층에 대한 효과적인 진료 서비스 제시가 가능하다는 점 등이다.

　2011년 10월, 미국 병원 '세톤 헬스케어 패밀리(Seton Healthcare Family)' 가 환자 데

이터 분석을 위해 왓슨의 '의료용 콘텐츠 및 예측 분석' 기술을 채택하게 되었다. 방대한 양의 환자 데이터에서 임상 정보를 추출, 분석해 미래를 예측하는 것이다. 이 병원은 특히 환자의 예방이 가능한 재입원과 병원 방문 횟수를 줄이는 데 중점을 두고 있다고 한다.[68]

국내에서 빅 데이터로서의 의료 데이터를 활용하는 실제 사례를 찾기란 쉽지 않다. 최근 빅 데이터가 이슈가 되면서 관련 기술 도입 움직임이 정부기관, 의료기관, 통신 기업 중심으로 일기 시작했다. 예를 들어보자. 먼저, 분당 서울대병원은 빅 데이터 분석 기술을 도입해 임상 데이터웨어하우징(Clinical Data Warehousing) 구축 사업을 추진한다고 발표했다. 또한 2012년 3월 넥스알 인수를 통해 빅 데이터 인프라와 분석 기술을 보유하게 된 KT와 세브란스병원은 헬스IT 합작회사인 '후헬스케어(H∞H Healthcare)'를 설립하고 클라우드 기반 DNA 분석 사업을 추진한다고 7월에 발표했다.[*] 이 시스템의 구축을 위해 국내의 유전자 분석 회사를 인수할지, 외국 기업에 유전자 분석을 의뢰하고 분석 자료를 분석하는 사업만 전개할지 검토 중이다. 첨단 의료 기술 및 데이터와 첨단 IT 솔루션 및 통신 데이터가 패키지 형태로 개발되면 국민들에게 질 높은 의료 서비스를 실시간으로 제공하는 데 기여할 것으로 기대된다.

정부와 R&D 기관, 그리고 소셜 분석 업체, 검색 업체 등이 파트너십을 통해 빅 데이터 수집과 활용을 시도하는 모습도 보인다. 한 예로 2012년 3월 건강 포털인 코메디닷컴을 운영 중인 코리아메디케어, 한국전자통신연구원, 다음커뮤니케이션즈, 서울대학교, 솔트룩스가 공동으로 헬스IT 분야에서 빅 데이터 관련 정부 연구 프로젝트를 시작했다.[**] 2015년 2월 완료할 이 과제의 제목은 '빅 데이터 활용을 위한 지식자산 구축 및 실시간 데이터 응용 기술 개발'이다.

---

[*] HooH란 건강(Health)을 통해 인간(Human)에게 무한한(∞) 가치를 제공한다는 의미이다.

[**] 헬스IT는 정부가 고령화 경제 시대를 맞아 '신성장 동력 산업'으로 의욕적으로 육성하고 있는 산업 분야이다.

BIG DATA

02

사회를 투명하게 만드는
빅 데이터

우리가 안고 있는 사회문제 중 늘 도마 위에 오르는 이슈는 경제적 발전에 비해 사회는 그다지 투명하지 않다는 점이다. 왜 우리 사회가 투명하지 않은 것인가? 이는 분명히 개인이나 조직이 법과 약속을 지키는지를 볼 수 있는 시스템과 사후적으로 제어하는 장치가 제대로 작동하지 않기 때문이다. 사회가 투명하지 않으면 개인이나 조직은 유혹에 쉽게 빠지게 된다. 또한 자신의 잘못에 대한 부끄러움도 없고 잘못이 드러났을 때 치러야 할 대가도 크지 않아 결국에는 부정부패가 만연하게 된다.

우리 사회의 투명성 수준을 국제적 잣대로 평가한 수치를 먼저 살펴보자. 최근 스위스 국제경영개발원(IMD)에서 2012년 국가경쟁력지수를 발표했다. 우리나라는 전년과 같이 59개국 중 22위로 평가됐는데, 기업의 회계투명성을 나타내는 회계와 감사 부문 경쟁력은 59개국 중 41위이다. 2006년 61개국 중 58위로 세계 최하위 수준이었고 2011년 47위에 비하면 나아진 수준이라고 한다. 그런데 2011년 말 국제투명성기구(TI)가 발표한 '2011년 부패인식지수'에서 우리나라 공무원과 정치인의 부패

인식지수(CPI)는 183개국 중 43위로 전년도 39위보다 오히려 더 하락했다.

2011년 말 〈매일경제신문〉에서는 경제통계에 잡히지 않는 우리나라의 지하경제 규모를 250조 원으로 추정한 바 있다. 1000조 원 경제 규모를 고려할 때 우리 사회의 불투명성 정도가 매우 심각한 수준이라고 할 수 있다. 불투명하고 부패한 사회가 지속되면, 경제 발전에도 악영향을 미친다. 초 연결, 초 소통 사회에서 투명성은 더욱더 중요한 역할을 할 것이다. 사회를 투명하게 하는 데 빅 데이터가 어떻게 활용될 것인지 그림을 그려보자. 먼저, 지하경제 탈출 사례부터 보자.

실제로 2008년 글로벌 금융위기로 세계적으로 퍼진 재정위기는 개인과 기업의 탈세에 따른 낭비성 재정 지출 문제를 낳기 시작했다. 세계은행에 의하면, 탈세 및 세금 사기와 관련한 전 세계 지하경제 규모는 전 세계 GDP의 18%에 육박한다. 전 세계적으로 탈세 금액이 증가하는 가운데, 미국의 탈세 금액만 2010년 기준으로 저소득층의 의료보장 총액을 초과했다고 한다.[69]

먼저, 빅 데이터 분석을 활용한 탈세 예방이 가능하다. 미국 국세청은 최근 세법 위반 행위 적발과 사전 방지를 위해 탈세 및 사기 범죄 방지 시스템을 구축하였고, SAS 솔루션과 분석 기술이 도입됐다.[70] 정부기관 사기 방지 솔루션으로 'SAS 프로드 프레임워크 포 거번먼트(SAS Fraud Framework for Government)'가, 소셜 네트워크 분석 솔루션으로 'SAS 소셜 네트워크 애널리시스(SAS Social Network Analysis)'가 도입되었고, SAS의 데이터 통합, 데이터 마이닝, 비즈니스 인텔리전스 기술도 적용됐다고 한다.

SAS의 솔루션은 빅 데이터에서 이상 징후를 찾아내고, '예측 모델링'으로 과거 행동 정보를 분석해 사기 패턴과 유사한 행동을 파악한다. 또한 소셜 네트워크 분석에 기반을 둔 '범죄 네트워크 분석' 기능을 통해 문제점들도 도출된다. 예를 들어 계좌, 주소, 전화번호, 납세자 간 연관관계 분석이 가능하고, SNS를 통해 범죄자와 관련된 소셜 네트워크를 분석하여 범죄자 집단에 대한 감시도 할 수 있다.

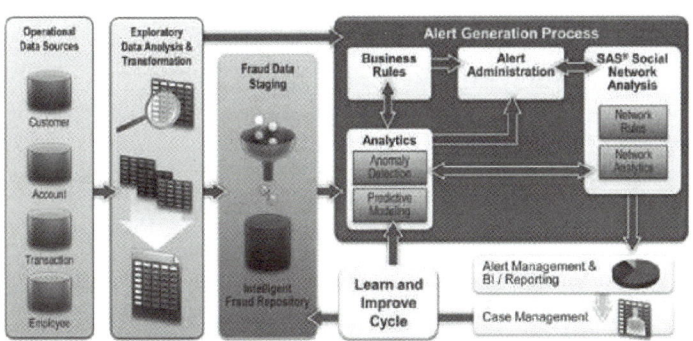

자료: SAS

이 시스템 구축을 통해 미국 국세청은 연간 3450억 달러(약 388조 원) 규모에 달하는 세금 누락과 불필요한 세금 환급을 줄일 수 있을 것으로 추정하고 있다. 이외에도 미국 국세청은 인-데이터베이스(In-Database) 프로세싱, 스코어링 가속기(Scoring Accelerator for Greenplum), 그리드 매니저(Grid Manager) 등을 이용한 'SAS 하이 퍼포먼스 분석(High Performance Analytics)' 기술들을 활용함으로써 국세청 내 빅 데이터 분석이 더욱 효율적으로 이루어지도록 하고 있다.

최근 우리나라는 세계에서 7번째로 1인당 소득 2만 달러와 인구 5000만 명을 넘는 '20-50클럽' 국가가 된 것을 자축했다. 2012년 4월 국제통화기금(IMF)에서 우리나라의 1인당 국민소득이 2016년 3만 달러를 넘어설 것으로 예측했다.

그런데 이러한 긍정적인 경제적 평가에도 불구하고, 우리 사회가 아직 '투명'하다고 느끼기엔 이른 감이 역력하다. 2012년 6월 3일 〈매일경제신문〉에 실린 곽수근의

"투명한 사회가 삶의 질 높여"라는 시평에 따르면, 발권된 5만 원권 중 상당 부분이 유통되지 않고 있으며, 숨겨진 거액이 마늘 밭에서, 여의사 집에서 발각되고 있다. 또한 공익을 위해서 일해야 할 공직자들은 특정 이익집단의 올바르지 않은 일에 개입하다 구속되고 있고, 최근 일부 저축은행 소유주들은 국민의 예금을 자기 돈처럼 끌어다 쓰다 은행을 망치고 국민에게 부담을 지우고 있는 형국이다.

이게 우리의 현실이다. 빅 데이터를 분석하여 사회를 투명하게 하는 데도 활용되어야 하겠다. 보험과 의료 데이터가 연계되어 인간을 건강하게 하는데 주력하기 시작한 미국과 달리, 우리나라에서는 더 시급한 문제가 다양한 보험 사기이다. 최근 수십억 원의 보험금을 챙긴 탈북자들과 허위진단서를 발급해 의료 급여비를 가로챈 병원장 등이 경찰에 붙잡혔다. 2012년 5월 17일 〈동아일보〉를 보면, "보험사기 적발, 혐의자 무려 1361명"이란 헤드라인이 눈에 띈다. 금융감독원은 경남 창원 지역 병원 3곳과 연계해 조직적인 보험사기 범죄를 저지른 일당과 범행에 가담한 주민 등 1361명을 적발해 보험사기 혐의로 경찰에 수사 의뢰했다. 병원 관계자들이 보험사기 방조 혐의를 받고 있다고 한다. 브로커들이 환자를 모집해 소개하면 병원은 1명당 10~20만 원을 브로커에게 주고, 환자도 브로커에게 보험금의 10%를 넘겨주는 식이다.

우리나라에는 기상천외한 이러한 보험사기를 예방하는 차원의 빅 데이터 활용이 시급하다. 이미 2007년에 벤처기업인 '지식시스템(KSTEC)'은 차세대 비즈니스 룰 엔진인 아이로그 제이룰즈(ILOG JRules) 기반으로 대한생명 보험사기 방지 시스템 (IFDS: Insurance Fraud Detection System)을 구축한 바 있다. 이 시스템은 보험금 청구 고객에 대한 스코어링을 통해 지급 여부를 판단할 수 있도록 지원한다. 시스템 화면에서 IFDS 서비스를 요청하면 WAS 서버인 BEA WebLogic과 연계된 JRules 엔진을 이용하여 심사가 처리되는데, 보험사기 청구에 대한 데이터 분석 스코어링을 100여 개 팩터로 분류해 사기방지 프로세스를 구축하고, 사기 징후

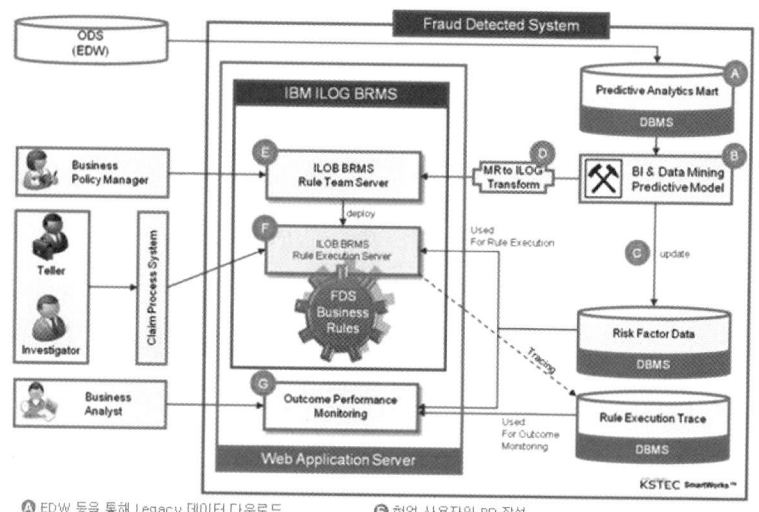

ⓐ EDW 등을 통해 Legacy 데이터 다운로드
ⓑ 데이터 분석 및 FDS 예측 스코어 모델 생성
ⓒ 도출된 리스크 팩터/집계성 팩터 룰 실행 DB 이관
ⓓ FDS 예측 스코어 모델(MR)을 ILOG으로 자동 전환
ⓔ 현업 사용자의 BR 작성
ⓕ FDS 기반 지급 심사 수행(룰 엔진에 의해 자동 실행)
ⓖ 시스템 성과(KPI) 및 추이 모니터링(대시보드)

자료: KSTEC 홈페이지

감지 기준을 표준화시켰다.

　이는 한마디로 과거 보험사기로 적발된 사례를 패턴화하여 보험사기 혐의자를 자동으로 추출하는 시스템이다. 사기 유형, 계약 및 사고 유형을 개인, 보험모집인, 병원, 정비업소별로 구별해 다양한 지표를 개발했고, 혐의자 선정을 통해 가해자, 피해자, 동승자를 자동 추출하여 사고 관련성, 공모 여부를 판단할 수 있는 연계분석 시스템으로 체계적인 분석이 가능하다. 이를 통해 보험사기 인지 시스템 가동으로 인한 적발률이 제고되어 보험사기 예방효과가 나타났고, 결국 보험가입자의 보험 혜택에 기여하게 된다. 위 〈그림〉에서 보듯이, 'SmartWorks FDS'는 보험사고 허위사실 및 확대 청구 등 사기 행위를 객관적이고, 현실적으로 적발하는 지능형 보

험 사기 방지 시스템(FDS: Fraud Detecting Systems)이다.

이상의 보험사기 예방 시스템 외에 국내 금융 전문가들은 조세피난처를 악용한 역외 탈세가 정부의 세수 감소로 이어지고 있다고 말한다.[71] 세금을 줄이려는 경제 주체가 늘수록 시장 왜곡이 일어난다. 이미 국세청은 역외 탈세의 폐해를 반사회적 범죄로 규정하고 탈루 소득 추적에 진력하고 있다. 국경을 뛰어넘는 탈세를 차단하려면 국제 공조 강화, 정보 수집 노력, 근본적인 조세제도 개선이 이뤄져야 하며, 특히 미국 국세청 같은 빅 데이터 분석 노력이 필요한 시점이다. 국내에서도 선결 조건으로 국내외 탈세 정보 수집을 확대하는 방안이 필요하다.

국내에서 문제로 보는 또 다른 사기 이슈는 신용카드 사기이다. 국내에서는 BC카드가 금융권 최초로 빅 데이터 기반 분석 서비스를 내놓을 것으로 보인다. 이는 KT가 BC카드를 인수했기 때문에 가능한 행보이다. 왜냐하면 KT가 인수한 빅 데이터 분석업체 넥스알과 KT의 클라우드 인프라가 전제되기 때문이다. 이를 통해 BC카드는 카드 사기를 방지함은 물론이고 카드 승인 관련 로그 분석 결과 한도 부족에 따른 승인 불능이 잦은 원인 등을 분석해 한도 조정에 적용할 수 있어 매출 확대도 기대할 수 있게 된다.

앞의 4장 기술에서 언급했듯이, 넥스알은 2007년부터 오픈소스 기술인 '하둡'을 바탕으로 클라우드 분산저장과 처리 기술을 개발해온 업체이다. 넥스알이 보유한 오픈소스 방식 빅 데이터 기술인 '하둡'을 적용해 1억 건에 달하는 카드 승인 로그를 분석한 결과, 서너 시간 걸리던 작업이 1시간여 만에 처리되어 상당한 비용 절감 효과도 기대된다.[72]

영국의 대외정책연구원(Policy Exchange)은 영국 정부가 빅 데이터를 효과적으로 활용하면, 특히 인구통계 비용을 줄이고 세금 시스템에서 사기를 식별할 수 있으며, 이를 통해 연간 330억 파운드를 절감할 수 있다는 보고서를 최근 내놓았다.[73]

6장 빅 데이터 이코노미가 펼치는 미래 사회

BIG DATA

03

국가를 안전하게 만드는
빅 데이터

안전과 관련되는 키워드 중 가장 먼저 떠오르는 단어들은 범죄 예방과 보안, 재난 대응 등이다. 먼저 범죄 예방과 관련해 빅 데이터가 어떻게 활용될 수 있는지를 주요국 사례 중심으로 살펴보자. 미국의 FBI는 유전자 정보은행인 CODIS(Combined DNA Index System)를 구축해 과거 범죄자의 DNA 데이터를 기반으로 범죄자를 색출하고 있다. 유죄 판결을 받은 혐의자의 혈액, 정액 및 기타 법의학적 증거에서 추출된 DNA 분석표 데이터가 이용된다. 과거 범죄자들의 DNA 데이터 분석을 통해 빠른 시간 내에 범죄 용의자 추적이 가능하다.

FBI의 데이터 분석 과정을 자세히 들여다보니, 먼저 기부자가 혈액이나 구강 샘플을 연방 유전자 데이터베이스 부서(The FBI's Federal DNA Database Unit)에 제출한다. 그러면 유전자 샘플이 바로 바코드화 되어 해당 부서의 '실험 정보 관리 시스템'에 저장된다. 샘플은 자동 기계 장치를 거쳐 유전자 프로필을 생성하고 시험관들이 '전문가 시스템'을 이용해 분석 결과를 검토하고 유전자 프로필이 CODIS에 업로드

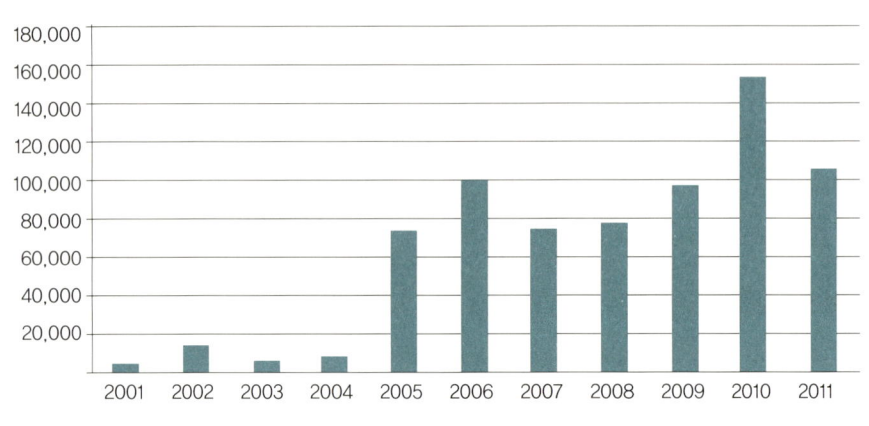

자료: U.S. Department of Justice Office of the Inspector General Audit Division, 2011. 9;
한국정보화진흥원(NIA), 2012. 5 재인용.

된다.

2011년 5월 현재 CODIS에는 미제(未濟) 사건 용의자 및 실종자에 대한 DNA 정보 1만 3000건을 포함한 12만 명 범죄자의 DNA 정보가 저장되어 있으며, FBI는 매년 2200만 명 DNA 샘플을 추가하여 범죄 수사에 활용 중이다. 2001년 6월부터 2011년 5월까지 FBI에서 수집한 범죄자 DNA 샘플 수 증가 추이는 위 〈그림〉과 같다. CODIS는 50개 모든 주와 연방정부가 수집한 확정 판결을 받은 범죄자들과 일부 체포자들로부터 추출된 DNA 분석표로 구성되며, 약 350만 개의 DNA 분석표가 내장되어 있다.

FBI는 CODIS에 내장된 DNA 분석 정보를 활용하여 2007년 4만 5400건의 범인 DNA 적중도를 달성했다고 한다. 또한 한 시간 내에 범인 DNA 분석을 위한 주(州) 정부 데이터베이스 연계와 빅 데이터 실시간 분석 솔루션을 확보하게 되었고, 이러한 분석 솔루션을 통해 잘못된 용의자가 피해를 보는 경우가 최소화될 것으로 기

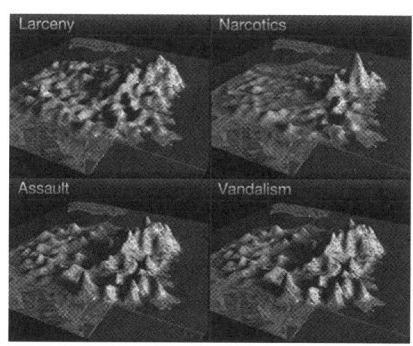

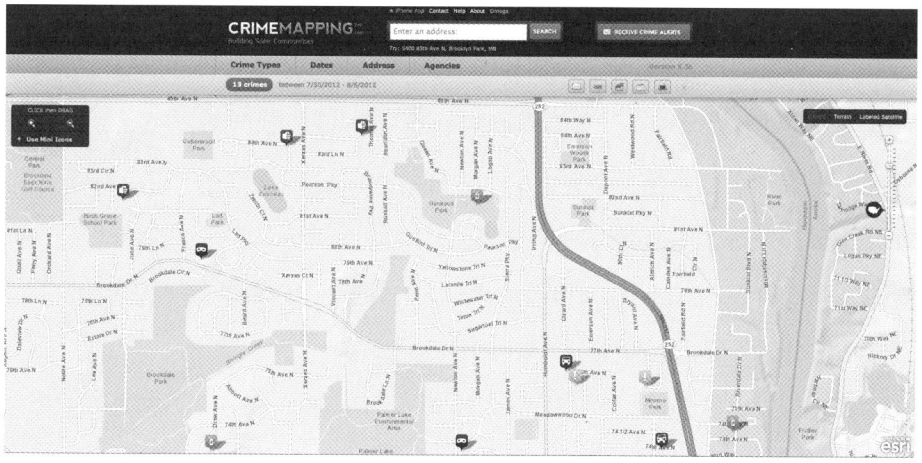

자료: www.crimemapping.com

대되고 있다.

　미국 주 정부 차원에서는 샌프란시스코의 범죄 예방 시스템 구축이 대표적이다. 샌프란시스코 경찰청의 범죄지도(Crime Map)를 기반으로 과거 8년 동안 범죄가 발생했던 지역과 유형이 세밀하게 분석되고 있는데, 이를 통해 샌프란시스코는 안전한 지역사회를 창출하고 있다. 여기서는 후속 범죄 가능성을 예측해 범죄를 사전 예보하는 방식이 이용된다. 6개월간의 테스트 결과, 예보 정확도가 71%에 달했다. 여기에 개인들도 기여하는 모습을 보인다. 예컨대 한 개인인 더그 맥퀸(Doug McCune)은 샌프란시스코 경찰청의 2009년 데이터를 토대로 하여 샌프란시스코 범죄 현황을 3D 지도로 시각화하였다. (시각화 등 표현 기술에 대해서는 4장을 참조하기 바란다.) 이 지도가 보여주는 시사점은 자동차 절도나 폭행은 도시 전반에 확산되어 있는 반면, 마약 등은 특정 지역에만 한정된 것을 볼 수 있다.

국내의 범죄 예방 시스템은 어떠한가? 2012년 7월 통영 초등학생 살해사건, 제주 올레길 살해사건, 울산 자매 살해사건 등 강력 범죄가 잇따르고 있다. 어제오늘의 일이 아니다. 특히 성범죄자의 재범률은 50%에 이르지만 성폭력 특례법 개정안이 시행되기 이전에 법원에서 확정 판결을 받은 성범죄자는 신상공개나 전자발찌 착용 대상에서 제외되며, 아동·청소년 대상 성범죄자 신상공개는 여성가족부에서, 성인 대상 성범죄자 신상공개는 법무부에서 별도로 데이터베이스를 구축해 제공하는 등 관리 감독상의 문제점도 있다. 따라서 우리나라에서도 빅 데이터를 활용한 보다 과학적이고 실효성 있는 예방 대책 마련이 시급하다.

다음으로 보안 관련에 대해 살펴보자. 치안 국가로 잘 알려진 싱가포르의 출입국 관리소(ICA: Immigration & Checkpoints Authority)는 2001년 9·11테러 이후 출입국 강화의 필요성을 느끼고, NTC(National Targeting Center)라는 팀을 창설한 후 출입국자, 수하물, 운송수단에 대한 통합적 관리와 불법 입국자 및 장기 체류자 등에 대한 사전 분석, 예측을 실행하기 위해 SAS 솔루션을 활용하여 WASP(Warehouse for Analysis, Statistics and Profiling)를 구축하였다. 출입국 시에는 이 WASP를 통해 즉각적으로 위험 요소들이 파악되고, 출입국 운영 데스크에 그 위험 요소가 알려지고, 위험자의 다음 경로 추적, 불법 및 위험 행위의 사전 방지, 불법행위 발견 시의 사법 처리 방안 등이 제시된다.

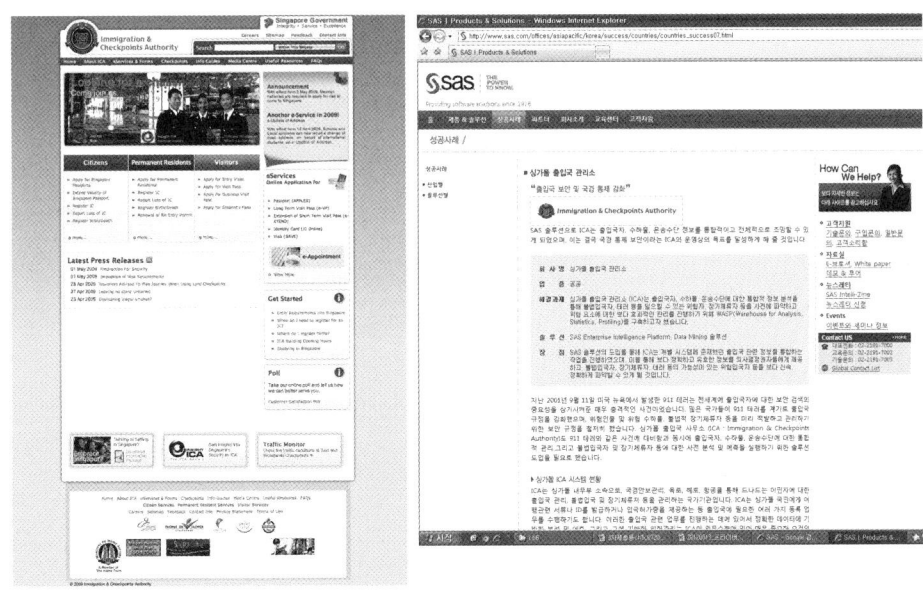

자료: 싱가포르 ICA 홈페이지, SAS 홈페이지

    ICA가 WASP를 위해 선택한 SAS 솔루션은 데이터 통합 서버, 분석용 스토리지, BI 서버, 그리고 엔터프라이즈 마이너(Enterprise Miner)를 하나의 플랫폼으로 포함하고 있는 엔터프라이즈 인텔리전스 플랫폼(EIP: Enterprise Intelligence Platform)이다. 구축 첫 단계에서는 출입국자에 관련된 정보를 다루는 데에 집중되었고, 점차 수하물 검역 시스템과 NTC 업무를 지원할 수 있는 단계로 진화할 것으로 보인다.

    재난 대응 관련해서는 전 세계적으로도 자연재해와 인위적 재난으로 인한 피해가 급증함에 따라 체계적인 재난 통신 인프라 구축에 대한 관심이 증대되고 있는 추세이다. 지진 위험국인 일본 사례를 소개한다. 지진, 해일, 태풍과 같은 자연재해 등으로 인한 인위적 재난 상황에 노출된 일본은 빠른 피해 복구와 인명 피해 최소

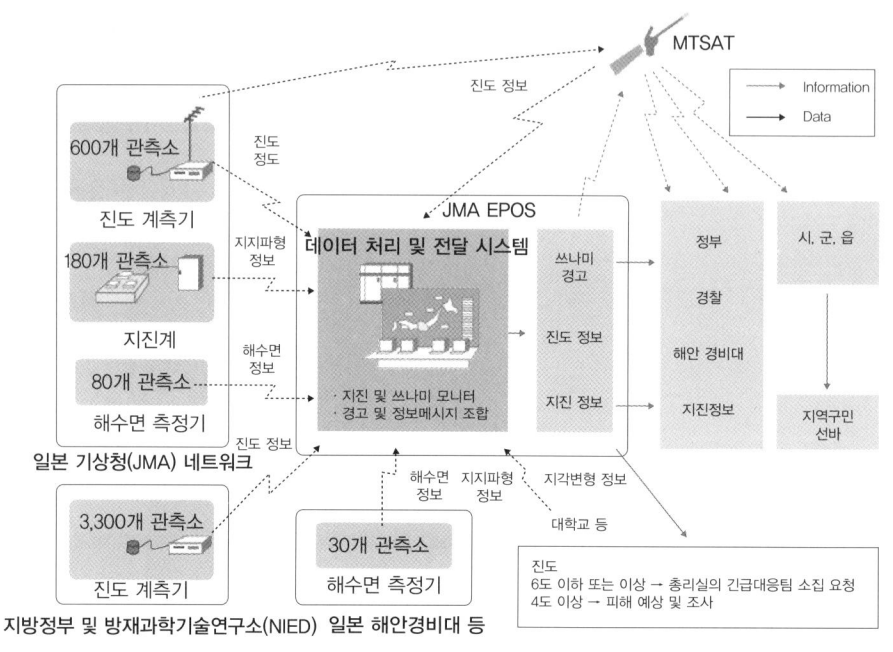

자료: Japan Meteorological Agency, Earthquake and Tsunami Monitoring and Information,
한국정보화진흥원(NIA), 2012. 5 재인용.

화를 위해 정부와 공공기관 간 협력 체계 구축이 필요하게 된다.

이미 국가 차원의 '방재 기본 계획'에 따라 일본은 일찍부터 지진방재 대책 및 재난관리 업무를 지원한다. 또한 얼마 전 지진으로 인한 트래픽 폭주로 유무선 전화망이 손상되자 일본 통신 기업들이 무선 인터넷망을 완전히 개방하기에 이른다. 일본 기상청(JMA)이 운영하는 국가방재과학연구소(NIED)에서 구축한 '지진 네트워크'를 통해 관측된다. 먼저, '지진현상관측시스템(EPOS: Earthquake Phenomena Observation System)'의 데이터 분석 정보를 통해 중앙 및 지방, 주요 매체 등에 지진이 통보되고, '지진 네트워크'를 통해 지진 정보 모니터링 및 대응이 진행된다. 즉 내

자료: IT news Japan, 2012. 7. 2.

각관방, 내각부, 방위부, 일본 해안경비대, 경시청 및 소방청, 방송국(NHK 등) 유관 기관에 지진정보가 전송(통보 2분 이내)되고 국민들에게 재난방송·문자 등 지진 정보가 전파되며, 내각부는 경찰청, 해안보안청, 기상청, 소방청, 방위청 및 지방정부 등과 연계한 긴급 대책본부를 설치해 피해현황 파악 등 대응 체계를 구축하는 흐름이다.

실시간 기상정보 제공이 더욱 중요해지면서 통신 기업인 NTT도코모가 2012년 7월 일본 전국 약 4000여 곳에 설치한 환경 센서 네트워크에서 수집한 관측 정보를 기반으로 기상정보를 실시간으로 제공하는 웹사이트 '도코모 환경 라이브'를 출시했다. 출시된 현재 시점에서는 기상, 환경 정보, 일기, 방재 정보 등이 제공되며 PC, 스마트폰에서 이용 가능하다. 예컨대 자외선 정보의 경우에는 일본 전역에 걸쳐 기준 관측점 9곳과 참고 관측점 62곳 등 총 71곳에서 관측되며, 날씨정보 전문벤처인

웨더뉴스와 공동 개발한 연산 처리 프로그램을 이용해 전국 최대 5600개 지점에서의 측정치를 제공한다. 기본 서비스는 무료이며, 부가 서비스로 앱을 제공하는데, 앱 가격은 하나당 250엔선이라고 한다.

특히 도코모는 기상정보를 B2C뿐 아니라 B2B 시장에도 제공한다. 관련 산업은 의류, 스포츠 산업 외에 에어컨, 난방기 제조업 등 매우 다양하다. 또한 이러한 기상 관측 정보들은 그 자체가 빅 데이터이므로 데이터베이스화되어 과거 기상 변화에 따른 소비자 구매행태 변화 파악을 기반으로 한 상품 및 마케팅 전략에도 응용 가능하다. 예를 들어 데이터가 화장품 업체인 폴라(POLA)에게 제공되며, 이와 관련하여 하절기용 기획 앱인 자외선 정보 제공 '미백 UV케어'가 출시된다. 향후에는 이 앱에 관련 자외선 화장품을 바로 결제하게 하는 커머스 사업으로의 확장도 가능하다.[74]

NTT도코모는 이미 모바일폰의 GPS를 통해 대량 수집된 데이터로 인구 변화 등을 추정하는 페타 마이닝 프로젝트를 추진 중이다. (이에 대해서는 3장에서 자세히 언급하였다.) 여기서도 현재는 공공 영역에 맞춰져 있지만, 향후에는 버스나 택시의 운행 스케줄 조정 등 B2B 시장에서의 활용도 가능해진다.

국내에서도 만성적인 홍수 피해가 지속되면서 서울시가 2010년 5월부터 재난안전대책본부를 본격적으로 가동하고, 수해 예방을 위한 24시간 비상근무 체제에 돌입했다. 즉 재난안전대책본부는 첨단 방재 기능을 갖춘 119 상황실과 실시간으로 정보를 공유하여 침수 피해 발생 시 적극 대처할 수 있는 시스템을 개편하여 재개발, 재건축 현장 등 공사 현장에 방치된 자재를 정비하는 등 집중 호우 시 수로가 막히는 일이 없도록 하는 일에 더 민첩하게 대응하고 있다.

포털인 다음커뮤니케이션은 아고라와 트위터를 통해 제보된 수해지역 사진과 위치정보를 결합한 커뮤니티 맵 폭우지도를 구축하고 있다. 커뮤니티 맵에 참여하는

다음 아고라의 수해 커뮤니티 맵

자료: 다음 아고라

사람들이 스마트폰을 이용하여 막힌 빗물받이, 수해 현장 등을 촬영한 후 다음 앱을 통해 사진과 위치정보를 제보하는 방식이다. 이때 다양한 사용자가 참여하는 커뮤니티 맵 만들기도 가능하고, 제보된 내용의 사용자 공유가 가능하다. 서울시는 이를 활용하여 재난대책본부가 신속한 처리를 할 수 있게 한다. 이러한 커뮤니티 맵을 통해 수해 예방 및 실질적인 수해 대책 마련이 가능하지만, 센서 데이터 등 빅데이터를 활용한 보다 사전 대응적인 방안이 필요하겠다.

도시를 스마트하게 만드는
빅 데이터

스마트(smart)가 대세이다. 도시와 스마트를 연결 지으면, 가장 먼저 연상되는 것이 교통과 동선을 편안하게 해주는 등의 디자인이다. 지금 가장 주목받는 기업, 애플의 성공 배경에는 혁신적 제품과 이를 뒷받침하는 심플하고 직관적인 디자인이 있다. 도시도 마찬가지이다. 그렇다면 혁신적이고 경쟁력 있는 도시, 심플한 느낌의 도시, 이것과 빅 데이터 활용은 어떤 관련이 있을까? 우리나라의 주요 도시들은 지방자치단체 중심으로 도시 경쟁력 향상을 위한 많은 노력과 예산을 투입하기 시작했다. 디자인도 중요하지만, 특히 교통 문제를 해결하려는 노력들이 우선 눈에 띈다.

오늘날 뉴욕, 도쿄, 서울 같은 거대 도시들은 수많은 교통 데이터를 생산한다. 사람과 자동차, 대형 이벤트들이 어울려 복잡하고 거대한 시티 다이나믹스(City Dynamics)를 만들어내고 있다. 이때 빅 데이터는 특정 공간이나 거대 도시에 걸쳐 광범위하게 일어나고 있는 도시의 복잡한 움직임을 한눈에 파악할 수 있는 수단이

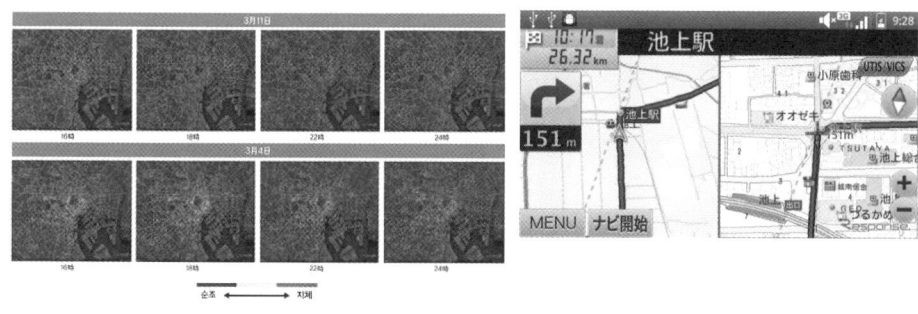

도쿄 도심부의 도로 혼잡 상태 추이 비교 및 UTIS의 최적 경로 안내

자료: 노무라연구소, IT Solutions Frontier(특집 '빅 데이터 시대'), Vol. 29 No. 4, 2012. 2;
한국정보화진흥원(NIA), 2012. 3 재인용.

될 수 있다. 어떤 일이 일어나는지를 이해할 수 있다면, 어떻게 대처해야 하는지도 알 수 있게 된다.

가장 일반적인 활용 사례는 센서 데이터인 GPS 데이터를 분석하여 지능형 교통 정보를 제공하는 경우이다. 일본 노무라연구소의 내비게이션 앱인 '전략안내! 내비'를 통해 2011년 일본 대지진 사고 때 도로 교통 체증 피해를 최소화한 바 있다. 노무라연구소가 자체 구축한 UTIS(Ubiqlink Traffic Information System)를 활용한 이 내비게이션이 오류를 최소화한 교통정보 서비스를 제공했기 때문이다.

UTIS는 계약을 맺은 택시들(지정도시 약 1만 1000대 중 7000대가 도쿄 택시들)과 개인 데이터 제공에 합의한 '전력안내! 내비' 사용자의 GPS 데이터에서 자동차의 주행 스피드를 계산해 체증 등 도로 교통정보를 생성하여 사용자 스마트폰으로 실시간 송신한다. 따라서 이 내비게이션 사용자는 체증이 발생해도 빠른 다른 길을 찾아 출발지에서 목적지까지의 최적 경로를 안내 받는다.

또한 노무라연구소는 구조 차량 및 지원 수송 차량에게 피해자의 실제 도로 교

노무라연구소 제공 '흐르는 도로맵' 예시

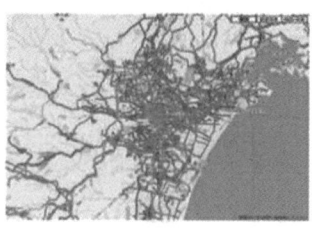

지진으로부터 3주 경과한 2011년 4월 7일 시점의 센다이시 주변 주행실적을 표시한 그림으로, 확대해서 볼 경우 통행하고 싶은 도로의 통행 여부를 확인 가능

━━━━ 3월 12일 이후 차량 주행이 확인된 도로

━━━━ 최근 3일간 주행이 확인된 도로

자료: 노무라연구소, IT Solutions Frontier(특집 '빅 데이터 시대'), Vol. 29 No. 4, 2012. 2;
한국정보화진흥원(NIA), 2012. 5 재구성.

통 상황을 안내하는 '흐르는 도로맵'도 무상으로 제공한다. 이 정보는 하루에 6번 갱신된다. 2011년 일본 지진이 발생한 후 3주가 경과한 2011년 4월 7일 시점의 센다이시 주변 주행 실적을 '흐르는 도로맵'이 표시한 것이 위의 〈그림〉이다. 이를 확대해보면, 통행하고 싶은 도로의 통행 여부 확인이 가능하다.

이상의 연구기관 외에 기업들의 교통 관련 스마트 시티 구축 사례들도 눈에 띈다. 교통 관련해서는 먼저 자동차 기업이 있다. 앞서 언급된 포드자동차가 대표적이다. 간단히 상기하면, 2011년 5월 포드자동차가 구글의 개발자 컨퍼런스 'Google I/O'에서 구글 예측 API를 이용해 운전자의 이전 운전 내용을 분석해 패턴화하고, 매칭 및 기계 학습을 활용해 행선지 등을 확인하는 '스마트 카' 계획이 발표되었다. 포드는 이미 2007년에 MS와 공동 개발한 인포테인먼트 시스템인 씽크(Sync)를 채택한 바 있다. 구글 예측 API는 클라우드 기반, 구글 스토리지에 패턴 매칭 기능을 추가하고 이를 활용해 현재 이벤트에 대한 잠재적 결과를 예측하는 기능이다. (이에 대해서는 3장을 참조하기 바란다.)

이처럼 빅 데이터 분석을 위한 오픈 API가 자동차에 적용하면 자동차가 운전자의 행동을 효율적으로 학습해 미래의 행동을 예측할 수 있게 된다. 즉 운전자는 자

국내 통신 기업들의 내비게이션 앱: KT, SKT, LG유플러스

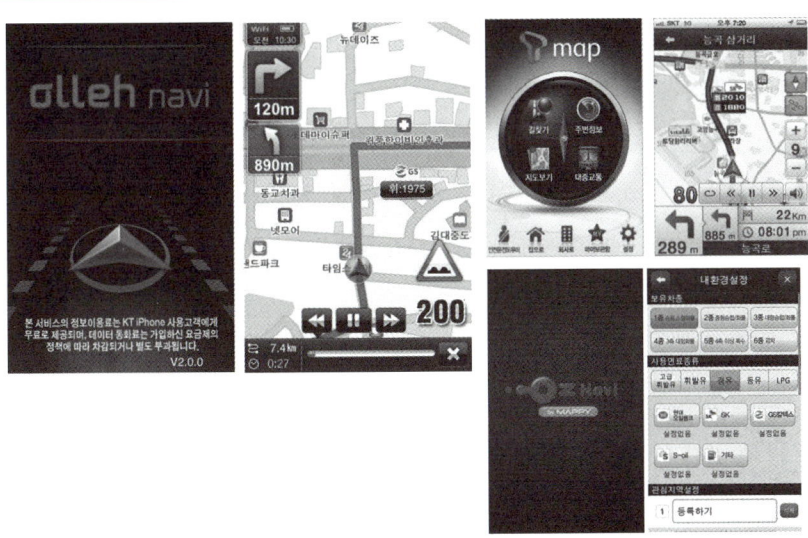

자료: 각 통신사 앱

동차 컴퓨팅 시스템이 언제, 어디까지, 어떤 루트로 달렸는지의 운전 기록에 대한 암호화 기록을 생성하고 이를 운전 프로파일에 맞게 가공하는데, 그 결과 해당 자동차가 운전자가 어디까지 어떻게 운전했는지를 기억한다. 자동차가 이 정보를 이용한 구글 예측 API를 활용해 대용량 데이터를 분석한다. 예를 들어 운전자가 퇴근 후 바로 시동을 걸었을 경우의 목적지를 예측할 수 있으며 교통 체증 등을 피할 수 있는 최적의 경로를 제시할 수 있다.

통신 기업들도 클라우드 기반에서 신속, 정확하고 손쉬운 길안내 서비스를 제공한다. 앞서 언급한 일본의 도코모는 2010년부터 내비게이션 '고릴라 플러스'를 제공 중이며, 국내 통신 기업들도 예외가 아니다. 예컨대 KT는 2011년부터 자체 개발한 전자지도 '올레맵(Olleh Map)'을 적용해 내비게이션 앱인 '올레내비(Olleh Navi)'를 출시하였다. 이외에 SKT와 LG유플러스도 각각 'T맵'과 '오즈내비'를 제공하고 있다. 이들 앱은 모두 클라우드와 접목되어야 하며, 다양한 개인화 서비스 제공을 위해 센서 데이터 분석 기술들이 확장 적용될 것으로 기대된다.

다음은 도시 환경 디자인과 관련된 사례를 보자. 미국 뉴욕 주의 시라큐스 시는 빅 데이터 분석을 기반으로 스마트시티를 추진하였다. 낙후 지역의 원인 파악을 위한 데이터 분석을 통해 낙후된 지역에서 공통적으로 나타나는 현상을 파악하려는 목적이다. 시라큐스 시는 버려진 가옥을 줄이고 낙후된 지역을 활성화시키기 위해 원인을 분석한 결과, 택지가 좁은 주거 지역일수록 황폐화되고 유기될 가능성이 증가하고, 지역 황폐화에 교육 및 직업훈련 부족이 직접적으로 영향을 끼치는 것으로 조사되었으며, 여성보다 남성이 직업을 잃었을 경우에 주택을 버리는 확률이 높음을 발견하게 된다. 주거 지역의 황폐화가 교육 및 직업훈련 부족과 관련되어 있다는 사실이 데이터 분석을 통해 파악된 것이다.

한편 빅 데이터 관련 하드웨어와 인프라, 앱을 모두 보유한 IBM은 2010년 11월 전 세계 100여 개 도시에 5000만 달러를 투자해 지능형 즉, 스마트 도시로의 탈바꿈을 지원하는 '스마트 시티 챌린지(Smarter Cities Challenge)' 프로그램을 발표했다. 이어서 IBM 전문가 팀은 해당 도시 관계자들에게 공공 서비스 개선 및 효율성 증대에 관한 권고안을 전달하고, 이를 위해 3년간 기업 봉사단 활동을 진행해 노하우를 쌓았다.[75] 이후 IBM은 프로그램 참가 33개 도시명을 발표했으며, 5~6명으로 구성된 전문가 팀을 각 도시로 파견했다.

2011년, IBM은 미국 세인트루이스, 영국 글래스고우, 태국 치앙마이, 남아프리카 요하네스버그 등 25개 도시를 지원했다. 주제는 교육, 교통, 공공 안전에서부터 에너지와 지속가능한 경제 개발까지 광범위하다.

아울러 IBM은 도시가 움직이는 근본적인 부분들을 변화시키기 위한 시도를 도

자료: IBM

울 수 있는 통찰력을 모으기 위해 리더들을 위한 중요한 10대 교훈들도 홈페이지에 공유하고 있다. 내용을 간단히 소개한다. 첫 번째는 '용감하고 대담하게 행동하라'는 것이다. 영국의 경우 이산화탄소 배출량 목표치를 2025년까지 1990년 수준으로 되돌린다는 목표 등을 세우고 있다.

두 번째는 '다르게 생각하라'는 것이다. 일례로 건조한 광산촌에 위치한, 번성하는 항구 도시인 칠레 안토파가스타의 의사결정 지도자들은 공원과 공터를 개간하기로 결정하였다.

세 번째는 '공동의 목표를 정하라'는 것이다. 일례로 노스캐롤라이나 주의 메클렌부르크 카운티와 도청소재지인 샬럿 카운티의 정치 지도자들은 카운티 내의 지방자치단체장들을 초청하여 프로젝트에 대한 동의를 얻고자 노력을 하였다.

네 번째는 '비즈니스 및 비영리 단체와 파트너쉽을 체결하라'고 한다. 일례로 필라델피아의 '디지털온램스(Digital On-Ramps)' 계획은 주민들이 21세기 경제 환경에서 일하고 번창하도록 준비시키는 것을 목표로 하며, 이를 위해 시 당국, 드렉셀대학

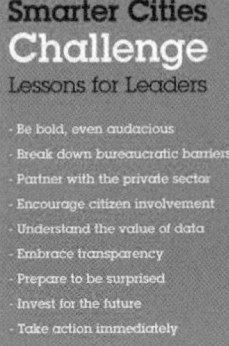

자료: IBM

및 정부, 비즈니스, 주민 단체의 대표자들로 구성된 '필라델피아 도시 대연합(Greater Philadelphia Urban Affairs Coalition)'은 시민 단체 등 여러 기관들 간의 컨소시엄에 의해 계획, 운영된다.

다섯 번째는 '시민 참여를 권장하라'는 것이다. 일례로 핀란드의 헬싱키는 원주민들의 연령이 높아지고, 동유럽 국가들로부터 이민자들이 유입되면서 변경되고 있는 시민 계층과 소통할 수 있는 효과적인 방법을 찾기 위해 지역 대학으로부터 모인 시민들을 면담했고, 시민들에게 어필할 수 있는 개방 데이터 앱을 위한 아이디어를 부탁하였다.

여섯 번째는 '데이터의 가치를 이해하라'고 제언한다. 일례로 상당한 건물 공동화 문제를 안고 있던 뉴욕 시라큐스 시의 지도자들은 데이터를 수집하여 분석하는 것이 현재 어려움을 겪고 있는 지역 중 어느 곳이 가장 호전될 가능성이 높은 곳인지 판단하는 것에 결정적인 역할을 한다는 것을 알았고, 결국 약물 투여나 공공 소란 등으로 인해 경찰 출동이 잦았던 지역일수록 더 개선될 수 있는 가능성이 많다는 것을 알게 된다. (이에 대해서는 앞에서 언급하였다.)

그 외는 '미래를 위해 투자하라'(중국 칭다오 시는 클라우드 컴퓨팅 리소스에 투자를 하기 위한 5개년 계획을 제출), '즉각 행동에 옮겨라'(노스캐롤라이나의 메클렌부르그 카운티는 그 지역 자치단체들과 동의시에 이미 서명하여 통합된 자본 금융 계획 프로세스를 개발하기로 함) 등이다(앞의 〈그림〉 참조).

IBM은 2012년 들어 스마터시티 챌린지에 우리나라의 청주시를 선정하였다. 청주시에서 응모한 주제는 '효율적인 대중교통 시스템 개선 방안'이다. IBM 본사에서는 국내외 교통 분야의 최고 전문가 그룹을 3주간 파견하여 청주시의 교통시스템의 현황 및 문제점을 분석하고 해결책을 제시하며, 청주시 역시 글로벌 전문가들의 정책 제안을 적극적으로 수용하여 교통 정책에 반영할 계획이다. 앞서 나가는 비즈니스 마인드로 IBM은 기술, 컨설팅, 사회 기여 서비스를 통해 '스마트시티'와 빅 데이터 활용을 접목시키는 데 기여하고 있다고 생각된다.

미래 비즈니스를 창조하는
빅 데이터

초등학교 학생들에게 '미래'를 그리라고 하면 어떤 그림이 나올까? '심술통'으로 유명한 만화가 이정문 씨가 1965년에 상상력을 동원해 그림 한 장에 담은 '서기 2000년대 생활의 이모저모'에 나타난 '미래'는 태양열 에너지, 전자신문, 모바일 TV 전화기, 재택 의료, e러닝, 달나라 여행, 전기자동차, 움직이는 도로 등이다. 이 50년 전 상상화는 2012년 현재 모두 현실이 돼 있다.

2012년 7월 말, 지식경제부와 한국산업기술평가관리원(KEIT), 전자신문은 '창의 IT 융합 아이디어 캠프' 공모전에 유망기술, 시나리오, 미래 상상 등 다양한 분야 920건 아이디어를 접수했다는 기사가 7월 25일 〈전자신문〉에 실렸다. 이는 '2015년 5대 IT 융합 강국 도약'을 위한 IT 융합 2단계 전략의 확산 및 이에 대응할 수 있는 미래 유망 기술과 서비스 발굴을 목적으로 진행된 사업으로 IT 융합 정책에 대한 대국민 인식 확산 및 창의적 아이디어 개발 역량 강화 목적이다. 국민 모두가 미래 연구의 브레인이다. 국민 아이디어는 국가 R&D 기획 단계부터 반영된다. 유망 기

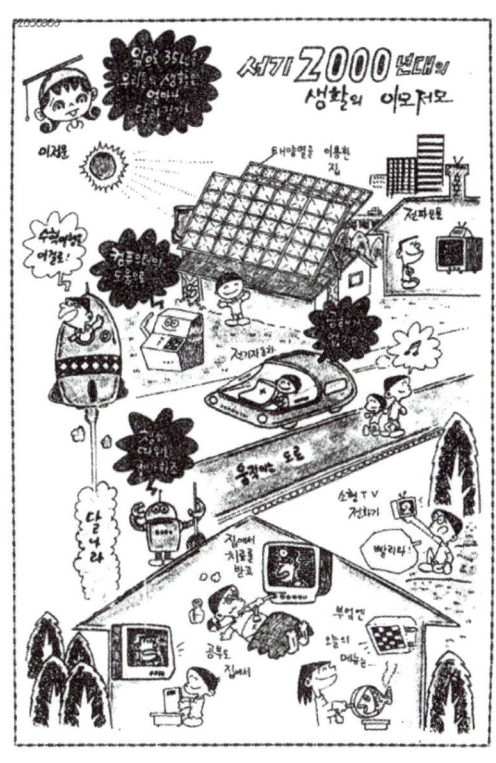

자료: 디씨인사이드 리듬게임 갤러리 '건담일호' 님 게시물, 류토피아 2012 블로그(ryunan9903.egloos.com) 재인용.

술 부문(202건)에서는 음성만으로 작곡이 가능한 기계, 내비게이션 등이고, 시나리오 부문(64건)은 다양한 상황별 스토리 등이며, 미래 상상 제안 부문(654건)은 전원을 끄면 투명해지는 TV, 홀로그램이 추가된 휴대폰, 캡슐 자동차 등이다.

이러한 미래 아이디어를 비즈니스화 시키기 위해 빅 데이터 활용이 필요하다. 빅 데이터가 창출하는 가치가 바로 미래 산업을 창의적으로 만드는 새로운 성장 동력이다. 먼저 에너지 부문 사례를 보면, 전 세계 풍력발전의 약 4분의 1(2007년 세계 풍력발전장비 시장의 23% 점유)을 생산하는 덴마크 그린 에너지 기업인 베스타스 윈드 시스템(Vestas Wind Systems)이 있다.

이 기업은 IBM 분석 솔루션과 '파이어스톰(Fire Storm)'이라는 슈퍼컴퓨터를 활용해 동력 장치인 풍력 터빈 및 풍력 단지 설계를 위한 기상 및 지형 데이터 분석 시스템을 구축하여 터빈의 에너지 효율성을 증대시켰다. 덴마크 제2도시인 오르후스에 있는 설계시험센터는 12개국에서 온 다국적 인재들인 엔지니어 60여 명을 보유하고 있으며, 세계 최대 규모의 풍력 연구개발센터인 베스타스 R&D 본부를 가지고 있다. 쉼 없이 돌아가는 풍력 터빈들은 매년 6000만 MWh 에너지를 생산한다.

덴마크에서는 풍력 발전이 국가 경쟁력의 핵심이다. 550만 인구 중 3만 명이 풍력 발전 관련 산업에 종사하며, 관련 수출로 2007년에만 GDP의 3%를 벌었다. 2007년 당시 덴마크 소비 전력의 20% 이상을 풍력으로 생산했는데, 덴마크는 산지가 적은 평평한 국토, 지상 약 50m 높이에서 평균 초속 9m 정도의 고른 바람, 해상 풍력 단지를 세우기 좋은 5~15m의 얕고 넓은 바다 등 풍력발전에 적합한 조건을 고루 갖췄다.

1970년대 오일 쇼크를 겪으면서 덴마크 정부는 "수입하는 화석연료 의존을 벗어나 에너지 독립을 이루자"는 공감대를 형성했고, 공청회 등을 통해 신중히 국민 의견을 수렴했기 때문에 지상 풍력발전 단지를 지으면서 발생하는 소음 등의 문제로 충돌이 생기기도 했지만, 전력 생산 수익을 지역 주민과 일부 나누며 슬기롭게 극복했다.

2011년 말부터 베스타스는 출력 최적화를 위해 IBM의 빅 데이터 분석 소프트웨어와 시스템을 사용한다고 밝혔다.[76] 풍력발전 산업에서는 터빈의 관리 및 배치가 매우 중요한데, 베스타스는 IBM 분석 시스템을 통해 터빈의 에너지 효율성을 대폭 높이려는 목적을 가진다. 앞에서 언급한 IBM의 2대 빅 데이터 분석 솔루션인 'IBM 인포스피어 스트림즈'와 'IBM 인포스피어 빅 인사이트' 중 하나인 빅 인사이트가 활용된다. (스트림즈에 대해서는 앞서 온타리오 병원 사례에서 언급하였다.)

IBM 솔루션 중 베스타스가 활용한 빅 인사이트는 일반 기업이 하둡을 좀더 쉽게 활용할 수 있도록 지원하는 솔루션이다. 오픈소스 아파치 하둡 소프트웨어 프레임워크 상에 구축된 빅 인사이트는 하둡의 일반 기능에 관리 툴, 워크플로우, 프로비저닝, 보안, SQL 기능 등을 추가했으며, 왓슨 랩에서 개발한 알고리즘이 들어 있다. 하둡 데이터를 쉽게 엑셀이나 차트로 볼 수 있는 기능이나 텍스트 분석 알고리즘이 보강되어 있다. (기술에 대해서는 4장을 참조바란다.)

수십 년 동안 작동한 베스타스 터빈이 얼마나 많은 에너지를 생산할지, 설치 전에 투자수익률(ROI)은 얼마일지, 풍력발전소를 어디에 세워야 할지 등을 결정하기 위해 사용되는 데이터는 매우 방대하다고 한다. 바람의 성격을 결정하는 요소는 실시간으로 변하는 바람의 방향이나 높이에 따른 변화 요소, 이력 등이 통합적으로 고려되어야 한다. 이러한 질문들에 대해 답을 얻을 목적으로 베스타스는 구축된 분석 플랫폼으로 페타바이트 규모의 정형·비정형 데이터를 분석했다. 여기에는 날씨, 조수 간만의 차, 위성 이미지, 지리 데이터, 날씨 모델링 조사, 산림지도 등도 포함된다.[77]

빅 데이터 분석을 통해 얻은 효과는 다양하다. 먼저 수주가 걸렸던 분석 시간이 한 시간 안으로 단축되었고, 터빈을 어느 곳에 설치해야 충분한 전력을 얻을 수 있는지에 대한 파악도 가능해져 전기료를 낮게 유지할 수 있게 되었다. 또한 담당 엔지니어는 터빈의 성능을 예측할 때, 터빈에 연결된 각각의 날개가 날씨 변화에 어떻게 반응하는지를 분석할 때, 유지보수 일정을 위한 최적의 시간을 결정할 때 이 분석 시스템을 사용하게 된다. 이 회사는 향후 4년에 걸쳐 20페타바이트 이상의 방대한 날씨 데이터를 분석할 것으로 보인다.

미국풍력협회에 따르면, 2030년까지 풍력 에너지를 20% 증가시키면 이산화탄소 방출량을 7600톤 줄일 수 있고, 4조 갤런의 물을 사용하는 전기를 줄이고 천연가스를 12% 줄일 수 있다고 한다. 국내에서도 주요 에너지인 전력 산업에서 빅 데이

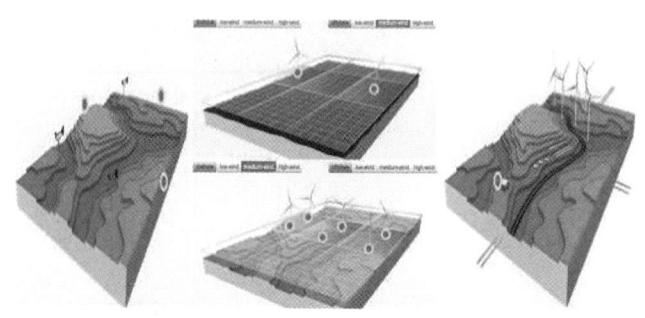

자료: 베스타스 윈드 시스템 홈페이지

터를 활용하려는 움직임이 일기 시작했다. 특히 이상기후 변화로 전 세계적으로 이미 전력 수요가 폭발적으로 늘고 있으며, 고품질의 안정적 전력 공급 및 전력 서비스 제공을 위한 시스템 구축이 필요해졌기 때문이다. 앞에서 강조했듯이, 1997년 교토의정서에 따라 38개국의 2008~2012년간 연평균 온실가스 배출량을 1990년 수준보다 평균 5.2% 낮은 수준으로 감축하도록 법정 의무화하였다.

한 예로 국내의 GS EPS는 2009년에 SAS 솔루션인 SAS®수요예측솔루션(SAS®DDF: Demand Driven Forecasting)을 활용하여 전력에 영향을 미치는 다양한 변수를 고려한 전력 시장 예측, 송전 제약, 연료 제약, 국내탄 발전, 열 공급 발전 제약 같은 다양한 조건들 반영한 시뮬레이션을 제공하고, 전력 수요와 표준 시장 가격(SMP: Standard Market Price)을 예측한다. SAS®수요예측솔루션의 최대 장점은 사용자의 주관적 판단을 최소화한 상태에서 시스템이 자동으로 최적 모델을 선정해 신뢰성 있는 예측 결과를 제공한다는 점이다. 전력 분야 외에 자동차, 물류, 전자, 통신, 식품 등 다양한 산업 영역에서 활용되고 있다. 이 빅 데이터 분석이 전력 시장에 주는 효과는 여러 가지 상황을 설정하고 시뮬레이션함으로써 발전기별 최적의 포지셔닝으로 비용을 절감하고 이윤을 극대화할 수 있다는 점 등이다. 특히 최근 우리나라 날씨처럼 계절별, 시간대별 급격하게 변화하는 전력량을 합리적으로 예측함으로써 불필요한 전략 낭비를 감소할 수 있을 것으로 기대된다.

다음은 인공지능(AI: Artificial Intelligence) 컴퓨터로 인류의 창의성과 혁신을 촉진시키고 의료, 금융 등 타 산업에 활용되고 있는 IBM의 왓슨(Watson) 슈퍼컴퓨터를 소개한다. 왓슨은 위키피디아의 모든 지식들을 기계에 넣은 것이다.

IBM 설립자인 토마스 왓슨(Thomas J. Watson)의 이름을 딴 인공지능 컴퓨터 왓슨은 8개 대학 및 IBM 연구진의 협업으로 4년 동안 질의응답 기능을 개발한 결과물이라고 한다. 예컨대 카네기멜론대학은 왓슨이 주어진 특정 주제 관련 질문에 답하게 하기 위해 최적의 텍스트 소스를 파악하는 알고리즘과 답변의 정확도를 인식하는 알고리즘 등의 연구에 기여했다.

또, MIT 컴퓨터공학 인공지능연구소는 온라인 자연어 질의응답 시스템을 개발하여 왓슨 내부의 시스템이 질문을 간단하게 세분화하고 이를 다시 종합하여 답변을 완성할 수 있도록 지원했으며, USC는 정보 추출, 문장 분석, 지식 추론 개발에, 텍사스 주립대학은 언어의 의미를 지닌 논리적 형태로 자동 학습할 수 있는 텍스트 처리, 시스템 집중을 위한 계산법 개발에 도움을 주었다. 왓슨은 대표적인 기계 학습 사례이다.

왓슨은 인간의 복잡하고 미묘한 자연어를 이해하기 시작한 첫 번째 컴퓨터이다. 말장난, 비꼬기 등 인간의 언어를 이해하는 것은 물론 각종 분야에 대한 해박한 지식, 게임 전략 등을 습득해야 한다. 예를 들면 '미국과 외교 관계가 없는 4개국 중 제일 북쪽에 있는 이것'의 정답이 북한이라는 사실을 알아낼 능력 등이다.

왓슨은 방대한 지식과 데이터를 서로 연결시켜 분석하는 능력을 구현했다. 즉 왓슨은 3년간 수학, 과학, 인문학 등 다양한 분야에 대한 상식과 100만 권의 책에 해

왓슨과 퀴즈쇼 대결

자료: IBM; 디지털데일리, "빅 데이터를 향한 IBM의 쌍두마차", 2012. 3. 27 재인용.

당하는 지식을 축적했으며, 2억 페이지의 콘텐츠를 보유 중이다. 왓슨은 리눅스 상에서 구동되는 IBM POWER 750 서버 10개 랙으로 구성되어 15테라바이트 메모리와 2880개의 프로세스 코어와 초당 80조의 연산 능력을 보유하고 있으며, 정보의 상관관계를 따져 스스로 학습하며 상황에 적응할 수 있다. 또한 왓슨은 인터넷 검색 기술을 사용하지 않고, 메모리에 저장된 정보만을 통해 정보를 검색하고 조합하여 추론한다.

왓슨은 미국 TV 퀴즈쇼 〈제퍼디(Jeopardy)!〉에 출전하여 퀴즈왕으로 등극하여 유명해졌다. 2011년 2월 14일부터 16일까지 총 3일 동안 진행되었으며, 상금액 기준 사상 최대 우승자, 가장 긴 챔피언십(74번 연속 승리) 기록 보유자와 대결, 3일차 최종 결과에서 왓슨의 승리로 끝났다. 왓슨이 총 7만 7147달러, 켄 제닝스는 2만 4000달러, 브레드 루터는 2만 1600달러의 상금을 확보했다.

미국 최고 인기 TV 퀴즈쇼에서 27년 역사상 가장 강력한 두 명의 퀴즈 영웅에 도전해 압도적인 점수차로 우승한 왓슨은 '인공지능 컴퓨터'라 일컬어진다. 약

100만 권의 책을 저장해두고 이를 분석해 퀴즈에 대한 답을 찾아냈기 때문이다. 사람의 뇌는 약 2.5페타바이트에 이르는 정보를 저장하고 처리할 수 있다는데, 이는 책 9억여 권에 이르는 엄청난 양이다. 기계가 인간의 뇌를 대신하게 된 것이다. 빅 데이터 분석이 화두로 떠오르면서 왓슨은 슬그머니 빅 데이터 연구가 집대성된 결과물로 인식되기 시작한다.

기술적으로는 보면, 방대한 데이터 수집을 아파치 하둡 같은 데이터 분석 기술이 담당하게 됨으로써 꿈에 그리던 인공지능 시대가 열릴 것이라는 전망이 나오게 된 것이다. 다시 말해, 두뇌 작동 방식과 유사한 방식을 하둡이 해내기 시작했기 때문에 앞으로 더 정교한 인공지능 분석이 가능할 것으로 기대하게 된 것을 의미한다. 이와 관련하여 포레스터 리서치는 2012년 2월 '포레스터 웨이브' 보고서에서 기업용 하둡 솔루션을 제공하는 업체 중 IBM과 아마존이 가장 경쟁우위에 있다고 발표한 바 있다.

이러한 인공지능 슈퍼컴퓨터 '왓슨'은 퀴즈쇼에 등장해 사람들을 깜짝 놀라게 하는 것으로 끝나지 않는다. 즉 의료계와 금융계 등에도 적용되기에 이른 것이다. 앞의 건강 파트에서 '웰포인트' 사례와 '세톤 헬스케어 패밀리'의 '의료용 콘텐츠 및 예측 분석' 기술 사례들을 언급하면서 왓슨이 활용되었음을 설명하였다.

이러한 왓슨은 금융계에서도 활용된다. 미국 블룸버그 통신은 인간의 언어를 이해하고 지식을 습득하는 왓슨이 월스트리트의 금융 서비스에 활용될 계획이라고 2012년 3월에 보도한 바 있다. 세계 금융의 중심지인 뉴욕 월가에 진출한 것이다. 씨티은행 등 금융 기업들과 제휴해 투자 용어, 정부 규제, 경제 관련 뉴스 등을 왓슨에 입력하는 것을 시작으로 향후에는 투자 설명서나 대출 실적 등을 효율적으로 분석할 것을 기대된다.[78]

IBM '왓슨'이 활용되는 산업 영역을 계속 확대해 2015년까지 약 25억 5000만 달러의 추가 수입을 거둘 것이라고 IDC는 2012년 보고서를 통해 예상하고 있다. 미국 은행들은 데이터 분석 등 IT 분야에 이미 매년 약 4000억 달러를 투자하는 것으로 분석되었다.

이처럼 빅 데이터 이코노미 시대에는 궁극적으로 스스로 학습을 통해 패턴을 구성하는 인공지능적 접근이 대세가 될 것이다. 빅 데이터를 가장 잘 활용중인 구글의 임직원 상당수가 인공지능 전문가이며, 구글 서비스 대부분이 이에 기반하고 있다.

최근 〈뉴욕타임스〉가 비밀 연구소인 '구글 X'에서 사람의 뇌를 흉내 낸 인공 신경망을 연구해왔다고 보도했다. 구글 X는 수년 전부터 1만 6000개 컴퓨터로 연결된 인공 신경망을 개발해왔으며, 10억 건 이상의 데이터 연결을 처리하는 모델을 도입했다. 이를 활용한 무인자동차는 이미 실용화 단계에 들어갔다. (이에 대해서는 5장을 참조하기 바란다.) 구글 X 연구진에 따르면, 이 인공 신경망은 사람의 도움 없이 유튜브에서 찾아낸 1000만 개 이미지 가운데 고양이를 식별해낼 수 있는 것으로 전해졌다.

그렇다면 결국에는 대규모 데이터 분석을 통해 사람과 비슷한 생각을 하는 인공지능을 완성하는 게 빅 데이터의 종착역이 아닐까 하는 생각이 든다. '왓슨'의 인공지능 기술 분야를 IBM이 선도해나가는 가운데 아직은 로봇의 초기 단계라는 인식이 강하지만, 구글 등이 개입하게 되면 여러 가지 다양한 인공지능 제품들이 나오게 될 것으로 기대된다. 최근 반도체를 중심으로 한 초정밀 기술의 발전은 인간과 비슷한 인공두뇌 개발이 멀지 않았음을 시사해준다.[79]

'빅 데이터 이코노미'
새로운 미래의 시작

전례가 없을 정도로 인간은 정말 소통을 먹고 사는 존재가 된 것 같다. 손끝 하나의 행동이 상상을 초월할 영향력을 발휘하는 초(超) 연결 내지 소통 사회에서 전 세계가 '빅 데이터'에 주목하기 시작했다.

이 책은 빅 데이터의 현상과 태동 움직임, 배경, 의미와 본질에 대해 파헤쳤고, 산업의 패러다임을 바꿀 새로운 기회로 다가온 '빅 데이터 이코노미', 그 안에서 뛸 수 있게 만들어줄 다양한 요소 기술의 지원 가능성, 그리고 잠재적 비즈니스 혁신 유형과 그 사례들, 이로 인해 펼쳐지는 미래 사회 모습들까지 모두 훑어보았다.

그런데 이 책을 쓰면서 아쉽게도 아직 보편성이나 사회적 합의가 완전히 이루어지지는 못했다는 아쉬움이 남는다. 이 책 구석구석에서 등장하는 구글처럼, '빅 브라더'가 되는 소수 기업들이 이 세계를 지배하는 듯한 느낌과 '개인정보 수집'으로 인한 피해가 생길 수 있다는 우려 때문이다. 따라서 '빅 데이터'에 대한 핑크 빛 시각만이 있는 것은 분명히 아님을 강조하고 싶다.

모바일 혁명을 주도한 '앱 이코노미'의 혁신적 주인공은 분명 애플이었다. 정보의 바다에서 최적의 정보를 제시하기 위해 수학, 분석을 지향한 구글식 방식에서 사람의 감성을 사로잡기 위해 스토리, 직관을 지향한 애플식 방식으로 사람들의 시선이 옮겨진 듯했고 아직도 이 언저리에 있다. 그러나 '빅 데이터 이코노미'가 시작되면, 다시 분석적·수학적 소질이 필요하게 된다. 하지만 이것이 과거로의 회귀를 의미하는 것은 아님을 분명히 해둔다.

빅 데이터의 본질, 즉 '빅 인사이트'를 파악하려면 '데이터 사이언티스트' 역량이 필요하다고 이 책은 강조한다. 수학과 공학 능력, 비판적 시각과 이를 잘 작성할 수 있는 글쓰기 능력, 다른 사람에게 잘 전달할 수 있는 커뮤니케이션 능력, 그리고 창의적 호기심과 개인의 행복도 매우 중요하다고 생각하는 도덕적이고 윤리적인 소양까지, 거의 전인적 인간에 가까운 역량이다. 그래서 구글식만도 애플식만도 아닌, 정반합(正反合), 즉 구글식과 애플식이 모두 필요하다.

〈비즈니스위크〉가 선정한 '40세 이하 인물 중 가장 영향력 있는 40인(40 under 40)' 중 한 명인 제프리 스티벨(Jeffrey M. Stibel)이 2년 전에 《구글 이후의 세계(Wired for Thought)》(2009)라는 책을 내놓았다. 이의 핵심은 '인터넷이 곧 뇌'라는 명제이다. 인터넷이 인간의 뇌처럼 진화한다? 인터넷이 어떻게 뇌처럼 진화하면서 집단지성을 갖게 되는지, 그 발전 과정과 가능성에 대해 써 내려간 내용이다.

32세 때부터 유수 IT 기업을 설립하고 경영한 스티벨은 뇌와 인터넷이 비슷한 구

빅 데이터가 만드는 비즈니스 미래지도

조를 가졌다는 것을 알기 시작한 것이다. (인공)지능을 가진 인터넷이 사람의 생각을 읽고 그에 맞는 웹 정보를 스스로 조합해내는 세계가 펼쳐질 것이라고 주장하고 싶었던 것이다. 그때가 되면 모든 거래와 관료 시스템, 사람들의 일상생활이 서로 소통하는 기계들에 의해 다루어진다는 것을 그는 예견하고 있었던 것이다.

스티벨은 이러한 인공지능의 시대를 '웹 3.0 시대'라 부른다. 여기서 구글, 페이스북, 아마존 등 세계적 기업들이 왜 뇌 과학에 주목하는지가 보여진다. 그리고 인터넷의 잠재력과 미래 먹거리 산업들에 대한 새로운 시각도 제시된다.

그렇다. 비행기가 새를 닮지 않은 것처럼, 인터넷도 겉으로는 결코 뇌처럼 보이지 않는다. 하지만 뇌처럼 기능한다. 그렇다면 인터넷도 '창조적 파괴'를 통해 발전할 것이다. 인터넷은 인간적 의미의 '의식'을 갖추지는 못하더라도, 적어도 집단 지식을 만들어낼 수는 있다. 이것이 빅 데이터의 분석을 통해 실현 가능한 일임을 이 책이 입증하고 있다. IBM의 왓슨, 구글의 무인자동차, 그리고 애플의 시리 등에서……

이 책은 '빅 데이터' 분석 방식을 데이터 소스에 따라 다양한 각도에서 알려주고 있다. 예컨대 인터넷 세상의 지식 수준을 팔로우업(follow-up)하면서 동시에 기업 내부의 데이터를 통합하는 방식으로 더욱 경쟁력 있는 분석 지식을 창조하는 방향이 소개되었다. 해외 '구글 트렌드' 외에 국내 '소셜 메트릭스 Biz' '소셜 스코어', '트루스토리' 분석 플랫폼 등이다. 그리고 이를 통해 빅 데이터 분석 결과를 활용한 비즈니스 모델의 혁신이 일어나는 것도 보여주고 있다. 해외 '자라' 패션과 국내 '꼬꼬면' 라면 등이다.

이들 대부분의 '빅 데이터' 분석 방식은 구글식도 애플식도 아닌, 그 둘의 통합 방식이다. 이를 '페이스북식'이라 칭해도 좋겠다. '빅 데이터 이코노미'에서는 더 이상 구글식의 기계적 데이터 분석 방법만으로는 '빅 인사이트'를 얻지 못한다. 즉 정보를 단순 필터링해주는 기술로만 접근해서는 안 되며, 보다 인간적인 접근이 필요하다. 인간에 의해 콘텐츠를 수집하고 편집해서 보여주는 것이 가장 좋은 필터링이고, 이를 기반한 대표적 분석 기법이 소셜 분석이다.

한편 빅 데이터 분석이 기업에게만 유용한 것이 아니라는 것도 이 책을 통해 확인되고 있다. 다시 말해, 쓰나미나 지진 등 인류의 재앙을 비롯해 실업, 출산, 물가, 교통사고, 예산 낭비 등 각종 사회문제를 풀기 위한 다양한 방식의 '빅 데이터'의 활용 가능성들도 보인다.

이 책은 '건강한 인간' '투명한 사회' '안전한 국가' '스마트한 도시' 그리고 '창의적 미래'라는 소주제들을 통해 빅 데이터를 활용한 공공 정책과 사회적·경제적 혁신 사례들을 이해하기 쉽게 소개하였다. 질병 진단 프로세스 고도화 사례나 범죄정보 활용 사례, 실시간 자동 번역 사례, 정부의 예산 낭비 분석 사례, 의료보험사의 비용 절감 사례 등이 되겠다.

이 책에서는 많은 이슈들이 다루어졌다. 하지만 순간순간 생각되고 수렴되는 단 하나는 빅 데이터 분석을 활용해 사회의 진정한 가치를 발견하고 규명하고 대처하는 뭔가가 가능할 것 같다는 기대감과 확신이다. 분석 결과가 그냥 스쳐 지나가는 트렌드나 소수 빅 브라더 기업 또는 국가들의 미래 먹거리로 머무는 것이 아니라, 내가 사는 여기, 한국 사회를 새롭게 바라볼 수 있는 기회로 작용할 수 있다는 희망을 놓치고 싶지 않다.

세계적 통계학자 한스 로슬링(Hans Rosling)이 '빅 데이터' 분석을 통해 들여다본 한국 사회에 대해 소개하여 이목을 집중한 적이 있다. 한스 로슬링은 UN 데이터를 분석해 한국 사회의 현재 모습을 진단하고 한국 사회가 안고 있는 문제와 한국인들에게 필요한 것은 무엇인지 직접 발표한 바 있다. '자살률은 왜 갑자기 높아졌는가' '왜 애를 낳지 않는가' 등이다. 이용된 분석 기술은 시각화 기술인, 이젠 구글에 인수되어 이름이 사라진, 갭마인더이다.

국내의 다음소프트도 한국인들의 가슴속에 자리 잡고 있는 현재 한국 사회의 문제와 2012년에 바라는 한국 사회에 대한 기대와 열망을 분석, 한국인과 한국 사회 발전에 필요한 것이 무엇인지 분석했다. 트위터를 기반으로 '소셜 메트릭스'로 분석한 결과를 보니, 한국인이 좋아하는 사람은 '남과 같이 공감하는 사람' '미리 마음 써주는 사람' 그리고 '말한 것을 행동에 옮기는 사람'이다. 한국인의 '피'를 느끼게 한다.

이 책은 그동안 글로벌 경제를 지배한 산업 패러다임의 구조적 모순을 언급하면서 이를 바꿀 수 있는 도전이 '빅 데이터 이코노미'라고 설명하였다. 2012년 다보스 포럼의 최대 담론은 '자본주의에 대한 회의'였고, '빅 데이터'가 핫이슈로 떠올랐다.

마이클 샌들(Michael J. Sandel)은 《돈으로 살 수 없는 것들》(2012. 5)이라는 명저를 최근에 내놓았다. 핵심은 자본주의의 맹점인 '시장에 대한 맹신'의 허점을 드러내는 것이다. 샌들은 그동안 굳건히 신봉했던 시장의 역할과 기능에 대해 다시 생각할 수 있는 기회를 우리에게 제공한다.

이는 경제성장만을 추구한 나머지, 정작 지켜야 했던 행복의 요소들이 침해 받고 있었던 사실을 깨닫게 해준다. 즉 우리가 그동안 놓치고 살아왔던 도덕적 가치들에 대해 다시 발견하고 이제 그만 제자리에 갖다 놓아야 될 것 같다는 생각이 들게 만

빅 데이터가 만드는 비즈니스 미래지도

든다. 부지불식간에 도덕적 가치들이 자본의 힘에 의해 매도되어 버린, 이 상대적 박탈감을 스스로 인정하고 '꼭' 지켜야 할 가치를 재발견하자는 것으로 들린다.

그렇다. 자본주의가 발달해도 세상에는 변하지 않는, 돈으로 절대 살 수 없는, 아니 혹시 살 수 있는 가능성이 열린다 해도 절대 사서는 안 되는, 그리고 지구가 멸망해도 반드시 지켜내야 할 절대적 가치들이 존재한다. 이를 '보편적 진리'라 해도 좋겠다.

샌들이 제시한 '도덕적 가치'라는 렌즈를 통해 우리의 사회 현실을 바로 투영해보는 것이 빅 데이터 분석의 활용으로도 가능하다. 샌들은 지난 수십 년간 가족과 교육과 환경 같은 전통적 가치까지 파고든 시장 지상주의(새치기, 인센티브, 명명권 등)를 '도덕적 판단' 내지 '도덕적 가치'라는 감성적 잣대로 치밀하게 파헤쳤다. 이제 보다 과학적이고 분석적인 잣대로 이를 파헤칠 차례가 된 것 같다. 인간의 건강, 교육이나 정치 등의 사회 시스템의 투명성, 국가나 환경의 안전성 등 우리 삶에서 돈으로 살 수 없는 것들에 대해 가치를 부여해주는 '빅 데이터 이코노미'와 그 사회가 활짝 열리길 기대해본다.

1 채승병, 〈정보홍수 속에서 금맥 찾기〉, 삼성경제연구소, 2011.

2 채승병, 위의 글.

3 IDG, 〈빅 데이터를 클라우드에서〉, 2012. 3. 22.

4 Tyler Bell, "Big Data: An opportunity in search of a metaphor", 2011. radar.oreilly.com/2011/02/big-data-metaphor.html

5 McKinsey, "Big Data: The next frontier for innovation, competition, and productivity", 2011. 5.

6 Fierce Mobile Content, 2012. 3. 14.

7 정용찬, 〈빅 데이터 혁명과 미디어 정책 이슈〉, 정보통신정책연구원, 2012. 2.

8 Childs, Sheila & Merv Adrian, "Big data challenges for the IT infrastructure team", Gartner, 2012. 2. 10.

9 스즈키 료스케 지음·천재정 옮김, 《빅 데이터 비즈니스》, 더숲, 2012. 31쪽.

10 IDC, "The Expanding Digital Universe", 2007.

11 MGI("Big data: The next frontier for information, competition, and production", 2011)

12 김철원 외, 《글로벌기업의 분석기반 혁신 사례》, 디지에코, 2011.

13 "Google to map inflation using web data", Financial Times, 2010. 10.

14 한국정보화진흥원(NIA), 〈성공적인 빅 데이터 활용을 위한 3대 요소: 자원, 기술, 인력〉, 2012. 4.

15 KT종합기술원, 〈빅 데이터 분석〉, 2012. 4.

16 EMC, "Data Science Revealed: A Data-Driven Glimpse into the Burgeoning New Field", 2011. 12.

17 D. J. Patil, Building Data Science Teams, O'Reilly Media, 2011. 9. 22.

18 Gartner, "Emerging Technology Analysis", 2012. 3. 22.

19 MIT Sloan Management with IBM Institute, "Analytics: The new path to value", 2010.

20 Economist Intelligence Unit, Economist, 2011.

21 삼성경제연구소, 〈위기 이후 세계경제 질서의 변화와 대응〉, 2011. 3. 31

22 World Economic Forum, "Big data, Big impact: New possibilities for international development", 2012.

23 매일경제 세계지식포럼 사무국, 《다보스포럼 자본주의를 버리다(포스트 캐피털리즘: 다시 성장이다)》, 매일경제신문사, 2012.

24 US White House, "Big data is big deal", 2012.

25 IDC, "Worldwide Big Data Technology and Services 2012-2015 Forecast", 2012. 3 .7.

26 MIT, "Big data, analytics and the path from insights to value", MIT Sloan Management Review, Winter 2011.

27 O'Reilly T. What is Web2.0?, 2005.

28 채승병 외, 《빅 데이터: 산업 지각변동의 진원》, 삼성경제연구소, 2012. 5. 2, 11쪽.

29 장영재, 《빅 데이터의 시대: 경영에서 과학으로》, 디지에코포커스, 2012. 3.

30 〈블룸버그 뉴스〉, 2011. 3. 4.

31 Andrew McAfee et al., "Zara: IT for Fast Fashion", Harvard Business School Case, 2011.

32 Felipe Caro & Jérémie Gallien, "Zara Uses Operations Research to Reengineer Its Global Distribution Process", Interfaces, Vol. 40, No. 1, Jan.~ Feb. 2010. pp.71-84.

33 Accenture, "Most U.S. companies say business analytics still future goal, Not present reality", News release, Dec. 11. 2008.

34 KIET, 〈미국 국방 체제에서의 IT 활용 동향〉, 2012.

35 한국정보화진흥원, "신 가치 창출 엔진, 빅 데이터의 새로운 가능성과 대응 전략", 〈IT &

Future Strategy〉 제18호, 2011. 12. 30.

36 채승병 외, 앞의 책.

37 http://www.pachube.com

38 I-CIO, "Converting data into business value at Volvo" 2011. 1. 24.

39 Ginsberg, J., et al. "Detecting influenza epidemics using search engine query data", Nature, 457, 2009. pp.1012~1014).

40 〈뉴욕타임스〉, 2008. 11. 12.

41 이지영, "빅 데이터 분석이 세상을 바꾼다", 블로터닷넷, 2011.

42 채승병 외, 앞의 책.

43 http://www.netflixprize.com

44 Ahn, Y.Y., et al., "Link communities reveal multiscale complexity in networks", Nature, 466, Aug. 2010. pp.761~753

45 IDC, 2011.

46 NIPA, 〈빅 데이터 오픈소스 플랫폼 기술 세미나〉, 2012. 7. 9.

47 채승병 외, 앞의 책.

48 MGI, "Big Data: The next frontier for innovation, competition and productivity" 2011.

49 Kellog, D. "Average U.S. Smartphone data usage up 89% as cost per MB goes down 46%."

50 조대협의 블로그(http://bcho.tistory.com) 2012. 6. 7.

51 성낙환, "인공지능 기술의 걸음마가 시작되었다", LG경제연구소, 2012. 6. 20.

52 Wisenut, "검색, 빅 데이터에서 빅 인사이트로 기업, 미래를 발견하다." 2012. 2. 9.

53 Furlonger David, "Big data warning: Context-aware algorithmic analysis can be misleading", Gartner, 12. July, 2011.

54 KT종합기술원, 《빅 데이터시대의 기술》, 2011. 11.

55 http://www.gnuplot.info

56 http://processing.org

빅 데이터가 만드는 비즈니스 미래지도

57 한국정보화진흥원, "빅 데이터 시대: 에코시스템을 둘러싼 시장경쟁과 전략 분석", 2012. 4.

58 〈워싱턴포스트〉, 2012. 6. 26.

59 NIA, "실리콘밸리가 전망하는 IT 분야 현재와 미래", 2011.

60 Cisco, "Cisco Visual Network Index: Global mobile data traffic forecast update, 2011~ 2016", 2012

61 〈한국경제매거진〉, 2011. 11. 23.

62 Newzealand.govt.nz, 2011. 8. 8.

63 Computing.co.uk

64 〈서울신문〉, 2012. 1. 4.

65 정보통신정책연구원, 2012. 2.

66 Nature Biotechnology, Vol. 28, 2010.

67 EC−funded smart t−shirt comes to UK, http://www.ehi.co.uk/news/industry/7890/ec− funded−smart−t−shirt−comes−to−uk, 2012 .7. 9.

68 〈전자신문〉, "인간 이긴 슈퍼컴 왓슨, 의료 분야서 첫 고객 확보", 2011. 10. 27.

69 〈포린폴리시(Foreign Policy)〉, 2010. NIA, 2012. 3 재인용.

70 〈아이뉴스24〉, 2012. 3. 8.

71 〈연합뉴스〉, 2012. 7. 25.

72 〈머니투데이〉, 2012. 7. 23.

73 Antony Savvas, Computerworld, 2012. 7. 10.

74 아틀라스, 2012. 7. 16.

75 http://www.smartercitieschallenge.org

76 〈전자신문〉, 2011. 11. 15.

77 안호천, "풍력발전에 빅 데이터 활용한 베스타스윈드시스템", 2011.

78 〈조선일보〉, "인간 퀴즈 달인 물리친 IBM 슈퍼컴 왓슨, 월가에 취직", 2012. 3. 8.

79 The Science Times, 2012. 6. 29.

빅 데이터가 만드는
비즈니스 미래지도

1판 1쇄 발행 | 2012년 8월 23일
1판 6쇄 발행 | 2017년 11월 15일

지은이 송민정
펴낸이 김기옥

프로젝트 디렉터 기획1팀 모민원, 정경미
영업 박진모
지원 고광현, 김형식, 임민진, 김주현

디자인 표지 투에스 | 본문 제이알컴
인쇄·제본 민언프린텍

펴낸곳 한스미디어(한즈미디어(주))
주소 121-839 서울특별시 마포구 양화로 11길13(서교동, 강원빌딩 5층)
전화 02-707-0337 | 팩스 02-707-0198 | 홈페이지 www.hansmedia.com
출판신고번호 제 313-2003-227호 | 신고일자 2003년 6월 25일

ISBN 978-89-5975-425-0 13320